金商道

The positive thinker sees the invisible, feels the intangible,
and achieves the impossible.

惟正向思考者，能察於未見，感於無形，達於人所不能。 —— 佚名

為什麼你的退休金 只有別人的一半？

暢銷財經作家×財務規畫師×基金經理人——闕又上 著

推薦序
大道至簡：
見自己、見天地、見眾生

安納金

　　學習投資理財，有如習武，而武學的三個層次：「見自己」、「見天地」、「見眾生」，在此書昭然若揭，其剖析內容對台灣投資人的嘉惠將既深且廣。此書誠屬我今年所閱覽過的書籍中，最推薦給所有台灣人的一本投資理財大作！

　　本書的前兩章，探討在投資理財之前首要建立的一些正確觀念，這是一切投資的基礎，若缺乏這些觀念，即便原本有錢而最後虧光而黯然神傷者大有人在，經由這位資深華爾街操盤手的筆下娓娓道來，非常具有可看性，而這一句：「投資的本質和精神，是讓全球一流的企業家為你幹活。」堪稱投資理財的核心認知，也是想依循長期投資典範獲取最大回報的不二法門，而這兩章也是幫助讀者做到「見自己」。

　　第三章和第四章探討個人與國家理財的迷思，我認為此書對於每一道迷思所提出的見解，可謂針針見血、命中要害；第五章探討台灣的競爭優勢與第六章對於台灣應建立退休金水庫計畫，乃以全球宏觀的大格局角度來檢視您我所生長的台灣眼前面臨的挑戰以及未來機會。第七章至第九章探討資產配置，也是從制高點來檢視個人和國家適切的投資方式，點出許多事背後的關鍵因素，比我們表面可看到的更重要，例如許多人以為是年輕人的低薪造成台灣的內需動能不足，卻不深加思索低薪

背後的根本因素是整體國家社會投資不足，如果能夠試著以此書的角度來檢視許多攸關我們個人、家庭、社會和國家所面對的種種決策，我們不僅可以增長智慧，更不隨波逐流、人云亦云，進而洞察到一般人看不到的機會，這就是「見天地」。

我很驚訝地看到書中第七章，作者是長期任職於主動式管理領域的華爾街操盤手，卻提出 ETF 是一般民眾進行個人理財的最佳工具選擇，這絕非是主動式管理者向被動式管理低頭的表現，而是與股神巴菲特站在同一立場，在他們經歷了數十年的選股征戰而成為少數贏家之後，深切了解一般散戶投資人終究不易取得勝算的現實，油然而生對於社會大眾們提出最良善而誠摯的忠告，這就是「見眾生」的極致表現。

而在此書的第十章至第十二章，具體的提出個人和國家理財的諸多建言，不僅兼具理性與感性，更能夠大量引用深具說服力的統計數據，尤其是給台灣高階領導人們的幾封信，令人大開眼界、讚不絕口。我認為這幾封信就是本書精華中的精華，極力推薦每一位台灣人都應該認真看待信中所提出的建言！

作者的學識淵博、文筆清新流暢，此書雖屬投資理財書籍，卻旁徵博引了許多歷史典故以及人物軼事，躍然紙上讀來頗有飽讀萬卷書、如沐春風的愉悅之感。此書是我今年所閱覽過，最推薦給台灣投資人的一本書，真誠建議您為自己或與家人共讀、並且長期持有。

願善良、紀律、智慧與你我同在！

（本文作者著有暢銷書《一個投機者的告白實戰書》、《高手的養成》、《散戶的 50 道難題》）

目 錄 《為什麼你的退休金只有別人的一半？》

前言
你有自己的投資哲學嗎？

　　有位評論家說的好，資訊只是做決策的元素，懂大量的財經資訊，不代表你有好的決策，我認為現代人不缺資訊，缺的是如何將資訊是變成做決策的學問或系統方法，有了，你才能從「有知之士」，變「有識之士」。

　　這本書比原先的預期出版晚了一年；一方面，是工作碰到了前所未有的風暴；另一方面，故鄉也有許多雜事纏身。初春回台，没打算開課，除了多日前已敲定，答應吳淡如在高雄的一堂課，但因讀者的一封信而臨時改變開了課，我在臉書上交代了這段緣由，稱之「為愛朗讀」。

一則讀者的來訊

　　課的空檔，趁機趕回台東處理些事，那天在羅東轉車，月台候車時臉書跳出了一段陌生私訊如下。

　　闕老師您好：

　　　　我今年三十五歲，目前定存390萬，活存82萬，股票市值88萬元，但目前單身有女友，以後若跟女友結婚會在B城定居買房、買車，我薪水年薪110萬。

　　　　從工作開始投資大約十年，雖然整體算起來沒虧，但也沒

大賺，頂多10萬以內而已，報酬率不怎麼樣，看過很多投資的書籍或參與講座，像AAA、BBB、CCC、DDD、EEE、FFF、GGG……等等，感覺像是看了很多派別的武功，但總是沒真正找到、發展自己的武功。

　　想問關老師，我現在的資金符合你明天初階的課程對象嗎？若上課一定要發表自己的投資經驗、想法嗎？因為我不擅長在大眾面前說話，謝謝老師回覆。

想飛敬上

車上望著窗外，飛馳而過的風景，思緒飛揚，把這幾年和讀者陸續互動的記憶開始倒帶，我這幾年寫書後的疑惑，開始有了答案。剛開始，寫書後的系列演講，讓我警覺到總有個地方不對勁，書上不是已經交代得很清楚了嗎，怎麼還有那麼多的疑惑呢？

我第一本書《每年10分鐘，讓你的薪水變活錢》的核心重點就是當年讓我一眼目睹閱後感悟的致富地圖，為了避免讀者抓不到重點，我還特地強調「假傳一本書，真傳一句話」，直指書中「阿甘投資法」。

有讀者反應這本書讓他開了竅，無須外求其它投資技巧，那麼他已找到適合自己的投資策略。但寫完我繼而一想，就算阿甘投資法能夠致富，但依然承受了美國，當然包含台灣和全球，最少四次以上的股災，也就是股市50％下挫的波動，有多少人可以承受呢？需不需要做一些管控？如何避免這麼激烈的震盪，嚇退了許多投資者呢？所以第二本書《你沒有學到的巴菲特：股神默默在做的事》提到資產配置（asset allocation）、「輸在起跑點，贏在轉彎點」的議題討論應運而生。

然而資產配置運用了一些理論，包含了投資和統計學的東西，許多讀者又覺得是不是有更簡化，更生活化的投資入門內容？於是第三本以

故事探討，以粉絲的需求、詢問為寫作背景——《華爾街操盤手給年輕人的 15 堂理財課》因應而生。

　　我想這一下，該交代的多數已完成，總沒問題了吧！但開了課才真正的發現，每一個人的吸收能力和思考訓練都不同，在資訊爆炸，速食吸收的習慣下，能綜合資訊做分析，給予邏輯思考，進而融會貫通書中內容，最後做出獨立思考判斷的投資決策，這樣的人固然有，但其實還不普及。

兩歲小孩知道，八十歲老人未必做得到

　　我的三本新書發表會都在重慶南路那棟古老建築的金石堂城中店舉行。如今這家書店也已走入了歷史[1]。記得第二本新書發表會，出版社邀請了幾位著名財經作家出席，私下我好奇問了推廣價值投資作家雷浩斯，為什麼國內的財經投資教育和出版如此蓬勃，但從非正式資料得知，還有近 8 成以上的投資者是失敗和虧損的呢？他引用了我書中的一句俗語回覆了我，「兩歲小孩知道的道理，八十歲老人未必做得到」！

　　這答案言之成理，因為我也犯過這樣的錯，但還是無法完全解答我的疑惑。直到 2018 年年中，因緣際會下頂了一家咖啡店做為財經教室，正式開啟我這三十年來的第一堂理財實務課程。

　　我還依稀記得那門投資規畫的課，坐在第一排一位身材嬌小，臉龐清秀美麗的小姐非常專心，還帶了台筆電記錄；第二次上課知道她是一位醫療工作人員；最後一堂課，每人要寫出如何達標的投資策略，我才知道她是一位外科醫師。我好奇趁機問每位同學，藉此找尋我的答案，看過書了還有必要來上課嗎？為什麼？為什麼還是有這麼多的困惑，或

1　編註：金石堂城中店因租約到期，不堪高房租之下，已於 2018 年 6 月吹下熄號燈。

是不敢進場投資呢？

這位外科醫師，給了我一個讓我從來沒有思考過的答案，她說「每一個人卡關的地方不一樣」！

高中數學解題的啟發

這是什麼緣故呢？不斷思考後，我想起了高中時學物理的困境，當時為了應付考題的變化，我買了一本厚厚的參考書，不停的作解題技巧的學習，但是考題一變化，是自己未曾看過的，我就解不出來了。

有一天請教了隔壁的室友，看到我這一道變化題，沒想到他竟然跑去翻閱薄薄的高中課本。我這參考書是教科書的三倍內容，我心想你是不是找錯資料了？不過那道變化題讓他花二十分鐘思考推演之後就解出來了，之後的變化題他越解越快，他什麼參考書都沒買，但教科書的每一個原理，公式都可以導出來，原來他抓住了最核心、最重要的基本原理，他已融會貫通。然而我還停留在應付表面的變化，沒有根基。只要一有變化就不知道真正的問題所在，就像李想飛先生給我的留言一樣，看了無數的理財書，績效依然不彰。

其實投資有許多非常基本的東西，必須是我所說的融入骨髓，進入血液，它才能夠變成信仰的基礎，面對各種變化，如果沒有自己投資哲學，你無法應對一時投資策略不靈的時機和挑戰，因為幾乎沒有一種投資策略是四時皆適用。短暫的不行是正常的，有沒有自己的投資哲學，這時候就看得出來其中的關聯性。

所以這本書，想做的就是基本功的再度修練。普通常識並不普通，沒有札實的基本功根本無法融會貫通，書中有十三個迷失的提問，若你都能夠輕易地解答，代表你已經逐漸可建構自己的投資哲學。

課程濃縮精華

　　如果還有疑惑，那麼可能這本書只能幫助到這一個程度，繼續找尋能夠幫你建構投資哲學的其他書籍。這本書有一些我上課的內容，這門課程費用貴，又不能全台灣普及的開課，透過書本的傳遞，我相信多少可以解決一些人的需要，可惜的是，少了課堂上的實務討論，效果多少會有一些折扣，而這也是同學們覺得最有收穫的一個部分，這個說不定以後可以留待影音課程彌補。

　　這本書也是我在課堂上教過幾百個人的這些經驗，我試著用文字來表達。請你多次地閱讀。我猜每位作者對自己的著作，都有超過十遍以上的反覆咀嚼，如果你想要得到這本書上的精髓，多次的閱讀和思考是必要的。

為什麼退休金是別人的一半？兩原因解析

　　這本書還談到了一些國家理財制度上的設計。為什麼你的退休金是別人的一半？這有兩個原因：

　　第一個是自己理財觀念的不足和疏忽。雖然我提出了以簡馭繁的策略和工具，一年只花你十分鐘，但是要把這些觀念變成信仰，初期你需要較多時間的閱讀，如果這一點時間你都不願意投入，那麼可能很難為你發揮創造財富的力量。

　　第二個投資退休金短缺的原因，來自於我們國家的制度。一樣是觀念出了問題，制度是人訂出來的，訂制度的人如果沒有這樣的專業、見識，進而形成最後重要的施政理念，這影響比個人家庭理財的失敗更大、更嚴重。因為它的影響力擴及台灣千萬個家庭。

　　可以說，如果你的退休金是別人的一半，這絕對不是天災，而是人禍！天災不見得迴避得了，但人禍絕對可以有機會可以彌補，彌補之道

就從「改變觀念」開始。或許你也已經發現個人理財和國家理財，甚至很多事情的觀念是相通的。大道至簡，很多道理也是一通百通。

希望這本書可以讓你換上有錢人的思維和腦袋！

也藉這書，感謝我生命中曾給過支持、協助和鼓勵的親人、朋友和肯定我的讀者。因為有您們，這書才得以在 2019 年工作生涯面臨最大挑戰時繼續堅持和盼望中完成。生命旅途，有諸位相伴，更見情義與美麗。期盼這書所提及的想法和觀念，可以為台灣的經濟帶來活力，為全民的退休金帶來成長希望的實質助益，讓我們一起行動，一起寫歷史！

第 1 章

觀念與風險

1-1

誰需要理財教育？

許多人總以為，沒錢的才需要理財教育，
但欠缺了理財正確觀念和方法，
連有錢的人都會變成沒錢。

∨

明偉：

　　知道你喜歡旅遊，在台東我所開的小餐飲店裡的初相遇不就是嗎？你已經到了美國亞利桑那州，在沒有光害的情況下拍下的星空確實美麗，當然這也要感謝家裡理財的成功，給了你到各地壯遊的本錢。

　　正確或錯誤的理財，可以給家庭帶來災難或是幸福，這兩者一線之隔，不可不慎。今天這故事的主人翁曾貴為總統，但是卻面臨破產。也可以說是一代名將的最後一場戰役，全肇因於不慎理財投資。接下來我要提到的幾位人物，有情有義但也令人不勝唏噓！

　　你也喜歡電影、歷史或美食吧？湯姆漢克斯《電子情書》（*You've Got Mail*）這電影場景在曼哈頓的西北區，靠近哈德遜河（Hudson River）。這河有名，湯姆漢克斯主演的《薩利機長：哈德遜奇蹟》（*Sully: Miracle on the Hudson*），飛機就是迫降在這條河上，機上一百五十五人全部生還。歷史學家黃仁宇有一本書《赫遜河畔談中國歷史》指的是同一條河，只是名稱翻譯不同。

　　夏天到波士頓別走高速公路，沿著哈德遜河旁的公路，經過西點軍

校、看山、看河，看在山巒起伏間的景緻，秋天就更美了，拉回《電子情書》電影場景拍攝地點的 Cafe Lalo，該咖啡廳位在曼哈頓西區 83 街，離紐約自然歷史博物館（American Museum of Natural History）西區的 79 街不過幾個街口之遠。

南從林肯藝術中心 62 街至 65 街，北到哥倫比亞大學 116 街之間，東由中央公園，西從哈德遜河這個方塊區，夠你磨蹭一天的了。由哥大再往北走幾個街口，在 120 街到 122 街之間，河邊教堂宏偉莊嚴的外觀很難不引人注目，佔地寬達兩個街口，可以想像那面積之大，從對岸新澤西州日本超市大面窗玻璃的一角望出，每次用餐我都能感受到曼哈頓幾座高聳的教堂建築，河邊教堂是由小洛克菲勒（John Davison Rockefeller, Jr.）出錢修建，可以算是當時洛克斐勒家族的教堂。

往面河的河邊公園（Riverside Park）方向走，在有座美麗的國家紀念碑，鳥瞰哈德遜河，安葬的是結束美國內戰的北軍統帥尤利西斯・格蘭特將軍（Ulysses S. Grant）。

一代名將格蘭特

談及格蘭特將軍，分享關於他的有趣故事，也能彰顯一個國家文化的歷史意義。1797 年在這座國家紀念碑墓園的小角落裡，安葬了一位名為克萊兒・波洛克（Clare Pollock）的小男孩。當年，五歲小孩不慎掉落懸崖身亡，做為墓園主人的父親將兒子安葬在面河的小角落。墓園主人要求接手的買家，必須保留孩子墓地，並將此視為買賣條件。這些年來不知道經過了幾手，男孩墓地依著一個又一個的買賣契約，被完整保存下來，1897 年這塊地被選為格蘭特將軍的陵園，美國政府成了墓園新主人。一位歷史的締造者之墓和一位孩童之墓毗鄰而居，許多人驚嘆著契約精神的遵守和延續！

墓園中還有李鴻章種植的三株銀杏樹，一塊載有中英兩種文字的銅牌。原來格蘭特總統曾在 1879 年到訪中國，在天津受到李鴻章的款待，當時日本正欺負中國，格蘭特為中國說話，居中調停中日衝突，1896 年李鴻章途經美國時專程拜謁格蘭特之墓並植樹紀念。

　　這麼一位終結美國南北內戰的一代名將，和總統之尊的人物何以晚年面臨破產的窘境呢？答案是，錯誤的理財和投資所致。

　　格蘭特贏得了幾次重要戰役後，被林肯任命為北方聯軍總指揮官，並在 1865 年接受了南方總指揮將軍羅伯特‧李（Robert Lee）的投降，宣告美國內戰的結束。格蘭特第二任期，他的行政官員腐敗不堪，財務官欺騙了總統，企圖壟斷黃金市場，雖然格蘭特總統並沒有從中得利，但政府也被迫出售 400 萬兩黃金換取金融穩定。可見個人利益置於國家之上，錯誤的國家理財決策其影響重大，完全不亞於貪污。

　　1884 年，他將所有可調度的財產十萬美元，投資在華爾街他的兒子和沃德（Ferdinand Ward）所開的格蘭特＆沃德經紀公司（Grant & Ward），三年之內賺了 4 倍，他還說服兩個守寡的姐姐，把她們畢生的積蓄繼續投資到經紀公司。後來才發現這個是一個老鼠會型詐欺案，沃德利用了格蘭特總統和他的兒子，這下總統變成了全國皆知的可憐蟲。馬戲團老闆巴弩願意付格蘭特 10 萬美元及門票抽成，如果格蘭特願意公開他的「戰利品」，以及這輩子所收到的「禮物」。

　　格蘭特拒絕了，但也賣出了所有不動產及收集的戰利品，遣散了大部分的僕人來償還當時向紐約中央鐵路公司（New York Central Railroad）總裁亨利‧范德比爾特（William Vanderbilt）的 15 萬美元的借款，然後靠著借錢跟捐款度日。這樣的財務窘況，對身為一代名將和總統尊貴身分的他而言，何其難堪，他開始為《世紀雜誌》（The Century Magazine）撰寫美墨戰爭和南北戰爭的經歷，但是稿費和版稅距離償還債務的差距實在太遠。

然而，著名的作家馬克・吐溫（Mark Twain），投注了他所有的錢，以及另外借來了 20 萬美元，說服了格蘭特總統與馬克・吐溫的出版社簽約，出版格蘭特總統的自傳，並且讓格蘭特總統拿 70％的淨利，而非 20％的版稅。

1884 年秋天，格蘭特總統面臨破產窘境和喉癌末期的病魔糾纏。格蘭特總統與時間賽跑，全心投入他的自傳寫作，一個私人募款組織也為這日薄西山的前任總統募得了 25 萬美元的醫療費用。格蘭特總統寫信給他的內科醫生說，他在文字上的耕耘「可以為我的書與棺材添加不少東西，我感覺我的心智與身體每增壓一次，我的棺材就多了一根釘子」。

就算時隔一百三十五年後的今天，我目睹這段話，依然可以感受他當時的艱困和悲淒的心情，儘管疲勞和疼痛，而且必須使用人工呼吸管，他還是在死前四天，完成了全書手稿。

相較於南方總司令羅伯特・李將軍 1870 年過世，沒有留下任何與南北戰爭相關的隻字片語，格蘭特將軍的私人回憶錄提供了一個決策者當時歷史的觀點，上市立即銷售一空，狂賣了 31 萬 2 千套，每套 9 美元，馬克・吐溫興高采烈地送給夫人茱莉亞・格蘭特（Julia Grant）一共近 45 萬美元的支票，這在當時是一個空前的紀錄，這個收入解決了格蘭特總統遺孀與其家人的貧窮困境，

儘管還清了公司在華爾街所欠下的 18 萬 7 千多元的債務，格蘭特無緣享用他最後掙來的財富。他的收藏品被債主范德比爾特捐給了史密森機構，詐騙合夥人沃德及財務官費士克服刑六年徒刑。所幸格蘭特夫人把結餘收入選擇比較安全的債券投資，終於可以在紐約市過著舒適的生活。兒子小葛蘭特和弟弟搬到了聖地牙哥，在那裡投資房地產並蓋了一座以父親為名的飯店。

格蘭特在 1885 年 8 月靜靜地入土於紐約市的河濱公園。格蘭特的陵墓在 1897 年完成，被公認是全美國最美麗的紀念碑之一。

格蘭特的故事說完了，你有什麼樣的感想呢？

格蘭特總統一面和死神賽跑，終於完成了自傳，償還了債務，也為總統身分保留了一點自尊，而結餘的版稅也給遺孀和兒子，讓家人有了一個重新起步的資金，這也是一代名將呵護家人的最後一役。

有樵夫的誠實，才有金斧頭

但從理財而言，人類所犯的錯誤就算事隔一兩百年都還會不斷地重複，這是人性，似乎難以避免。我曾經在第三本書中提到，「一個追求誠實報酬的人，比較不會在市場上受到欺騙和傷害，投資和人生都一樣，擁有樵夫的誠實，你才可以擁有投資人生的金斧頭！」格蘭特總統竟然沒有察覺三年獲利4倍，已是一個偏離合理事實的可能。追求不誠實的獲利，通常要付出代價的。

猶太人的投資智慧

就投資操作的策略和技巧而言，猶太人的經驗智慧和資產配置的精神有相近可參考之處。猶太人說[1]「每個人都把自己的錢財分成三等份，一份投資於土地，一份投資於事業，最後一份用以防範不測之需」。這也很接近資產配置的「互補組合」，有攻擊成長性的資產，也有防守性的資產，三分之一用來以備不時之需，這可以是公債，也可以是保守性的資產或現金。

如果格蘭特總統遵循上述兩個原則：追求誠實的報酬和合理的資產配置，他的晚景應該不至於令人唏噓。

1　本句摘自《塔木德》

不理財，連有錢都變沒錢

　　馬克‧吐溫不管是基於商業的敏感度，也許是正義感為一代名將的雪中送炭，特別是他還押上了自己的積蓄，是一個漂亮的出手。他的義助和起心動念都很美麗，但是如果能再加上一點理財的基本教育和知識，不是更好嗎？

　　不只是總統會破產，企業家、才氣縱橫的藝人和文人更是，從古至今可寫上好幾本的破產啟示錄，都可歸納出相近的因素。例如，音樂家李泰祥先生，走時經濟狀況不好；高凌風當紅時，酬勞得裝麻布袋、放車後廂才裝得下，吃螃蟹聽說還要母的才吃，但他晚年也為錢所困；而我那個年代的邵氏當紅女星李菁，付不出房租，死後好幾天才被發現，當年的萬人迷，怎堪如此。

　　個人理財、公司理財，乃至國家理財，雖然做法有異，但概念相同，方法相似。許多人總以為，沒錢的才需要理財教育，**但欠缺了理財正確觀念和方法，連有錢的人都會變成沒錢。**

　　成功的理財來自觀念。它跟資源多少、什麼專業沒有絕對關係，而觀念來自於知識、想法和個性，可透過教育彌補加強。難的是個性，以及在利益衝突的環境下，理財做法常被引導到歧途上。理財教育也是生活教育，重要度不下於任何一堂課，但學校沒教，若家庭不會教，社會又在利益衝突下各教各的，結果常常令人惋惜。

　　誰需要理財教育？你我皆是，特別是接近權力的人，因為影響鉅大。**理財教育不因複雜的設計而成功，也不因簡單而失敗，關鍵在於「正確的觀念」和「以簡馭繁」這兩項重點。**這將是未來每個人的學習目標。

　　你現在能告訴我，誰需要理財教育嗎？

1-2

建構自己的投資哲學

牛市和熊市都有方向和策略，
唯有豬沒有方向，沒有目標，東奔西竄，
既貪婪又沒有紀律，因為牠根本沒有投資哲學。

$\vee$

CY：

在知性的追求上，你觸類旁通的能力真是驚人，莫非奈何橋上真有所謂的孟婆湯，你可能當時沒喝偷偷溜走，才有如此的才華展現！很少看到有人學經濟，再轉醫科可以如此順暢，今天聊一下我到你母校社團的一場演講經歷。

2019 年初春，我應邀參加了政大 EMBA 某社團的演講，那天台北微風細雨，還帶些寒意，是該在被窩裡補眠的週末。演講在早上 8 點半開始，我搭捷運時都在想，這樣的天氣我都未必有勁來聽演講，結果一看幾乎全出席了，莫非真有所謂的校風和學習的感染力？

那次的演講，我草擬了三個題目，問主辦單位最想聽那個？結果他們回覆說「三個都想聽」，題目的優先次序分別是：

一、2019 年的投資環境是天快黑了？還是天將亮了？

二、你有自己的投資哲學嗎？

三、五大整體財務規畫的重要性

到了會場我告訴大家，我認為三個題目的重要性剛好和他們想聽的次序相反。談「投資環境」，這題目吸睛，但即使今年猜對了，或判斷對了，明年是不是要再猜一次？年復一年，而且還不保證你每年都能判斷得對。但是只要有了自己的投資哲學和系統方法，自然有其應變之道，而且可能還有不錯的投資報酬。

先有投資哲學，才有規畫，再談操作

至於五大整體財務規畫，分別是保險規畫、稅務規畫、投資規畫、退休規畫和遺產規畫。涵蓋了從小到老，從出生到往生，整個人生和家庭完整的理財計畫；而投資規畫和管理，只不過是五大規畫之一，許多人可能某個計畫不錯，但其他計畫卻不及格，整體結果可能也並不如人意，例如許多企業家可斬六將，卻過不了第五關，也就是「遺產規畫」。人走時，沒有任何規畫，畢生心血的成果，不但沒有最充分的發揮，可能還面臨凋零或者有傷害性的爭產。

如果你懂得如何挑選專家和借重專家，投資規畫和管理或 5 大整體財務規畫都可以由專家來完成；但是如果你沒有整體規畫的視野和高

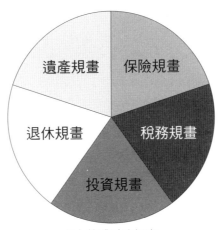

5大整體財務規畫

度，自然就不會有統籌規畫的構想和管理的思維，這財務資源自然也無法發揮，創造最佳的表現。

所以我認為視野和高度是第一，學習管理是第二。

至於第一個講題「2019 年的投資環境是天快黑了？還是天將亮了？」是潮流中出現的浪花這種變數，自然就排第三了。但多數的投資者不但把投資操作視為整個理財，也凌駕了投資規畫之上，自然就更忽略和遠離了投資哲學核心思維的關鍵。

什麼是「哲學」？

什麼是「投資哲學」？談這之前，恐怕還得先聊一下什麼是「哲學」？

投資名家吉姆・羅傑斯（Jim Rogers）《投資大師羅傑斯給寶貝女兒的 12 封信》（*A Gift to My Children*）中的第五封信，提到了「研讀哲學，學會思考」，可見這兩件事跟投資也有極大的關係。

什麼是哲學？它的定義是什麼？維基百科提到英國哲學家羅素（Bertrand Russell）對哲學的定義和胡適先生的看法，我覺得通俗一點來說，胡適先生的說法較能讓人理解，胡適在《中國哲學史大綱》中稱「凡研究人生切要的問題，從根本上著想，要尋一個根本的解決，這種學問叫做哲學。」但他點到為止依然不夠，需要再找尋一些再往下延伸的說法。

有人把它整理出一個比較通俗易懂的說法，那就是「哲學是個人對人生的一種態度，也是內省的思想和理智探詢的一種方法」。好的投資者，一如對生活有感觸，對人生有感悟，「春有百花秋有月，夏有涼風冬有雪，若無閒事掛心頭，便是人間好時節」的禪語。這何嘗不是一種生活態度和哲學。

好的投資者和出色的資金管理者，都要面對「四季皆宜」心態和股市漲跌，這兩者的變化和應對之道的管理方法。

　　其中和投資特別有關聯的是，**哲學是從各種不同的學科中去獲得一種整體的觀點**，我特別強調「整體」，這正是強調哲學的原因。

　　最重要的精神在於「打破砂鍋問到底」，也只有這樣子才不會人云亦云，失去了獨立思考，以及喪失探究整體關聯的精神。因為，哲學也是一種統合的學問，能徹底避免「瞎子摸象」的狀況；記得小學時，課本裡瞎子摸象的圖畫，摸到大腿說是柱子，摸到背說像牆壁，摸到鼻子像繩子，一頭大象是什麼樣子？沒有真正的認識。

　　這也像是許多人在各個投資學派裡，還沒有充分了解卻又跨足到另外一個學派，例如基本分析、技術分析……，遲遲無法整合出一個屬於自己的策略。

　　研究哲學可以靠近智慧，蘇格拉底（Socrates）說：「我非智者，愛智而已」。因為許多外表的認知是一種錯誤，例如兩條鐵軌在遠處相交，但我們知道鐵軌是平行的，可見表面的知識和認知往往帶著一種錯誤的判斷，亦如筷子放在水裡是折曲的視線。哲學靠近智慧，它是一種超越，不只限於各種表象的知識。

　　有人說，人生活在變化的世界裡，卻要尋找不變的東西，那就是真理。在我看來，投資也是在數字變化、圖形忽上忽下的異動中找尋投資真理。當一個人有他自己的哲學，或是投資者有自己的投資哲學時，許多看法就能以一貫之，在行為上可以表現出定見跟遠見。

　　傅佩榮先生形容得很好：「因為有定見，不會因狀況而浮沉，因為有遠見，所以表現也非常鎮定。」能夠把人生哲學和投資哲學這個定見和遠見發揮淋漓盡致的人，首推巴菲特。有本書《股市大亨開講：華

倫·巴菲特點石成金的智慧》[2]（*Warren Buffett Speaks*）我每次閱讀都有收穫，可惜許多人都只專注他的選股技巧，這本書已絕版，它包含了巴菲特關於生活、朋友、家庭、工作、經營企業和股市投資等等各個面向。

傅佩榮認為，哲學像是羅盤，也是一種價值的取向，不但可以告訴我們如何生活，還可以告訴我們為何生活。哲學不但有理論的層次還有實踐的層次，投資哲學也是如此，包含了如何賺錢的理論和操作管理，也包含了花錢的哲學，巴菲特真正全面落實了！

我多年觀察美國許多優秀的操盤資金管理者的哲學性思考。**某一個投資決定和背後許多紛擾牽扯的因素，都能看出其整體連結互動的分析和思考能力。在投資中，這能產生極大效益，所以可以讓成績出色。**

這樣說印象不深，以下舉個例子：1999 年高科技股泡沫時期，巴菲特的成績落後很多，記者在他的股東大會採訪了投資人，問他們擔不擔心？投資者回答說，不擔心是騙人的，但這也是我們特地前來巴菲特這兒的原因：鞏固我們的信念。

這些當年相信巴菲特投資哲學的股東，都避開了高科技股泡沫的風暴，繼續邁向出色的成績，而當年離開價值信念，去追高科技飆股的投資者，多數都付出了慘痛的代價。

牛賺，熊賺，只有豬被宰

投資界有一句名言「牛市賺，熊市賺，唯有豬挨宰！」（Bulls make money, bears make money, the pigs get slaughtered.）。牛市和熊市都有方向和策略，唯有豬沒有方向，沒有目標，東奔西竄，既貪婪又沒有紀律，

2　《股市大亨開講：華倫·巴菲特點石成金的智慧》（*Warren Buffett Speaks : Wit and Wisdom from the World's Greatest Investor*），珍娜·羅渥（Janet Lowe）著。1997 年 9 月初版，現已絕版。

因為豬根本沒有投資哲學。

專業投資者班・卡爾森（Ben Carlson）說得好：「不管你執行的策略是什麼，只要碰上它不管用的時候，你的信念一定會遭受嚴厲的考驗，在那樣的時刻你的投資哲學應該能夠適時幫上一點忙」，他引用投資作家瑞克・菲力（Rick Ferri）的一段歸納，哲學是通用的，策略是個人的，而紀律是必要的，哲學第一，策略第二，紀律第三，三者是成功的投資關鍵。

有一段觀察說得好，哲學就像是把所有東西連在一起的膠水，這和我們前面所提到，哲學是一種統合性的學問，統合性和膠水這兩者表達有異曲同工之妙，用膠水來形容，貼切，也有生活化的親切。

哲學的思維有助於我們避開人云亦云，從眾的不理性行為，這是研讀哲學的功用不只探討人生的問題，和投資也有其關聯，**如果沒有自己的投資哲學，又怎麼可能執行投資組合的進攻計畫，然後以此信念做為指南的呢？**

但「信念或哲學」不經過一番考驗，也無法鞏固，鞏固一個投資信念需要多長的時間？孔夫子說他「十五志於學，三十而立，四十而不惑」，從「想學」到「不惑」，中間最少十五年，投資也是如此，在我認為最少要兩個牛市和熊市的循環週期。很少人只碰到一次的錯誤就能夠修正，而不再犯。我認為這是聖人的水準，比較不切實際。有些人不用心，終其一生，都還找不到自己的信念或投資哲學。

建構自己的投資哲學

但有機會縮短時間，那就是大量閱讀和思考，幸運的是現在有更好的方法能以簡馭繁，但問題是，你是信或不信？如果未經困境考驗還不見得能建構屬於自己的投資哲學，這是挑戰，但也是投資美麗的地方！

一旦擁有自己的投資哲學，就能領略牛與熊的可愛。或許你也會開始同情，或明白豬到處亂竄挨宰的背後原因，並且享受加入贏家行列的快感！

　　如果你夠仔細，也願意閱讀後反覆咀嚼和抽絲剝繭，你或會發現，這麼多大師在成功投資方法的提醒，常有殊途同歸或相同核心論述之處。這些都值得關注和整理歸納，因為這很可能就是這些大師投資哲學或通關密碼。

科斯托蘭尼的投資哲學

　　眾多大師中，該誰先出場呢？我思考再三，就請科斯托蘭尼（André Kostolany）先吧。科斯托蘭尼的《一個投機者的告白》（ *Die Kunst über Geld nachzudenken* ）在台灣最少賣出了 40 萬冊，但又有多少人參考他多年的經驗和諄諄之忠告，確實落實在股市上的投資呢？

　　科斯托蘭尼認為投資者分兩類，固執和猶豫的。而固執的投資者，長期來看是證券市場中的勝利者，他們的獲利由猶豫的投資者支付，而證券市場的玩家就是猶豫的投資者。這是個好觀察，為什麼固執的投資者可以獲利？又憑什麼可以固執？因為，沒有哲學和信念哪裡固執的了？

　　那固執和猶豫的投資者差別何在？他引用了當年普魯士陸軍元帥馮‧莫特克，（Günther von Kluge）認為作戰勝利不可缺的四要素，分別是金錢、想法、耐心、運氣。科斯托蘭尼對這四個要素有他的說明，「運氣」這部份暫且不論。

　　就「金錢」來說，他認為是否有錢，不在於錢的多寡，而在於這筆錢是否是閒錢，不是急用，也不是借來，閒錢你才有耐心持有的條件。

　　「耐心」確實重要，許多大師都提到這一點，無庸懷疑，但問題是

為什麼多數投資者都做不到？這才是你需要關注和解決的，「耐心」這部分我另找時間來討論。

這四個要素彼此之間有它相互的關聯，沒有耐心，其實也跟這四個要素中的重點——「想法」有密切的關係。科老指出明智的投資者都有「想法」，至於「想法」是正確還是錯誤，一開始時無關緊要，重要的是必須三思而行，而且有想像力。

一提到想像力，這可就有趣了。我在美國從事投資管理的初期，有一位醫生客戶說，他剛接觸到一位證券經紀人所提的操作構想：使用高頻率的交易，每天如果能賺 1％，一年將近有兩百個交易日；若一半時間能成功，一年就是 1 倍的獲利。這是一種想法，聽起來也言之成理，短期間或許有可能，長期的紀錄顯示：那個人似乎還沒有誕生！

但是且慢，科斯托蘭尼還有一句重要的話語我還沒提，不說那就是藏私了，雖然它是一個公開的祕密，但你沒發現以前，它還是個祕密。科斯托蘭尼加上去的第五個要素，我覺得它才是關鍵中的關鍵，可惜許多人都在字裡行間要不是迷失了，要不就是給忽略了。

第五個要素，就是「信念」！

信念 vs 想法

我在上「投資哲學」這門課時會問同學們：是「想法」來得堅固？還是「信念」來得牢靠？同學們異口同聲地說：當然是「信念」。科斯托蘭尼提到投資者必須相信自己的想法。如果已訂出策略，便不可再受朋友影響，也不可因當時的氣氛或時事而改變初衷，否則再天才的思慮也幫不上忙，所以他要再加上第五個要素「信念」。如果你買過科老的書，卻對這段話卻沒有印象，你可能需要再次閱讀才能夠在字裡行間找到寶藏。

「想法」，不會憑空而來；想法，可以天馬行空，可是它要經過檢驗。那麼何以判讀這個想法的正確性和可行性呢？

獲利投資組合四大關鍵

我們準備請出第二位，同時也是著名財經作家威廉‧伯恩斯坦（William Bernstein）。他是位投資者，也是內科醫生，他把在證券市場摔過跤之後慘痛的領悟整理出書《投資金律》（*The Four Pillars of Investing*）。

他在書中提到，建立獲利的投資組合有四大關鍵，這四大關鍵就是想法的重要來源，分別是：

獲利投資組合四大關鍵
1. 投資的理論
2. 投資的歷史
3. 投資心理學
4. 了解投資產業。

那次的演講，三個小時分享完，主辦人說，下次想聽聽我聊聊美國的投資簡史，他們能夠如此快速的感受到，了解投資史有助於拉寬投資視野、決策的制定，可見他們懂得如何觸類旁通。

這四大關鍵的知識，提供了一個成功投資者有想法的重要來源。可是我並不打算這樣來幫大家建構屬於自己的投資哲學，因為許多書籍已經有很完整的內容，有興趣的人可以自行參考。我想要用的是比較沒有痛苦感的膠囊藥丸，用「風險」和「投資本質」及「理財迷思」這三個章節，把這四大關鍵基本內容包含在內。我一直強調「以簡馭繁」，這

樣的方式對多數人而言應該也就夠了，倒是「信念」這個重要議題，在後續的許多章節都會觸及，因為它最接近哲學的核心。

所以哲學的妙用可大了！許多人在投資上沒有定見跟遠見，就是欠缺投資哲學的整合，這也是接下來想和大家分享的內容。

讓我們逐步地來探索！

1-3

老張老王的故事

錯把利息的「保證」當做安全的投資，
長期以來擊敗通貨膨脹的效果有限，
在錢變薄的情形之下，無法降低購買力的風險。

⌄

　　這是我 1987 年在美研究所畢業，進入職場開始講解理財教育的故事中，最具有感染力和受關注的。儘管三十年過去了，故事背後的理財道理依然存在，只可惜犯錯的人依然不少。

　　諾貝爾基金在一百二十三年前犯了與老王同樣的錯誤，以至於面臨破產威脅。台灣的勞退基金的管理設計上，到現在還重複諾貝爾基金會當年的錯誤。更別說台灣有上千萬的家庭和許多勤奮善良的百姓，依然存有迷思和誤區了。

　　這個故事也是我第一本書內的故事，重新講述一定有它的深意，因為這故事背後所延伸的許多議題，這迷失和誤區如果不予以徹底的解決和探討清楚，那麼你的退休金可能就是別人的一半或更少，想根除理財盲點，就從這個故事開始吧！

「先甘後苦」的老王

　　1959 年時，老王和老張兩對夫婦覺得辛苦了大半輩子，決定提早退

休頤養天年，於是變賣產業，付清了其他的負債。巧的是，兩個家庭都有 10 萬美元餘款。王太太告訴老王，這筆錢的投資一定要安全，最好是能有保證的，老王心想，依照這個原則定期存款（CDs）或公債（BOND）是最符合的了。

當時銀行提供的利息，大概只有 3％左右，高品質的公司公債（corporate bond）的利息也不過略高於 3％，但老王實在夠幸運，竟然找到了利率 8％、三十年到期的公債投資，這在現在好比是找到了利率 13％、三十年到期的公債。到目前為止，一切都是如此順利，老王心想該是了卻多年心願了，那就是擁有一部凱迪拉克（Cadillac）車子，那時車價是 5,455 美元，老王第一年所領的利息 8 千美元，付得輕輕鬆鬆，老王開著這部車子，老倆口徜徉湖光山色，老王滿意極了目前的收入和退休生活。

老王購買的這種公債是屬於固定收入型的投資（fixed-income），特性就是這當初載明的利率（利率每一天都在變動，但一旦簽約購買，在時間內利率就固定，所以在這三十年中，每年都會領到 8 千美元的保證利息，而且到期時，可領回當初投入的本金 10 萬美元。）

然而，不幸的事發生了，老王的車子奔馳了多年，終於進了廢車場，老王夫婦一點都不擔心，因為支票馬上就要到手了。老王夫婦已熟悉凱迪拉克的設計和性能，所以兩人一致決定，還是再買同一種牌子。第二天，兩人興沖沖的出門，卻垂頭喪氣地開了一部福斯（Volkswagen）的小車回來，不為什麼，因為老王的支票，連付一半凱迪拉克的車款都不夠，老王夫婦實在不能理解，這世界為什麼變得這麼快，快得他們都跟不上，老王說：看來以前拉風的日子已經過去了。當年看起來安全又穩當的投資，此刻卻是陷入了經濟上的難題。可想老倆口的那份窘境，想不到美國也有王小二過年，一年不如一年的例子。

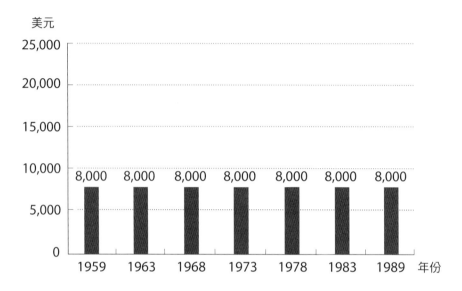

老王夫婦購買30年公債，年利率8%，本金10萬元

「先苦後甘」的老張

再來看看老張夫婦的遭遇可就完全不同了。老張認為投資注重安全是極為重要的，但是未來的購買力也要能跟得上時代，要不然日子越過越差，連給孫子們買玩具的錢都沒有，說不定得靠兒子媳婦的經濟支援，老張認為這樣就有失提前退休的原意。

有了這樣的目標，老張這筆錢投資在美國標普500的指數基金裡，這個決定讓老王取笑了好幾年，怎麼說呢？因老張第一年只領取3千美元，這筆錢只夠老張夫婦買了一部新的雪佛蘭（Chevrolet），為此張太太還埋怨了老張好一陣子，每年收到支票就要囉嗦老張一頓，而且懷疑這個決定是不是錯的。老張很有耐心地說：「太太，相信我，這個投資決定，不會比你嫁給我所做的決定來得冒險。我是做過研究，因為物價上漲會侵蝕我們的財富和購買力。股票是比較有效的保值方法之一，而且，操作美股的指數基金可以降低風險。」

老張說，股票投資我們就是股東，只是大股東、小股東的區別，但我們可以享受到公司的成長（當然也可能有虧損）。但整體而言，不會像公債或定期存款，只能領取固定的利息，公司賺錢了，公債的擁有人，也分不到盈餘，因為他們只是借錢給公司或政府，拿點利息罷了！短期投資還可以，長期而言，並不是一個理想做法了。我們是從事投資，既然是投資，總要給點時間，不是今天投資，明天就是百萬富翁。我們要的是穩札穩打，給一點時間，我們再來印證。

在老王車子壞了的同時，老張的車子也壞了，老倆口決定買部新車，老張心想：光是 1989 年這一年的股利，就有 21,210 美元，這相當於當年 10 萬美元投資的 21%，應該有能力，給老伴買部多年她想要的凱迪拉克，結果老張花了 22,975 美元買下了這部車，只多加了 1,765 美元。

張太太靠在舒適的椅背，望著窗外蔚藍的天空，和風徐來，心情舒暢，一時興起，拿起了資料，盤算了三十年來的投資表現，令她大吃一驚的是，這三十年光是她所收的股利就已高達 23 萬多美元，除了股利外，當年的 10 萬美元本金，現在已增值到近 112 萬美元；相對而言，老王夫婦這三十年所領的利息總和也不過 24 萬美元（每年利息 8 千美元 ×三十年），去年底拿回到期的本金還是 10 萬美元。

老王難過的說，三十年前的 10 萬美元多麼值錢啊！現在的 10 萬元，老倆口哪能過幾個殘冬。老王用了「殘冬」這兩個字，讓我聽了也難過了一陣子。

老王 vs 老張，誰的投資方法好？

老張和老王，兩人都強調投資要「安全」，但為什麼結果大不同呢？老王要的安全是有保證，價格不波動，而老張的想法不同，他的安全是著重在未來購買力不能下降，至於短期的價格波動，他願意承受。

「安全」的投資，並不意味著投資的結果一定有保證，安全指的是風險的承受要適度，過少或過多，同樣不會有好的投資效果。

「風險」這兩個字，在財務的世界裡，應該是個中性的字眼。沒有一項產品能夠免除風險的，人走在路上有被車撞的危險；錢放在銀行，有變薄的風險；錢放在股票有價格波動、甚至虧損的風險。

老王夫婦最大的錯誤，就是錯把利息的「保證」當做安全的投資，而忽略固定收入型的投資（fixed-income）如定期存款等，只有利息的收入，沒有資金的成長，或公債有利息收入和資金的成長（當利率下降時），但長期以來擊敗通貨膨脹的效果有限，在錢變薄的情形之下，無法有效處理購買力降低的風險。

所以，對股票投資有恐懼或不以為然的朋友，應該重新考慮把它列入規畫、投資的組合。對風險承受力低的人也不必擔心，資產配置可以解決大部分投資者關心的問題。

老張夫婦購買30年標普500，每年提取3%，本金10萬元

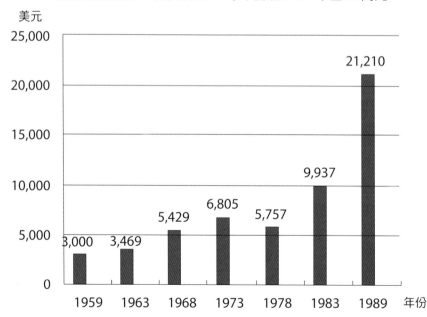

加入多少比例的股票是一個恰當的組合？什麼又是資產配置？真的能夠達到簡單、安全、有績效嗎？我們慢慢探索這一趟理財的知識之旅吧！

1959年開始30年	老王	老張
原有存款	10萬美元	10萬美元
採用方案	當時利率8%的30年公債	標普500的指數基金
成果（總價值）	34萬美元	111.94萬美元
說明	1. 所領利息總和24萬美元（每年利息8千美元） 2. 30年到期拿回的本金10萬美元 3. 總價值34萬美元（利息總收入24萬＋本金10萬）	1. 所領出的總額23.56萬美元（來自於股利和股票成長的部分） 2. 30年後帳戶金額成長到88.38萬美元 3. 總價值111.9萬美元（提出股利總額23.56萬＋帳戶金額近88.38萬）

1-4

投資最大的風險就是「無知」

牛頓熟悉物理領域，他不但知，而且知之甚詳，而且是世界級專業。
但在投資領域裡，也有一些該注意的經驗和定律，
如果「無知」一樣會失敗，甚至付出慘痛代價。

$\vee$

陳麗表妹：

　　妳還在越南工作時，我走訪了母親的故鄉。住陳冷家時，我喜歡騎腳踏車在這鎮上的大街小巷裡穿梭著。母親舊居旁的那一條小河，低垂的楊柳樹，我常覺得城市裡能有條河，河邊若又能有綠樹環繞，那城市就有了嫵媚的味道。我一直想在這河邊找個可以開咖啡書屋的地點，連店名都想好了，這可能是我可以懷念母親的一個方式。

　　你父親不是一直讚嘆我母親的文筆嗎？說實在的，那天第一次，也是最後一次和你父親吃飯，他以近九十歲高齡竟然可背誦出我母親當年寫的家書，當下我深感震撼，一是因為你爸爸的記憶力驚人，二則發現母親真是來自書香世家，但一算兩岸竟分隔了六十六年。

　　從新聞裡知道，母親竟然也和諾貝爾文學獎得主莫言同一個故鄉，最讓我驚訝的是，那天穿過火車站的高架橋等高鐵，迎面而來的一幅畫牆，才知道山東高密還出了三位歷史人物，分別是春秋名相晏嬰、清代大學士劉墉、東漢經學家鄭玄。我還真是對母親的故鄉不了解，風土人情歷史地理如此，投資理財亦是，都有一些未知的事需要探索。

說個故事，年少時，就讀的東海國中座落在台東海岸邊，站在二樓就可眺望太平洋上綠島輪廓。那時雖不害怕轟天雷聲，但也無法正眼享受閃電的自然景觀。

有天午後，烏雲密布，雷電交加，且挾帶著滂沱大雨。教室燈亮了，卻驅散不了同學們心裡怯意；因為閃電在天空此起彼落交熾著，而巨雷聲響撼動著玻璃窗。正當大夥心裡發毛時，老師來了，問怕不怕。

老師說：「怕什麼！這雷聲雖響，卻距離遠，傷不到人，咦！同學們不是學過嗎？光速要比音速快許多，所以先看到閃電的光，再聽到雷聲。假設音速每秒 330 公尺，那看到閃電後，心中默數，如果 3 秒鐘聽到雷聲，那代表這雷打在頭頂上方的 990 公尺處，怎麼能傷到人？只有看到閃電又立即聽到雷聲，那就要小心了，因為雷電就打在近處。」

從那天起，我開始可以正視閃電的各種姿態和變化，這大自然景觀如煙火般璀璨的撼動，雷電的交加所發出的巨大聲響，對我已經不構成困擾和威脅，因為我已掌握閃電的光和雷聲之間落差的關係，如果沒有這個知識，可能就是以下的情況。

成吉思汗名鐵木真，姓孛兒只斤，乞顏氏，蒙古人，他是元代的開國君主，同時也是著名的軍事統帥。他的旗下有一個驍勇善戰的特殊作戰部隊，以今天來講可能是所謂的海軍陸戰隊、日本的敢死隊和美國的所謂海豹部隊，叫「八魯營」（也就是犯了死罪的死囚所組成的部隊）。

任何軍事作戰單位都必然有獎罰的制度，但成吉思心想與其把這些死囚殺了，不如讓他們戴罪立功，例如殺敵若干人可免其罪，所以這些部隊可以屢建奇功，他們不僅是兩軍相逢勇者勝的那一方，而且死裡逃生的拚搏更勝一籌。

這些死囚怎麼來的呢？軍中有一條死罪是，不得在空曠的蒙古草原的河邊，洗自己骯髒不潔的衣服而觸犯天神。衣服不能不洗啊！那怎麼

知道是觸犯天神了呢？每當雷電交加發出巨大聲響的時候，成吉思汗認為是天神生氣了，當下就搜索附近在河邊洗衣服的士兵們，就這樣子那些倒楣士兵便成了死囚。

如果成吉思汗的士兵們生在今天，知道這氣象中雷電產生的知識時，會不會覺得太冤枉了？

相對無知 vs 絕對無知

術業有專攻，這句話就是在告知，當今社會的專業現象，我們都對自己賴以維生的領域有一定的專業，但對別的領域就可能產生相對的無知或絕對的無知。

跨領域的學習並不可怕，你只要有方法按部就班，也可以是跨領域的達人，怕的是，你自己熟悉的領域，理所當然且冒然認為別的領域，也可以不經學習和了解就可以駕輕就熟。

有人跨領域的學習，雖然未成專家，但也大致知道輪廓和方向，雖然未能全部知曉，但已經不是絕對無知，

因為絕對無知而犯的投資錯誤那可多了，而且還包含曠世奇才的牛頓（Isaac Newton Sr.）。在英國三一學院裡，牛頓是頗負盛名的世界級物理學家，但他投資股市卻失利了，他說「我可以算出天體的運行定律，卻算不出人性的貪婪」。牛頓不聰明嗎？牛頓熟悉物理領域，他不但知，而且知之甚詳，而且是世界級專業。但在投資領域裡，也有一些該注意的經驗和定律，如果「無知」一樣會失敗，甚至付出慘痛代價。

三個投資者的兩個提問

不提大師，就算是周遭朋友，投資也常犯這樣的錯誤。

那天在台北有個會議，一早醒來發現是個被提問的黃道吉日。即時通傳來一位神職朋友的提問，不知是信徒奉獻得少，還是要為教會的開支張羅，他問：「有一個美股投資平台，採高頻交易、替會員操盤。一年合約，每月回本 8%，目前每月 16%，投入的資金一年漲 2 倍，若每月複投一年，將漲到 5 倍。想聽聽您的看法。」

趕著出門，匆忙答覆，「恭喜發財，可惜是對方，不是你！你相信有人看了一眼聖經，上帝就允許他上天堂了」？

進入捷運，即時通又傳來了讀者的提問，「我是醫師，沒有把賺的錢布局投資，浪費了前十年。只懂得傻傻放銀行，錯過美股近兩年的飆漲，真可惜，我最近才懂資產配置，我先生覺得投報率好少！希望他在我的影響之下願意看你的書，理解的層次便會不同了」。

我問：「你先生目前操盤年均報酬是多少？」

「沒怎麼賺。」

我再問：「投資約幾年了呢？」

「約四年吧，他喜歡找飆股，有獲利、有虧損，最後扣掉手續費稅金之後，賺得不多，比大盤少很多。」

以上兩個故事，你看出問題了嗎？三個人，一位是完全沒有投資經驗，誤入叢林的小白兔，即將成為獵物，幸好他煞車求證。一旦財迷心竅，上帝也未必救得了。

第二位是醫師，她這十年的辛苦所得全放定存，人在辛苦的工作，錢在輕鬆的睡大覺，她完全沒有了解金錢運作的規則，第三位是她的先生，雖有四年經驗，但也還沒看清問題以及找到適合自己穩定獲利的系統方法，可能還要繼續浪費寶貴的時光。

這三位都學有專精，**但在理財的領域裡，除了投資的 IQ 的基本知識需要學習，同時投資中情緒管理的心理素質更要加強，才可以避免在「貪」、「怕」、「沒有耐心」的極端中搖擺。我們的理財教育如此不**

足，這也是台灣股市欠缺動能，經濟下滑的潛因之一，全民的理財教育要下點功夫了。

用知識擺脫無知

日常生活中的道理大家都懂，為什麼碰到發財，許多人就不清醒，除了財不迷人人自迷，還因為正確的理財觀念，簡單，但不容易。更有挑戰的是——完整的理財教育，這必須包含了整體財務規畫和投資管理，不會只有一兩樣重要的觀念，所以更需要「以簡御繁」；特別是近年來股票指數基金（ETF）的產生，都不是牛頓所處的時代會出現的有利投資工具。金融產品的演變和時代的進步，讓現今的投資已經可以簡馭繁，達到「簡單、安全、有績效」的三個目的。

如果連這樣已可證明且有良好績效的歸納及知識，都不清楚或不願意進一步了解，那麼還是依然無法脫離無知的困境。對自己的不知，對外在事物的不知，這才是一個最大的風險。

我的投資生涯經歷過失敗、挫折，以及偶有佳作的逆轉勝。如果以登山來講，雖然還未達到頂峰時，但見山、見水、再見山，這三十年來理當走過一遍了。要幾次見山見水才能夠達到圓融的境界，我還不知道，但也多少悟出一點適合自己和多數人的投資之道，

所以我想挑戰，透過整理出來的投資理財的「知」，讓它以簡馭繁，希望每年十分鐘，最多不超過三十分鐘，讓普羅大眾都可以領略和享受到投資的簡單、安全、有績效的「知識」之美。

巴菲特也說過，「風險是來自於你不知道自己在做什麼」。也可以說投資最大的風險就是「無知」，那麼獲取投資的成功，先讓我們從「消除無知」開始！

1-5

主動投資 vs 被動投資

文學系的同學不要貿然走進數學系，
不然文學系少了一個天才，數學系多了一個蠢才！

$\vee$

世庭：

距離上次和你在景美那家咖啡店見面的採訪也快兩年了，得知你已
更上層樓。窗外景美溪畔旁的九重葛，開了又謝，謝了又開，這花只跟
時序運轉有關，跟我們人間的失意、得意無關，跟股市的漲跌也毫無相
聯，兀自的凋謝和綻放。聽說這花日照越烈，越茂盛。我也好奇，有什
麼樣的人可以歷經打擊而又能夠站立茁壯？

貝多芬的快樂頌

那天讀到貝多芬音樂創作的故事，我的心頭一震。聽過他的故事，
可是每一次閱讀，我都還是感受很深。我們工作上當然都有壓力，但和
貝多芬當年的困境相比，好像又不算什麼了。

貝多芬於 1801 年察覺到自己的耳聾，並在翌年離開維也納搬至海利
根斯塔特，寫下了遺書想自殺，但他說「我的藝術把我拉回來」。

幸好貝多芬對音樂及生命的堅持，要不然我們今日將無法聆聽他音

樂創作的瑰寶，從 1803 年創作第三號交響樂曲的《英雄》開始，第五號交響曲的《命運》，第六號交響曲的《田園》，以及到最後的極至。台積電三十週年紀念的音樂會就是以這曲目來呈現，也是作曲樂界覺得難以超越的巔峰之作。有人形容這首曲目是貝多芬經歷一生的苦難衝擊、通過歷練後，對生命的領悟與哲學的思考，是貝多芬一生的藝術精華，富有包容心跟生命力的作品。媒體報導，台積電創辦人張忠謀先生選擇這貝多芬的經典之作，據悉也是張忠謀最愛的第九號交響曲之一《快樂頌》。寓意歐盟也是以這首交響曲中的〈快樂頌〉為代表，象徵緊密的夥伴關係。這是團隊合作才可能呈現的作品，也象徵了合夥人的精神。

我猜，既有張忠謀個人的喜好，也有許多其他層面的意義，何嘗不可，再加以延伸地說，也蘊含了對台積電再創巔峰的期望，這也貼切，不是嗎？

跟你聊這故事，算是對生命堅毅，創作堅持的禮讚，做為彼此面臨困境挑戰時的共勉！附上 2007 年推出的電影《貝多芬未緣》（*Copying Beethoven*）片段，電影中貝多芬當時幾乎已全聾，靠他的樂譜抄寫員安娜給他的手勢來引導，後半段就是我們小時候聆聽的音樂和熟悉旋律。

《貝多芬未緣》電影片段

個性能讓我成功嗎？

記得接受採訪時，我提醒投資者應先找尋適合自己的投資策略，而會影響投資策略的上一層思考──「投資哲學」，不適合自己的投資哲學，會導致錯誤的投資態度，很大的原因來自於「不了解自己」。

還記得我做的比喻嗎？文學系的同學不要貿然走進數學系，不然文學系少了一個天才，數學系多了一個蠢才。你問我，許多人對個股或期貨、期權這種以小搏大且快速獲利操作很有興趣，如果不試一下，怎麼知道自己是文學系？還是數學系的呢？你這問題問得好，所以投資大師彼得・林區（Peter Lynch），強調投資者最重要的第一問是「我的個性能讓我成功嗎？」

他認為此個性清單列出來的應該有：耐性、自信、常識、忍受痛苦的能力、開闊的心胸、持久力、彈性、客觀、謙遜、做研究的意願、承認錯誤的意願，以及對普遍性恐慌處之泰然的能力。

我常開玩笑的說，要謙遜，又要自信；要能擇善固執的持久力，又有承認錯誤的彈性，依不同情況的審時度勢調整；一下子要向左，一下子要向右。對許多人來講，這種變化搞到最後簡直就是精神分裂。再說，投資有這麼多策略和戰術，什麼樣的策略適合你，需要一些時間探索，如果以上個性清單，自己一半都不具備，那就應該退而求其次使用被動型投資策略。

說個故事，有一次我參加訪談節目，主持人是文史工作者，也是很出色的導遊，他一看個性清單，覺得自己有開闊的心胸，也有承受虧損的壓力，但他沒有做研究分析的時間。當然還是可以參與投資，只是要選擇不需花時間做分析的被動型投資、主動型和被動型投資，各有其目的、優缺點、適合的對象，我們有機會再討論。

不了解自己，沒有自己的投資哲學，以至於投資態度錯誤，過於激進或保守的投資，同樣不會有好的結果。許多投資者還沒有認清自己，做交易，訓練不足，還沒本事；做投資，概念不足，沒耐心。就如科斯托蘭尼所說的，投資者、投機者、交易者，都有不同的條件。

投資態度為什麼激進？會採取什麼樣的投資策略、什麼樣的工具？想要快速致富可能是多數人的答案，這時候通常會選擇主動型投資策

略，也就是擇時又擇股。選擇的投資工具可能就是個股、期貨、期權，當然其中也不乏想過過操盤的癮。

這個容易嗎？成功的機率有多大？致富一定要選擇主動型投資的策略嗎？站在對立面的被動型投資難道就一無是處嗎？無法快速致富嗎？一般投資者又該怎麼選擇？

從數據分析來看，多數人應該是適合「被動型指數基金」，但是我也看到有些人確實具備操作個股的能力，藉此獲得更大的財富。投資看的不是你有多少執照，或是有多高的學歷，而在於 —— 你是否用對方法，以及彼得‧林區大師所說的——我的個性能幫助我成功嗎？

彼得‧林區說：「如果是智力測驗的話，能夠在股市獲致成功的人大概是落在智商最低的 10% 之上、最高的 3% 之下的區間內吧。」前面 3% 你或許可以理解，但為什麼後面 10% 的人適合投資？這很有意思。

投資從「被動型」先開始

我建議每一個人都應該先學會被動型投資，因為簡單、安全、有績效。先掌握這基本功夫，有強烈興趣和個性適合的人，再參與主動型投資。畢竟分析股票和選擇時機，要有大量的閱讀和時間投入。若參與主動投資的策略，先控制在 20% 左右的資金，選個三檔到五檔股票，零股也可以，這個階段參與，學習經驗和找到系統方法的目的重於獲利，找到心得和方法後再擴大範圍；這樣就是一個既穩健，也有機會獲得超額報酬的探索之旅，也可以幫助了解，自己到底是適合文學系？還是數學系的做法。

我的個性能讓我成功嗎？這個自我探索的一問，許多人都忽略它的重要性，文學系的人，很少會走進數學系。學習中我們不太容易犯這樣的錯，但一談到投資就不一樣了，因為亮麗的投資報酬，很容易引人進

入誤區而不自知，是財不迷人，人自迷，也可以說投資這件事讓人從杯子的外觀，不容易分辨滾水與涼水。

你有自知之明嗎？

尼采（Friedrich Nietzsche）說，聰明的人只要能認識自己，便什麼也不會失去。這句話跟老子道德經的「知人者智，自知者明」，有相近的意涵。智者不惑，不惑代表能把事情看清楚，可別小看老子的道德經，據說這本書是僅次於聖經的發行量，許多西方哲學家也都給予相當的肯定。

上課時，為了能讓同學們了解守住能力圈的重要，我常舉這樣的一個提問，在座的男士們，一點都不想成為英雄的人請舉手，很少人，可以說95%以上的男人都想成為英雄，但巴菲特曾說，登陸月球是一件令人讚嘆的事情，但是如果要由我來做，那就謝謝了！

這不是巴菲特不想或怯懦，而是他了解自己。就算成為英雄，甚至是世界上的英雄，巴菲特知道登月不是他的強項，也是無法完成使命的任務。有如此自知之明，而不為外表的虛名所誘惑著，巴菲特有難得的自知之明，許多人看到他亮麗的成績和財富，卻沒看到他背後的特質和智慧。

被動好？主動好？

在投資領域裡有兩種論戰，是主動投資者這種擇時又擇股的投資策略好？還是被動地跟隨著指數基金，不做太多選股動作績效來得好？

這兩者都好，但各有各的限制，結論是，適合你的才最好！

我認識幾位拿到 CFA[3] 資格的人，十年、二十年後有人從主動投資進入了被動投資，這個策略的調整是一個很大的轉變。因為證券分析師的工作其實就是擇股，他們有這麼多年經歷之後，竟然發現最適合的策略是不再對單一股票的持股和分析，這個是不是一個很大、很有趣的對比呢？

我認為這些分析師們從「分析」轉換到「不分析」不是喪失面子，相反地，能夠認清自己，在內心裡更有一份力量。應該是說那些證券分析師看清了，選擇覺得最適合自己的，這個自知之明並不容易，拿到這麼難取得的執照，卻不做單一個股的分析，就表示他有自知之明，並願意予以調整。這不但不能看輕，反而要給予肯定。

分析師不想再做個股分析了，而業餘者卻拚命地想取代分析師的工作，這到底是初生之犢不畏虎？還是不了解自己？分析師們在沙場上待久了，是變老朽了，還是看到了個股分析和管理的困難和挑戰？

人與人之間偶然會聽到這樣的對話：「你不了解我！」我們通常覺得，別人都不了解我們，只有自己卻最了解自己，所以有一句話，當我們認為自己最客觀時，就已經主觀地認定自己比較客觀。老子《道德經》說：「知人者智，自知者明。勝人者有力，自勝者強，知足者富，強行者有志」，意思是知人善用，又有自知之明，這可是一輩子的修練。知足者富，這也是尋求內心平和、快樂的妙法。

表象和內在的價值，有時候是容易混淆的，例如：知人者「智」，自知者「明」這話，中英文都有人把第一句的「智」認為乃智慧之意，我個人認為這是這個「智」指的是明智，聰明，但不是指智慧，就算有智慧的意味，和後面的「自知者明」相比較，也是小智慧和與大智慧之

3　CFA 是特許金融分析師（Chartered Financial Analyst）的縮寫，這是全球金融機構都認可的高階金融證照。

別，可見自知之明的難度。英文的**翻譯**就清晰多了，第一個是智是指「wise」，第二個明則是指「wisdom」，可看穿表象，獲得內心的清晰，這就接近智慧了，你看一句話的描述，都有它表面看是智卻非智的隱涵，這和股價波動卻未必反應它真實的價值一致，世間的道理和股票投資之道亦同。

自知之明的關鍵在於「明」字，一旦明白了，就如同智者，他不惑了，知道自己的長處和缺點，強項予以中央突破，四周擴大，廣泛發揮，而面對缺點則思考如何補足，或借重別人的長處、專業來彌補和改進，如果不了解自己，就無法做縮小劣勢，擴大優勢。

如何有自知之明？

至於**如何獲得自知之明，我認為最少有兩個方法，一是閱讀，二是自省**。閱讀不僅連結了歷史，也打開了眼界和視窗，你可以看到許多足以借鏡和學習的典範人物。自省產生自律，獨處時的思考才有可能探討自己內心的世界，藉此不斷調整錯誤方向，給予修正，才有機會正確地衡量自己，不看輕自己，也不會因別人的恭維而膨脹自己；不卑也不亢適時地面對挫折和高峰，這個道理既適用於人生也適用於投資。

第 2 章

───────

投資的本質
是什麼？

2-1

價格波動的風險

市場波動你將會恐慌，
你需要看見事物背後的真相能力

˅

Judy：

　　情詩的最高境界是全篇沒有一個愛字，但情意濃得化不開，這對年輕的朋友來講覺得不可思議。2004 年我妻子過世，音樂成了撫慰傷口的良藥，就在那時偶然接觸到派瑞・柯摩（Perry Como）的歌曲《我是如此的愛你》（*And I Love You So*）。曲中娓娓道來舉重若輕的抒情，平淡中有他的尾勁和韻味，那時我常聽的一首歌，可能也符合妳現在的心境。

　　半年前得知查理的離開，妳這突來的喪夫之痛，該是難以承受之重。那天看了電影《第一夫人的祕密》（*Jackie*），敘述甘迺迪被刺後四天的故事。從送醫搶救，見證詹森總統在空軍一號就職，找尋墓地，搬離白宮，渡過那人生最難熬的幾天。強忍悲痛，接受事實，賈桂琳必須偷偷地消化掉這些傷痛，當然免不了不解地問神父：「何以上帝如此安排？」

　　妳也是天主教徒，我相信你也有相同的疑惑或質問，神父當然有他的解釋，凡事都有上帝的旨意，一如佛教徒所說的：「人生無常，才正常！」甘迺迪夫人在電影中說「身為第一夫人，必須要隨時準備好打包

行李。」（A first lady must always be ready to pack her suitcases.）這句話有多層意思。

那天看妳淡妝，但是依然留下帶紅的眼睛，白天的強打精神和夜晚來臨時，妳無所遁逃的悲傷和淚水，什麼樣的思念和情景，會讓妳止不住的淚水如水龍頭般的釋放，我都能清晰地捕捉和想像。

這首歌有上百萬次的點閱，我好奇看一下留言。有人問：「群組裡頭有三十歲以下的歌迷嗎？」引來了許多年輕人留言，記得其中有一個說：「我才十四歲！」

因為喜歡派瑞‧柯摩的聲音，我找到了他的另外一首曲子，《這是不可能的》（It is Impossible）。我發現很多世間現象其實是相通的，大自然如此，投資的定律如此，就看你有沒有足夠的細心和體會。《這是不可能的》這歌曲提及：「你無法讓嬰兒不哭泣，一如你無法要求太陽不東升，浪潮不拍打岸邊」，這句話也能延伸在投資上，「要求股市停止波動，那也是不可能的」！了解這道理，就會了解四季的循環，春夏秋冬，各有其因應季節該做的事。所謂的春耕、夏耘、秋收、冬藏。若你想逆天而行也可以，但就是要付出代價，而且成果有限！

歌曲 And I Love You So

歌曲 It is Impossible

許多投資者可能不以為然，所謂的「絕對投資報酬」（absolute return），或「避險基金」（hedge fund），也一如我所強調多數人都需要學會的資產配置都是可以減少波動。是的，這我同意，可以技巧性減少波動，但證券市場的波動是與生俱來的特性。

細心的你，也許已經發現我不是用「它」這字敘述證券市場，而是

用女性的「她」，是因女性荷爾蒙的變化和波動會比男性荷爾蒙來得明顯和激烈。

多數投資人都希望降低波動而又能夠提高報酬。好萊塢巨星湯姆克魯斯（Tom Cruise）《不可能的任務》（*Mission: Impossible*）電影系列都很精彩，但是不要忘了電影可以科技，可以剪輯。現實世界中的投資背後有其風險和殘酷的殺戮。

順應她、駕馭她、處理她

我認為「想處理降低波動而又能夠提高報酬」這件事情上，最少有三種態度：

一、知道風險之所在，避開她，同時用最小的成本來「**順應她**」。

二、知道這個特性，但用其他的投資管理技巧來「**駕馭她**」。

三、不清楚這樣的特性，然後用最不具知識性的方式來「**處理她**」。

就如同成吉思汗軍營裡，士兵因為洗衣服碰上打雷，而誤以為這是觸犯神明而成死因的事。多數的投資者，還沒有了解投資的全貌和背後的真象，以至於常用上述第三種錯誤的態度和方法來「處理她」。

許多成功的投資大師處理的方式都不同，但他們大多順天而行，因而有豐碩的投資報酬，這是一種態度。例如：彼得‧林區、巴菲特、科斯托蘭尼都有這樣的影子，這是「順應她」。

至於逆天而行，利用高超的技巧和經驗，創造了舒適而又驚人的績效，這當然是最高境界，在避險基金界赫赫有名的幾位：例如：文藝復興基金公司（Renaissance Technologies）的詹姆士‧西蒙斯（James Simons）、出了暢銷書《原則》（*Principle*）橋水基金（Bridgewater）創辦人雷‧達利歐（Ray Dalio），還有華人並不熟悉的大衛‧泰珀（David

Tepper）。他們或利用程式交易，或利用多空交錯的掩護方式，一邊降低市場波動一邊持續前進，這是「駕馭她」。

這三種都可行，取決於你的投資態度，你的投資哲學和想你過的生活方式，及你是否具備這樣的專業能力或技巧有關，你選擇哪一種？

可惜第二種「駕馭她」成功的大師鳳毛麟角，簡單的說因為保險還是要付保險費，而這就是一個成本，當然也有人具備「高超」放空看跌的能力，就算買保險，不但不要付錢，還可賺錢，這樣的人多嗎？

其實最多的是第三類型「處理她」投資者，沒有投資哲學，也沒有投資策略，但卻遍尋一刀斃命的武林絕技，每一種技巧都用，卻又樣樣通樣樣鬆。

第一種「順應她」順應股價波動的大師們有以下幾種特性：

1. **接受股價波動**：但關注公司基本面的彼得‧林區，他說股票一買就下跌，不代表你買錯了。

2. 科斯托蘭尼則說，獲利最豐碩的其實不是猶豫的投資者，而是固執的投資者，固執當然不會輕易地隨股價的波動而搖擺或進出。

3. **少有停損**：那麼難道巴菲特面對股價的波動，他不付保險費來降低這個波動所帶來的風險嗎？

巴菲特如何減少價格波動風險？

從他的操作看起來，多數時間他就是讓這個波動到來又離開。就像美國運通的例子，股價曾多次大幅的震盪，也未見他賣出。他利用別的方式處理，巴菲特老師葛拉漢有名的理論：市場先生是狂歡和鬱鬱寡歡兩種不同心態、性格交織的人，每天提供一個不同的報價，這種高低落差的波動，多數時間他是不被干擾的。

在短期間內股票是投票機，以人數多寡的進出而波動，長期則是體

重機，以公司的基本實力反映股價，所以他不會有，或少有停損，他利用時間來處理這段陣痛，這已經有點變成股市的心理學家了。

時間是治療傷痛的最好療效，當然他還有別的輔助方式來降低整個投資組合的虧損，他雖然不贊成市場效率的理論，但他至少透過七種不同的資產，分別是保險業的特殊現金流，如浮存金（float）、上市公司股票、固定收益投資如公債轉換優先股、現金、子公司所擁有的廠房、設備，以及私人企業和其他，來達到風險分散的效果，這做法也和我一再建議，多數人都適用的資產配置效果類似。不同的是，巴菲特有超強的投資標的估值能力，所以巴菲特超額報酬的機會來得大。

巴菲特不必停損的武器有二：一是穩健投資組合的布局，二是利用時間來減緩波動所帶來的損傷（不是付費買保險）。

這樣做有有三個好處，一是沒有停損，所以自然也不會有損失，但是代價是你要接受波動，看著短期帳面的虧損，但中長期卻是船過水無痕，什麼事都沒發生，股價回到原點，但這個前提是你要有本事確定這個公司不會破產；二是用不著支付減少波動的保險費，減少了這個成本，也意味著增加的投資報酬；三是沒有壓抑布局證券的成長機會，若想做到，就必須了解股票、公債，或其他資產短中長期投資報酬的特性。雖然二十年內未必能達到，但超過三十年以上時間，股票還是領先其他資產，是成長報酬最高的工具之一。

若是沒有長期投資史的視野，就很難做出這樣的布局和決定，現在你知道伯恩斯坦為什麼說，建立投資哲學必須懂得投資歷史的原因了吧！

記得巴菲特有一句話，但多數個股投資者只注意到他所累積的財富和績效，卻都沒有深入了解他面對價格波動風險的能耐，他說：「如果你不能承受股價50％上下的波動，不要到股市來攪和。」他提到波克夏公司股價，就曾發生過四次上下50％的振盪。

7種巴菲特用來分散風險的資產
1. 保險業的特殊現金流如浮存金（float）
2. 上市公司股票
3. 固定收益投資如公債轉換優先股
4. 現金
5. 子公司所擁有的廠房、設備
6. 私人企業
7. 其他

操作避險基金時，避險是要成本的，也就是說為了降低這樣的波動，通常要付出代價。例如，航空母艦的飛機下降時，因為船上的甲板不可能像陸地上的跑道這麼長，在這麼短的距離、在這麼大的衝力下要抓住飛機，不掉入海裡。所以跑道上設置一個鉤子，或是後面還有一個降落傘來拉住極大衝力的飛機，這些都要耗費成本才能做到。

接受波動，跟著律動

我也曾經舉過德州單手騎牛的例子，誰能夠在狂奔上下跳動的牛背上撐住八秒不被甩出去，誰就是贏家。最佳的方式是隨著牛的律動跟著地波動，融合與牛的律動一致，這是勝算最高的做法，也就是「接受波動，跟著律動」；欣賞著「春有百花秋有月，夏有涼風冬有雪」這樣不美好中的美好，對於可接受這種投資哲學的人來說，或是對某些投資大師而言，這是成本最低的方法。

但是對一般投資者，如果不想承受這樣的波動，可以參考四種投資態度和哲學（1）學習避險基金高手完美的做法，（2）犧牲報酬，換取較少的波動，例如老王老張故事中的老王，（3）符合自己風險承受力，

如資產配置的做法，（4）當然如果可以承受波動，個性又適合，也有做研究分析的意願和能力，那麼就如同大師們所說的，挑選個股是獲得超額報酬的一個機會。

這沒有所謂的對錯，一旦決定確定是適合你的，那麼接下來就有正確比較好的方法來應對，最怕的是你不了解波動是證券市場與生俱來的特徵，而你又偏偏想要獲取高額報酬，又不具備「接受波動」的認知、「掌握波動」的能耐，那麼你就變成了最無知的犧牲者。

這個波動有多大的劇烈？說出來多數人可能都無法承擔，就拿巴菲特持有的美國運通公司（AXP）來說，2008 年的金融海嘯最高從 65 元跌至 8.6 元，相當於高達 85%的跌幅，別忘了這還是美國道瓊 30 工業龍頭的其中之一。如果你對美國運通比較沒感覺，那就以星巴克（SBUX）為例，星巴克從最高到最低之間也曾經損失超過 75%，但是**好公司的特性是能夠浴火重生而且屢創新高，為多數投資者帶進財富；但不能接受波動而驚慌中殺出的投資者，就成了最大輸家。**

並不是說必須接受這麼大的波動才能投資成功，投資界中也設計出在承受的波動範圍之內，還有不錯的投資報酬，這是有方法的。但要獲得超額投資報酬，必須要體認到個股強烈波動性的程度，才能有心理準備和正確應對方式。

如果不能接受這麼劇烈的波動而又想要獲得投資報酬，當然就要另闢蹊徑，不能用傳統式操作方式，因為劇烈的震盪會干擾你，導致你可能在股市反轉前夕賣在谷底，這就要回到資產配置的策略討論了。

可以說，不同的風險承受能力就要有不同的設計應對方案，這也就是我們說的正確應對方式；但前提是要看到事情背後呈現的真相，才不會人云亦云，使用適合別人，但不適合你的投資方式。特別是，**了解事情背後真相的能力不能被輕忽！**特別是投資股市，所以我說了解事物背後的真相，進而規畫出適合你的方式，這就是智者的做法。

2-2

股市投資的本質，白骨功的修練

股市哪裡只是一張線型圖、股價上下震盪的金錢遊戲場合。
股市絕不只侷限在價格波動表象，其背後代表著實體產業。

⌄

介文：

　　2008 年突來的金融海嘯，我都在危機處理和應對之中。2009 年風暴漸歇，也聽到妳迎來兩座金鐘獎。那天晚上我就在美東辦公室透過網路，觀看妳獲獎的消息，依稀記得評審對妳得獎的評語好像是，在流行音樂中帶進了人文的關懷和元素。

　　妳給大家的感覺是，在工作及生命中充滿了熱情和愛。難得的是，在妳面對困境時，我總好奇這背後驅動妳的原因和力量。

　　妳提到幸福是栽種來的，不是因為幸福才笑，而是笑了才會幸福！這話有意思，歡樂時我們會笑，悲傷時，還能嗎？但妳的全然信仰，讓我看到妳面對困境時微笑以對的力量和本質！

　　從自閉、歌手，到節目主持人，這是妳個人的挑戰，已有精彩之處，但最讓我讚賞的是，妳對婚姻這段挑戰的處理，不但有經濟上收入高低的起伏，我還依稀記得妳告訴我，有一年屋頂漏水沒錢修，最嚴重時屋內擺了七個水桶。

　　除外，兩人信仰的差異、個性的不同，妳在這挫折中還可以屢屢突

圍，妳這個力量源自於何處？生命的本質在妳心中已有答案。每一個人的答案和領悟，都引領我們走向不同的方向！

白骨功的修練

記得作家張曉風女士有篇文章寫到，她看牙醫時拍了一張 X 光片，美好的臉龐沒看到，反而看到的是白色骨頭。她有感而發地說，竟然看到百年後的她。是的，百年之後我們都是一堆白骨，這個事實每一個人有不同的體會，有人變得少一點計較，多一點開闊；有人體悟到生命都有終點，所以活在當下，讓生命分秒都活得精彩；有人面對死亡變得消極，也有人卻變得更積極。

妳聽說過「白骨功」的修練嗎？多年前我曾經去探望生病的長者朋友，進到他屋裡嚇一跳，裡頭擺了一副醫學院才有的白骨。我還以為是萬聖節過後朋友忘了拿下來，當時年輕的我，看了心底有一種說不出的感受。坐下來後，這位長者告訴我，這是一種白骨功的修練。藉此提醒他，我們人百年之後就是如此，這和張曉風女士的 X 光片感言有相同的寓意。

長者朋友藉此看穿生死，看穿也意味著能夠看清楚。看清楚了，很多事情也要學著放下，事情也開始要有先後的順序了。我想人生如此，投資亦是，應當了解投資的本質。

對妳這音樂人來講，生活中依然有理財的需要，但五線譜不等於 K 線圖，我認為以簡馭繁是最好的原則，至於什麼是簡單、有效、安全策略及工具？做法就留到後面探討了，下面先了解「什麼是股市投資的本質」？

股市運行的原理

簡單的說，股票是代表一個公司股份結構比例的計算，公司透過股票的發行、籌措資金來推廣極為艱鉅、耗資龐大，但又不一定能成功的一些方案。沒有資金難以成事，一個人的資金有限，也難以成大事時，「集資」便成為股市存在的重要目的，這也是資本市場的血庫和賴以拓展生命力的來源。

有人說，當年福特汽車（Ford）崛起，掌握了大量生產技術，全因洛克菲勒（John Rockefeller）提供了重要的能源、摩根大通（JP Morgan）資金提供企業經營的血液，這三種的結合成就了生產力極大的爆發。過去如此，未來資金依然扮演此一重要的角色。資金、技術、勞工這些生產要素都很重要，但若沒有資金，福特汽車當年規格化製造的生產線無法建立。沒有技術，可以透過專利權付費的購買或者合併；再則，資金也可以付給勞工酬勞，取得勞動力。我不是說資金是唯一，因為有些公司徒有資金，卻買不到正確技術，或是建立好的管理，依然會虧損。但股市的資金，很像那句順口溜「錢不是萬能，但沒有錢萬萬不能」。

股票一上市，公司身價就會提高，如果經營得好，股價十倍、百倍、千倍，在歷經兩百年的美國股市處處可見，但因為利之所趨，惡意掏空公司，或面對競爭、挑戰而不支倒地的也不少，所以我說股市是魔鬼和天使並存的市場，如何分辨？我們稍後聊聊。

透過股票的購買，變成公司的股東，等於是間接持有這公司，只是股份多寡、大小股東的區別。大股東可以參與決策，決定公司的經營方向，小股東可能無法改變決策，但累積成多數就可以發聲。這是一個自由市場，而且是民主機制，股份多寡代表決策方向的資本主義運作。

魚幫水，水幫魚

創業向來都是高難度，有些人才不但有好的構想、遠見，而且有高度執行力，但初期需要資金，必須找人共襄盛舉，形成「魚幫水，水幫魚」的良性循環。美國公司過去八十五年為投資者累積驚人的財富，例如寶鹼公司（Procter & Gamble）股價成長了912倍，公司買下日本品牌SKII，亞洲的愛用者每年都貢獻獲利，你只要是這公司的股東，看到「你可以再靠近一點」廣告以及SKll櫃台擠滿的女性，你都會心微笑，並且心中吶喊「搶購吧，美女們！」此外，麥當勞成長了321倍，可口可樂成長了277倍，默克藥廠185倍。在台灣也可以找到相同的例子，台積電從上市以來股價約成長90倍，台塑也為早期許多投資者創造了可觀財富。

股票是股東的概念，至於公債，則是債主（債權人）收利息的概念，雖然在公司破產時，優先取得清算資產的權利，但無法分享公司的盈餘獲利，因為身份不同，承擔的風險不同。至於股票最大的風險，也不過是投入金額全部賠光，這可能比幫別人做保還需倒賠的風險還低。

相較於股票而言，公債扮演的是防守性資產，大致了解這樣的特性已經足夠。至於如何搭配，我們可以在資產配置中來了解。

證券市場在你心中是什麼樣的場情與模樣呢？是散戶坐在證券行螢幕前或神情高亢或鬱鬱寡歡，還是紐約證券交易所大廳內，交易員緊盯的螢幕，滿地的碎紙屑。其實，這些就像播音室裡的簡單陳設，看到的都是股市的表象。在我的腦海中，股市有許多面向，更重要的是股市背後。例如，在我的投資組合之中有蘋果公司、Google一群優秀的工程師所組成的研發團隊，上千萬張的設計圖修修改改，意味著有這麼多家庭辛勤的工作著。這還不包含大家常說的蘋果概念股，台灣有多少的衛星公司和工廠，因為蘋果產生的創意與產品，也辛勤努力的協助配合而運轉著。

鏡頭拉到台灣，清晨五點鐘就開始配貨送達的便利商店，從北到南，所有半導體工廠的運轉，從一早工程師上班的腳步開始，台積電甚至有二十四小時運轉。台北的設計、金融人員的服務，從新竹到台南的科學園區，每天面臨多少困難的挑戰和解決；台中的模具工業，有多少世界隱形冠軍，老闆和業務全世界接單；設計師們絞盡腦汁交出傑出產品，工程師、作業人員盡心工作。這只是台灣經濟努力向上發展一角，你可以想像全世界有多少企業，每天努力創新的投入和運轉。

　　股市哪裡只是一張線型圖、股價上下震盪的金錢遊戲場合。股市絕對不只侷限在價格波動表象，其背後代表著實體產業。

　　經過我這樣描述，你會發現當全球經濟的成長和帶動，人類科技的發明和創新，全世界的經濟也如同春夏秋冬，有蕭條有復甦，從成長再到墜落。長期來說，全世界股價上升，有那麼多人背後辛勤工作所撐起的經濟實體。你還覺得股市是金錢遊戲的場所嗎？

結論：股市是投資重要工具

　　而股市裡，短期波動劇烈，但長期向上，是成長的資產，也是對抗物價膨脹的重要工具，重點是許多人用錯了觀念投資股市，是瞎子摸象，只有片段卻不夠全貌的認知。一旦用了正確的觀念，用對了方法，投資股市是很簡單有效。獲利也不難，是全民應該參與和使用的資產，但必須先用對方法了解股市的本質，再有正確的指引。

2-3

與優秀企業家同行

買進股票，就是間接當老闆，
和公司的擁有者一樣可以賺錢。

∨

雷浩斯：

上次相逢在新書發表會，一別又是三年，真是時光飛逝。台灣的理財投資教育在各位出書的心得分享下，我覺得在選股上應該有一個理性和正確脈絡的進展。

市場上有不同的論戰，例如量化好，還是公司的質化重要？主動投資獲利高，還是被動投資穩？不管這個論戰還會持續多久，我個人覺得投資的精髓，少不了和優秀的企業家同行，至於質化或量化都是找到這些優秀企業家的做法。

不知道你的讀者有沒有真正認識到關係企業的本質？例如好好研究7-ELEVEN，或關注好市多、星巴克咖啡或者去過迪士尼樂園，你喜歡他們的服務，或販賣的產品嗎？如果喜歡，那麼你就沒有理由討厭資本主義者或擁有資本的人。如果討厭，極可能是你的觀念跟做法有盲點，以至於你還無法從這個良好的制度，為自己獲益。迪士尼樂園給小孩帶來了歡笑，這些商家的出現，為生活帶來便利，這些就是資本主義的產物，如果沒有證券市場，也不會有這些企業的出現。

小資族當然也可以享有資本市場帶來的好處，而且好處極大，但首要的重點是要扭轉觀念，換上有錢人的腦袋，這是今天跟你寫信的目的之一，也是我這幾年推動的工作。

資本主義邪惡嗎？

　　資本主義邪惡嗎？資本主義市場吃人嗎？資本市場有魔鬼、有天使，若用錯誤的方式投資。很容易就碰上魔鬼，如果再加上自己的心魔，群魔亂舞的結果就很糟。怎麼避免呢？我所寫的每一封信，都在建立正確投資觀念。

　　到過拉斯維加嗎？有一年我去優勝美地國家公園（Yosemite National Park）旅遊，回程開車返回拉斯維加旅館時，傍晚時分從山坡上往下鳥瞰整個拉斯維加斯，眼前所見燈火通明壯觀景色，我感觸良多，沙漠變成了觀光勝地，我看到資本主義市場後面的模樣。

　　第一次到拉斯維加賭場時，每個人感受不一，有人目炫於五彩繽紛的霓虹燈，我則是好奇這片沙漠是怎麼把水、電、基礎建設做起來的？這幾乎造鎮的計畫，就算是政府，如果沒有把握和眼光帶進財源，都不見得敢投入。幾乎多數賭場和著名旅館，背後都是股票上市公司參與投入，可以說如果沒有證券市場，就不會有拉斯維加斯如此壯觀規模。

　　澳門賭場規模已超過拉斯維加，那可能是從營業額來評比，多年前去過澳門賭場，那時還不是最鼎盛時，但我的感覺是拉斯維加斯的「秀場」這表演是另項的精彩，就算許多賭場免費的戶外表演依然有看頭，從金銀島的女海妖（Sirens of Treasuer Island）開始觀賞起。（Siren 是半人半鳥的女海妖，以歌聲吸引水手並使船隻遇難）我原以為這是免費的表演，只會應虛晃一招，沒想到像拍電影般的認真，還能看到演員從船上跳河的瞬間。

美高梅夢幻飯店 (The Mirage Hotel)[1] 前的火山秀是拉斯維加斯著名地標之一，壯觀的火山爆發場境結合鼓樂，熊熊烈火噴發、模擬的岩漿，有水火同源的視覺效果，可感受到火山的熱度，是一場精彩的火舞秀，重新設計的火山噴發，150 個噴火口可以把火球噴到空中 12 英尺高。

我感受到拉斯維加斯，想要把它營造成全家休閒渡假地的用心，這背後想盡善盡美的努力，呈現了所謂的企業精神。我就是看了夢幻賭場的表演秀，回美東後買了這公司股票，獲利還不錯，但有些客戶希望能夠避開菸草和賭場之類的公司，為了避免困擾我還是賣了。目前手中持有迪士尼公司（DIS）股票，可以說參與了資本市場的娛樂產業，你不但可以更樂意享受旅遊（雖然只是小股東，也可以阿 Q 一點，每年去看看你的企業），還可以擁有這些公司為你獲利，這些恐怕都是不敢接近股市的人、看不清楚股市運作的人所享受不到的好處，他們以為股市只有金錢遊戲，是人吃人的市場。

看完了這兩場免費秀，還要再介紹一家，電影《瞞天過海》（Ocean's Eleven）的百樂宮（Bellagio）酒店，喬治克隆尼飾演職業竊盜丹尼與他的十一位好友（包括布萊德彼特和麥特戴蒙）計畫從百樂宮酒店的金庫竊取 1 億 6 千萬美元。這酒店它著名的噴泉結合音樂和燈光，每隔一段時間會編新的水舞，帶來新的體驗。看完音樂噴泉，可以到酒店內的溫室花園，記得有一次的主題是海洋，用不同的花朵打造出海洋生態，讓人有置身於海洋中的感覺。其他免費表演如凱撒皇宮商場（Caesars Forum Shops）亞特蘭蒂斯的墜落（Fall of Atlantis）、馬戲團賭場酒店（Circus-Curcus）的馬戲團演出，舊城區街（Fremont Street）不定期會有一些音樂演奏，更多的免費表演就等你在股市的投資獲利，得以讓你安排一趟美

1　美高梅夢幻飯店 (The Mirage Hotel) 又名夢幻賭場旅館，Mirage 意指海市蜃樓，在沙漠才易看到的情景，這名字也取得貼切。

西之旅來發現。

喔，對了！附近的胡佛水壩也是電影《變形金剛》（Transformers）的拍攝地，大峽谷、黃石公園，時間若充裕的話，不妨也一併列入你的美西之旅。

在度假期間，這些企業，還是會分分秒秒的繼續為你幹活。生活中，每個人出生的環境或許是不公平的，但規則是公平的。沒有所謂的窮命富命，都有機會翻轉，就看志向、決心和方法，以及懂不懂得使用知識。知識是力量，也是財富，觀念更是如此。小資族也可以靠近企業家，加入贏家行列，借重他們的才華和熱情、經驗、視野和管理。

和臉書祖克柏共事

和你聊拉斯維加斯，若你以為是在探討賭場，那可能就誤解了。一方面，拉斯維加斯它已經是休閒、會議展覽的觀光產業，最重要的是，我想表達它背後有企業家創新、改變的精神，這和我們原本以為賭場必然是色情暗藏之處的刻板印象大不同。

在西方，企業精神（entrepreneurship）常是正面肯定和欽羨的用語，企業家身上流著冒險犯難和進取的血液，沒有這股精神，我們今天的生活不會如此舒適和方便。這兩天查資料嚇了我一跳，連美國傳奇的人物霍華‧休斯（Howard Hughes），竟然也是影響拉斯維加斯賭場轉型改變的重要人物。在他六十一歲那年，他熱中於購買拉斯維加斯賭場，而且還能加蓋機場、餐廳吸引觀光客，他在那幾年擁有的飯店、賭場數量是拉斯維加斯之最。

看過李奧納多主演的《神鬼玩家》（Aviator），許多人都敬佩他為追求航太事業的進步，不惜以自身家產作賭注的勇氣和精神。美國航太業的重大突破他也有貢獻心力，他所建立的環球航空（Transcontinental and Western Air）是泛美航空（Pan Am）的競爭對手。

每次到曼哈頓經過公園大道看到泛美航空當年的地標建築（現在已經改名為「大都會保險」），我都會想起霍華・休斯這號人物，他的一生精采不只是在電影中展現，以後有機會和你們好好聊聊。企業家們在各個領域此起彼落，前仆後繼地改變合作出許多讓人類生活更舒適的努力。把時間鏡頭拉到最近，馬克・祖克柏（Mark Zuckerberg）創辦臉書、華人陳士駿創立 YouTube，如果拿掉你臉書帳戶，同時也無法欣賞 YouTube 精彩影片，很多人應該頓時覺得生活失去樂趣。更別說需要查詢資料，隨時可求助的 Google 搜索，這是由兩位加州史丹佛大學博士生賴利・佩吉（Larry Page）和謝爾蓋・布林（Sergey Brin）年輕企業家所創辦。還有傑夫・貝佐斯（Jeff Bezos）所創辦的亞馬遜（Amazon），這電商模式改變了銷售行為，鋼鐵人伊薩・馬斯克（Elon Musk）所創立的兩家極具創新色彩的公司，特斯拉電動車（Tesla），以及讓全球航太業關注的 SpaceX，馬斯克以個人創業家精神結合了優秀工程師，這些都是劃時代的影響和改變。

我要表達的是，在證券市場的資金和創業家的精神、熱情，兩者的結合加上優秀工程師和研發人員，得以讓人類的創新持續不斷進步；而這也是股價、經濟可以持續上漲的重要動力，我強調這一點，就是不希望你誤以為投資只是侷限於股票線形圖的價差追逐之中。

談了那麼多成功企業家，是不是也讓你心有戚戚焉？創業需要全心全力投入，不但需要具備資金，還要有經營管理的軟實力，這包含獨具特色的產品、行政、行銷、成本控制、人事管理，所有面向構成競爭力，創業成功可挖到一座金山，但失敗也很容易耗掉你的第一桶金。

我欣賞和敬佩創業者的精神，也樂見創業的風起雲湧，因為這是帶動企業活力，但也要提醒創業者，了解自己的個性，全力以赴解決創業面臨的困難，不要好高騖遠，穩扎穩打。

但如果你不適合當創業家，要怎樣才能夠享受創業的成果，成為另外一種靠爸族？擁有股票能讓你擁有部分的事業，就能讓資產源源不絕為你帶進現金。相反的，沒有正確的投資觀念，股票也可能變成敗光祖產的當票。

買進股票，就是間接當老闆，和公司的擁有者一樣可以賺錢，不但如此它還可以世代相傳。加入全球的經濟成長，也和資本主義的強大引擎掛勾吧，這是邁向財務自由的重要一步。

財經作家班‧史坦說得好：「如果你覺得公司沒血沒淚，那是因為你還沒有擁有，所以不知道它的好。」他有一段說詞我覺得很精采，特別摘錄給你這些雖然在財經界，可是都不敢擁有股票的人，他說，「你只要擁有生產手段，也就是生產商品的設施和資源，那麼不管股權多少，都有機會逐漸在家人的周圍築起堡壘，這些股權可以付清帳單，維持生活的安適，至於被開除，卻缺乏財產的人，就只能心驚膽跳地過生活。

透過資本和它帶來的收入，你可以維持健康、鬥志，和做你自己，但沒有財產和生產手段的人，可沒辦法這樣。古早年代，擁有這樣的資本要靠富爸爸，但在資本主義下不一樣，只要願意辛勤工作，再藉著收入、購買好公司的股權，懂得這樣的知識道理，然後採取行動，一切都將改變。」

對於還沒有擁有股票的人，應該思考這項投資工具的利用；對於已經可接受這觀念的人，面臨的挑戰則是：如何用正確策略、正確方法以簡馭繁，達到簡單、有效、安全的投資。知道，不難，難在符合自己的投資哲學並落實，我們會繼續討論這個議題。

和有才華的企業家同行，這是資本主義者源源不斷獲利的密碼！

2-4

一億男的體悟

課堂上坐在後座的學員，一問之下，
手上竟有一億元投資資金！
問他這兩天課有什麼感想，他的感悟只有一句話……

⌄

秋香：

　　和你相逢，是在第一次新書發表會，那天你也邀了朋友來，顯見你
熱於分享；第二本書發表時，和你們全家在書店碰面，發現你們夫妻倆
對小孩的教育都很重視；上次回台，妳抽空到咖啡店裡來，問我第二天
店的活動，妳能幫上什麼忙，謝謝妳曾有許多美麗的起心動念和其善
意。去年你帶三個小孩參加加州暑期夏令營，其中有什麼學習和感悟
呢？印象中老大對商科有興趣，來美這段期間，生活中發現了什麼呢？

　　妳認為醫學上的臨床經驗重不重要？這是探討理論和實務差異的重
要觀察，投資也是如此，每位投資者接受訊息和解碼的能力不一樣，這
個我知道，但是差異度有多大？要不是過去半年我第一次在台灣開課，
恐怕也難以想像閱讀到融會貫通，到採取行動，依然有不小的落差。

　　寫了三本書，我覺得應該說清楚了，實在無須開課，可是多次演講
中發現，沒有一個系統，完整扎實的投資觀念和信念，多數投資者還走
不出去，也走不遠，原來風動、幡動、心在動，這各種不同解讀都還存
在。讓我說說有位學員，花了昂貴學費後，最有感受一句話的故事。

一億男

　　最後一堂課報告作業時，其中有一位學員談他的投資心路歷程和經驗分享，他有兩個心得，先講第一個「一億男的成功率」。

　　他現年四十歲，目前有 1 億元資金在證券市場投資，目標六十五歲時擁有 10 億元資產就開始做公益，其中一個慈善基金與兒童福利方面有關，要達成這目標，年均報酬約需 10%。

　　手上投資資金有 1 億元，這數字引起了大家的興趣，我心想，搞了半天來上課的不是菜鳥，眼前的這位還是老鳥，但他接著說的內容，引起大家的訝異。他現階段從事選擇權操作，進入這行業的前七年，輸到幾乎脫褲子，接著找到了方法漸入佳境，但現在碰到另外一個難題（這是故事的後段，以後我們再聊）。

　　接著，他請大家猜猜看公司內部約有 1 千 3 百位客戶從事這種交易操作，有多少人獲利？現場沒有一個人猜對，連他在內，只有七個人！能投資成功獲利當然令人欽羨，但成功率實在也太低了！

　　每個人要報告，使用什麼樣的**策略、工具、配置**的投資比例，可以達到他們預期的目標？又憑什麼可以堅持他們擬定的策略？藉此我可能可以找到他們思考的盲點。

　　我接著好奇，他為什麼要等到有了 10 億元資金才從事公益？一陣互動討論後，我最後的建議是，他設定的年均 10% 投資報酬率可行，樂見 10 億元達標，但其實可提早進行公益活動。因為人生不是只有你說了算，能活多久，有時還要看上蒼是否恩准。

　　故事還沒完，過了幾天突然收到他的私訊，說我在臉書上提了這事，雖沒說是誰，但他有同事也是我粉絲專頁的朋友，可能隱約捕捉到是他。只有七個人能獲利這事，怕對公司招攬新客戶的形象有所損及，萬一有人打電話來求證，希望能為他保密，我回說，是我不好意思，我雖小心沒有指名道姓，沒想到還是給你帶來困擾，那該怎麼修補呢？是

不是我再發文更正一下，告訴大家，他不是那位一億男！引來他乾笑幾聲，就在互道日安，結束談話前，我問他這門課有什麼樣的收穫？

他提到了「一句話的感悟」，也和同事們分享了。這領悟是什麼呢？看完以下這個故事告訴你。

旅行遇見星巴克，「多」創造 4 倍投報率

學習離不開生活，我經常在生活中找尋或觀察投資的標的，聊一下多數人都熟悉的星巴克，為什麼曾在我的投資組合中多創造了將近 4 倍的投資獲利。

2009 年是金融海嘯後的後一年，市場逐漸回穩，我開始了中國大陸的旅遊和商業考察之旅。金融海嘯期間，星巴克的股價重挫，那陣子星巴克經營北美地區碰到挑戰，再加上遇到金融海嘯，股價從高到低點，不是腰斬一次，而是腰斬再腰斬。股價從 20 美元跌到 3.5 美元，跌幅近 82%，我認為機會難逢，所以星巴克成了我的投資組合中的十大持有之一。

2012 年我在幾個大小城鎮中旅遊，對杭州的星巴克印象特別深刻，那時杭州已經有所謂的腳踏車借租的服務，好像比台北的 Ubike 發展得更早，所以我那幾天騎著腳踏車，深入西湖的四周閒逛。有一段環湖公路兩旁的法國梧桐樹，和上海市田子坊附近思南路的梧桐樹有不同的韻味，可能是馬路寬闊所造成的感覺。

因為是騎著單車，讓我可以悠閒地觀察杭州的幾家咖啡店，我還刻意去看 85 度 C 在杭州的店面，地點最好的是早就布局開店的「兩岸咖啡」，但星巴克有壓倒性的態勢。我常去的一家星巴克咖啡是在大華飯店旁，這曾是蔣介石和宋美齡度蜜月下榻的飯店，視野好，不管是看雷峰塔、白堤和蘇堤，視野都相當寬闊。但是大華飯店旁邊的星巴克位置

就沒有這麼的好，沒有面湖一覽無遺的視窗，比起其他咖啡店，星巴克觀景店面位置較差，生意竟然最好，這必然有值得觀察的地方。

我跟服務生閒聊幾句，其中有一位問我是不是從台灣來，我好奇說你怎麼判斷？他告訴我，中國大陸的許多觀光客到店來，有時會刻意不喝完，要求店裡打包外帶，代表他們來過星巴克。他這說法讓我有了繼續求證的興趣，第二天下午三點帶本書再到星巴克觀察，下午五點鐘左右，人潮一波一波湧入，有如菜市場一般的聲浪，讓我受不了，最後只好離開。

原來星巴克已不是一般的咖啡店，它賣品牌，也賣場所符合各種人士的約會需求。

離開杭州，到其他有星巴克的地方，我都會繞進去，替總經理霍華‧舒茲（Howard Schultz），看一下員工表現如何？服務是否品質一致，也順便為我的持股是否繼續保留做個確認。在青島奧運帆船中心看海的那家星巴克咖啡，店內店外都擠滿了人，離開青島前，我刻意走進市區的一家星巴克，店也維持一定的生意量和服務品質，我不得不說，統一企業當時在中國大陸開設的星巴克，員工水準可能在許多連鎖店中名列前茅。

每次和服務生交談完，我幾乎都會建議他們，不要全花掉打工的錢，就買星巴克的股票，若不能買國外的，那麼也要考慮大陸他們有信心、有好感、看得到的企業，我相信照我建議去做的服務生可能不多，可能是缺錢，更可能的是他們還不具備這樣的視野，也不了解投資的重要性、金錢的運作，資本市場如何拉開財富差距。但我大陸一行的考察，決定延遲賣出已經獲利近 8 倍的星巴克，這決定大概也多增加了 4 倍的投報率。

我不是把星巴克當作線型圖上的進出操作，而是看見了一家全球性的企業，可以為我日夜不停的工作，美國天黑收店了，亞洲剛好一天新

的開始，不管在機場、市中心、方便約會的地方還是社區的轉角，全世界將近有超過 2 萬 5 千家星巴克每天為股東獲利打拚。擁有企業，與之成長的這個概念，為我這十年來獲利超過 14 倍，就算星巴克每一年有 30％到 40％之間的股價波動，能夠每次高點出場，低點進，如此華麗轉身操作的人，應是少數，就算有，你想能有 10 倍以上的獲利嗎？

或許你有疑問，有這樣的收益是我碰巧買對，那如果買錯呢？

這個是好問題，多數的家庭致富，並不需要像彼得‧林區所說的買到這 10 倍安打的好股票（ten times bag），你還是有機會，用對方法找到不錯的投資標的，但不需要這麼多的選股技巧和花精神盯盤，正確的投資工具和以簡馭繁的策略，後面再聊。

這封信想跟你交換心得的是，致富應該是加入企業的成長，星巴克只是其中一例，每個人從日常生活中可發現這些投資，可以是本土自己熟悉有把握認可的企業，也可以是全球的企業，這個有差別嗎？多一個選項，多一道視窗，或許會看到不同的風景，有值得參考的地方！

最後，一億男說他上完課最有感悟的一句話是，「**投資的本質和精神，是讓全球一流的企業家為你幹活**」。你的看法呢？

2-5

資金最安全的所在

在風險承受能力的範圍之內，
或多或少都必須和全世界強大的企業引擎掛勾，
那才是一條最安全的道路。

$\vee$

鎮淳：

朋友傳來了一則網路故事，媽媽問孩子們的意見，她百年後骨灰應放哪？兒子說放在梵音禪唱的寺廟，媳婦說放在風景明媚的地方，女兒說樹葬，媽媽最後一想說算了，你們還是把我放在好市多吧，因為你們一個禮拜去兩次，比較容易看得到我！

到台灣不能不消費的統一企業

我這次返美，在機場巴士上，跟一位大陸來的交換學生聊天，我好奇地問，對台灣第一個最好、最有感覺的印象是什麼？我本以為是自由言論，沒想到答案竟然是，台灣有二十四小時的便利商店，而且好像每個角落都有。

在世界各地能夠無法避開不消費的，是哪一家企業？有人認為是電信商，有人說是便利商店。若你在台灣，答案絕對是統一旗下的企業。

我從 2008 年金融海嘯開始擁有統一股票，已經有十個年頭，一股也

沒有賣出，當時是這樣思考：

一、看到統一股價下跌了 50%，我認為只要金融海嘯一過，統一要再回到原價，應該是沒什麼懸念的，這是從股價而言。

二、實際上最看重的還是統一這公司，在台灣你可能很難不消費統一和他旗下的的相關商品。

統一公司股價在金融海嘯後這十年來，並不是漲幅最高的，統一當時在我的投資組合持有中，應該是前十大的後段班。我很少檢視在台灣的投資組合，有時忙到一年可能只看一、二次，最近發現，統一的持有比重不知何時冒出頭來，已竄升進入了我的前三大持有，記憶中購買時約 26 元的進場價，現在已經到了 80 元，還不包含這十年來給的股息。

有一次我參加一家商業銀行的演講，提到了投資須與強大獲利的企業掛鉤，主持人也說，他有個朋友這一生當中只買一須股票，不停的高賣低買，只鍾愛這檔股票，如今身價破億，這家公司就是統一。

在高雄上課，有一位女士也有感而發地贊同，她的投資時間很早，從台灣證券行由黑板紀錄股價的買賣就開始了，她朋友（也可能是她），這一輩子只買一家企業，也累積了破億身價，這企業就是台塑。

可以說每一個人所在的地區，都可以找到強而有力，或是長期發展與民生息息相關，並且獲利穩定的公司。台灣當然不只上述這兩家企業，但如果要能夠更風險分散，或更安全參與全球的經濟，那麼我們當然要和強國強大獲利引擎掛勾，例如標普 500（SPY），以下是一整天和美國 500 強企業生活上的緊密結合。

美國 500 大企業，無所不在

每天清晨，你可能上班時帶走一杯星巴克咖啡，或走進麥當勞吃一

份早餐。七點鐘左右，東部海岸線的空軍戰機訓練開始了，台灣現在只能買到通用動力（General Dynamic）公司的 F-16 戰機，在美國 500 強排名第三百多名。

進了辦公室前，經過捷運系統或新摩天大樓的工地，看到了美國毛毛蟲公司（Caterpillar）的起重機具，正在轟隆轟隆作響地施工。進了辦公室，給同事留言，用到 3M 公司便條貼紙。公司今天來了一位新進的漂亮女生，雖然穿的是端莊的商業服，穿了絲襪的修長玉腿依然掩藏不住，引來男同事情不自禁多瞄兩眼，喔！忘了告訴你，絲襪可是杜邦公司（DuPont）的產品發明。

美國這國家經常發明一些怪玩意兒，以前我們寫日記是偷偷的寫，不但要藏起來，甚至要上鎖，自從臉書問世後，現代人生活習慣、性情、禮儀大變，是吃飯要先拍照，除了改用照片寫日記以外，不但不怕你看，還怕你不看呢！

除了生活上的影響，有一些朋友的工作，特別是平面媒體受到極大的挑戰，許多公司廣告預算大幅移到網路和臉書上，好傢伙，遠在美國的臉書公司，不但改變了人類的生活，甚至讓源源不斷的美金「滾進」，讓另一端消費者手上的新台幣「滾出」。要逆轉這鈔票移動的方向，有一個最簡單的方法，就是變成這些公司的股東，加入他們的賺錢行列！

明天有一個重要簡報，助理趕著做完 PPT，問你可有要修改的地方，使用的是微軟的視窗操作系統和 Office，微軟最近股價表現不錯，也好，比爾‧蓋茲（Bill Gates）的慈善基金會又多了一些銀彈，不知道你的銀行戶頭，是不是也欠缺一些美鈔呢？如果是，別無他法，成為微軟的股東吧！

工作少不了電腦，都說台灣的半導體製程領先全球，這話是事實，但別忘了電腦中，還有許多重要的晶片的設計，不管是 CPU 的英特爾

（INTEL），或者他急起直追的對手超微（AMD）、通訊晶片的高通（Qualcomm）、人工智慧晶片的輝達（NVDIA），這些都是美國公司，也是全球電腦所少不了的重要公司。

下了班老婆交代，家裡的嬰兒用油用完了，她還指定嬌生（Johnson & Johnson）公司的產品。別以為嬌生只有嬰兒用油，一共有四大事業體，分別是消費品、視力保健產品、醫療器材及藥廠，除了你所知道的嬌生嬰兒產品之外，止痛藥廠泰諾（Tylenol）、沙威隆、隱形眼鏡安視優（ACUVUE）、穩豪血糖機等。美國的製藥業、生化科技和金融業都是世界的強項，藥廠裡頭還有知名的默克藥廠，以及每年研發費用和中華民國國防預算相當的輝瑞藥廠（Pfizer）。李宗盛有一首歌《最近比較煩》，在昏暗的酒吧裡，找尋掉落地上的藍色小丸子，這顆藍色小丸子叫做威而剛（偉哥），讓全世界許多男人為之瘋狂。

加州暑期活動即將展開，剛好也帶小朋友們去一趟加州迪士尼樂園。迪士尼公司的產品從小就深入小孩的生活成長，你也可以讓他們擁有這家公司的股票，觀察一家企業的經營。去旅遊需要買機票，刷卡能有免費機場接送，但不管你找的是台灣的哪家銀行，只要碰到 VISA、萬事通（Master Card）、美國運通卡，這三家全是美國公司，也是標普500 的成員。

現在進了咖啡店，許多人第一個是先找插座和上網，據悉中華電信使用了不少美國思科（Cisco）的網路設備，有些人最近有點看不起美國的電訊設備商，因為聽說主導下一個世代的 5G 通訊，已經被華為超越領先。是的，美國技術被超越的，好像也不只有這一項，美國確實不是以前的超級強國了。記得華裔傑出人士，現任美國運輸部長趙小蘭說過，在她的經驗和觀察中，美國人一對一，未必是世界領先者，但是一群人的團隊力量卻是相當強大。

美國雖已經不是超級強國。但她這兩百年來藏富於民，許多公司的

營業收入，超過某些國家的國民所得。美國五百大企業，正憑著他們在研究發展、制度、軍事、法制下所形成的整體作戰能力，繼續在全世界攻城掠地，為他們的股東創造獲利。

除了加入本土熟悉的強大企業以外，為何不考慮強國的強大企業引擎呢？你的退休金，安全性的資產當然要有一定的比例，但不是靠銀行保守的定存，在風險承受能力的範圍之內，或多或少都必須和全世界強大的企業引擎掛勾，那才是一條最安全的道路。

強大的獲利引擎

從早上清晨，到晚上的今宵多珍重，不但台灣企業與生活息息相關，連美國的 500 強企業也無所不在。你現在還覺得購買這些公司，只有股價數字在線形圖的上下跳動？其實股市就是和生活融合在一起，只要人類勤奮工作，科技持續研發進步，股市的春夏秋冬，不斷四季循環，有成長，也有經濟衰退或蕭條。長期而言，股市還是一個成長動能最強的地方。如果看不到這個事實，投資者將會錯過一生中最重要的參與。要期望有良好的退休生活，適度地擁有股票是必要的，因為這些企業代表著全球強大獲利的引擎。

這樣的說法雖然言之成理，但對錯過或沒有參與過的人而言，卻又有一點像是事後的諸葛孔明，何況我也可以取出一堆投資企業失敗的反證事例，而且多得嚇人！這就是為什麼雖然我極力贊成，要讓一流的企業家為你幹活，但我並不建議多數人使用個股做為投資工具的首選，除非你對股價的估值有極高的興趣和能力，不然也可能產生極高的副作用和代價，進而導致失敗。

例如 1989 年當年的股王國泰金，全台第一大的壽險公司，這三十年來股價讓人心碎，由高檔時的 1975 元到 2019 年停在 50 元至 60 元之間

令人唏噓的價位，所以參與一流企業的成長這個方向是對的，但做法或工具對有些人來說，必須做修正。

　　這也就是為什麼我要用幾篇文章，來討論指數型基金和被動型資產配置的操作策略，因為這樣的工具和策略，才能真正和全世界獲利強大的企業聯結！

第 3 章

個人理財的迷思

3-1

迷思 1：定存比股票安全？

錢放在定存，短期非常安全，長期來說卻非常危險；
錢放在股市，短期波動劇烈非常危險，但長期來說卻非常安全。

$\vee$

一聰兄：

　　台灣銀行資金的規模竟然大於股市，這在全世界都是少見，您身為財務規畫師，覺得何以發展如此呢？我認為，民眾對金融工具的錯用和不了解是原因之一。

　　007 電影《將計就計》（*Entrapment*）由史恩康納萊（Sean Connery）和凱薩琳麗塔瓊絲（Catherine Zeta-Jones）主演，拍攝場景在馬來西亞，片中台詞竟然引用了一句孔老夫子的話「別用大砲打蚊子」。（Confucius said: Do not use Cannon to kill a mosquito.）這句描述很有畫面，不過我納悶的是，孔老夫子有說過這句話嗎？倒是常聽說「殺雞焉用牛刀」。但是殺牛也不能用水果刀，簡單地說，不同的工具有不同的特定用途。

　　同樣的，銀行定存有適用的特定對象和目的，搞錯的話，不但達不到原先目的，而且還可能適得其反。把錢放在銀行定存，大概最期望的就是它的穩定，幾乎不受金融市場任何消息的波動，每年你都能拿到固定利息，沒有虧損。可惜這是一個表面的假象，因為如果把通貨膨脹考

慮進來，它所造成購買力的侵蝕，就形成了表面不虧損，（因為還是看得到利息收入和本金），但實際卻是虧損的狀態。以 2019 年為例，銀行的定存大約 1%，你相信每年的通貨膨脹只有 1% 嗎？你什麼時候看過麵價的上漲只有 1 塊錢？

我認為定存最大的危險，還不只是無法擊敗通貨膨脹所帶來侵蝕購買力的損傷，定存最可怕的是「溫水煮熟青蛙」，讓你在無痛感之間，失去及時的回應能力。

通膨這頭怪獸

還記得我們提過多次的「72 法則」吧？以 72 除以銀行 1% 的定存，約莫七十二年後這筆資金才能夠翻一倍，除非你的資產已經龐大到足夠面對任何突來的高通貨膨脹，不然以**定存做為退休基金的停靠處，相當危險**。

可以這麼說，**錢放在定存短期非常安全，長期來說卻非常危險**。在台灣銀行定存通常最長三年，這也意謂著，錢放在定存超過三年可能不合時宜了。由於美國公債市場發達，可以鎖定十年期公債，所以銀行有十年的定存產品；相反的，**錢放在股市，短期波動劇烈，所以非常危險，但長期來說卻非常安全**，如果再結合「指數型基金」和「資產配置」這兩種理財工具，其安全程度遠遠超過你的想像。短期兩三年要用的資金，不要有懸念，銀行定存是可以考慮的地方，但是超過五年之後才要用的資金還放在定存，特別是多年後才用到的退休金，在做這個決定之前，一定要充分地了解每項金融投資工具都有風險，定存的風險也是其中之一。請記得，殺牛也不能用水果刀，「通膨」這頭猛獸，定存是處理不了的。

從 1926 年到 2017 年長達九十二年期間，同樣是 1 美元的投資，美

國的通貨膨脹成長 14 倍，相當於每年 2.9％的年複利增長；如果投資在政府一年期內的公債會成長到 21 倍，相當年複利 3.4％，和通貨膨脹率非常接近。台灣從 1982 年後二十四年的通膨率約 3％，相當於二十四年後購買力減少 50％，1996 年之後受全球生產和自由貿易化的影響，通膨率開始走低，但定存利率也跟著下降，所以問題還是沒解決。

可以說美國和台灣的通貨膨脹率，跟銀行定存率很接近，但美國銀行的利息要納稅，台灣雖有一定程度的優惠，但定存一旦考慮「通貨膨脹的侵蝕力」和「稅率」這兩個因素進來之後，若要以定存做為退休金的工具，那只有一句話──寡婦死了兒子，沒指望。想要擊敗通貨膨脹，就必須使用正確資產，例如房地產、股票等成長性工具。

股市和定存，哪一個危險？

我曾經比喻過，蓋房子的工程人員絕對不會認為榔頭會比鋸子重要。這兩個不同的工具，缺一而不可，照理也不應該混為一談，但有許多人誤用。定存它產生的風險：購買力下降的風險、無法及時回應的風險，這兩個真是致命的事。

在美國從事財務規畫師時，曾看過某家銀行的定存廣告詞是「致富的吸引力」，我感觸的是，越需要財富、越是理財的弱勢族群的人，越不具備這樣的財經知識。

兩年前我參加晚宴，主人為我介紹了幾位在不同銀行任職的經理，言談間我竟然冒出了一句，「資金放在銀行定存，那大概死定了」！這句話讓兩家銀行的經理感到尷尬。這是我在美國執業多年的觀察，美國的通貨膨脹率比台灣高一點，而且銀行利息要繳稅，把「通膨」和「繳稅」這兩個因素加進來，放在美國銀行的定存，嚴格說是要虧錢的。

台灣的定存，利息再繳稅有優待，但就算如此，以 2019 年 1％的定

存利息，也無法擊敗通貨膨脹所導致的購買力虧損，這是第一個風險。第二個風險，是**表面上看起來穩定，不會虧損，但這正是溫水煮熟青蛙的最佳環境，等發覺購買力被侵蝕，出現問題時，通常已錯過時間，來不及做最正確的反應**，再回首縱然不是百年身，但是環境已做了大改變，早就時不我予。

存錢絕對是好習慣，也有必要；沒有儲蓄，就沒有投資的本錢，但是銀行定存是短期資金停泊的地方，請記住這「短期」的關鍵字。把短期性的定存，當做長期的投資工具，這個就有一點像是從台北到高雄，不搭任何交通工具，只用步行，稱為安步當車，誤以為是最安全的做法。到現在還有很多人看不明白。

十年投報率比較

的確，有人可以拿以下這個數字來挑戰，2000 年到 2009 年全世界經歷了兩次股災，分別都高達 50％ 的重挫，這個失落的十年，代表標普 500 的美國股市，不但沒有獲利、股利，十年間還虧損了 10％，相當於每年虧損 1％，這十年的定存菜籃族確實可以笑傲股市的投資者。

這個失落十年 100％ 的股市投資不好，但是若做一些資產配置，例如：公債，那麼結果就大不同。例如，加了 40％ 的公債防守性工具，從 2000 年到 2009 年成長約 30％，就比定存成長 12％ 要來得高；如果把時間拉長到 2015 年，這個成長幅度就高達 122％，對比定存僅成長 20％，這個幅度就開始拉大了。

投資不一定全部在股市，透過資產配置，可以為自己量身打造適合自己風險承受力的投資規畫，可以在符合自己波動的承受範圍之內，享受股市成長的獲利。

定存須考慮通膨、購買力下跌

中長期來看，代表台灣股市前 50 大市值的 0050，成立以來大約年均 7％的投資報酬，美國大約年均 10％，若以 72 法則來檢驗（72 法則指的是，以 72 這個數字／投資報酬＝翻倍的年限），簡單的說，錢放在銀行 1％的定存要七十二年才能夠翻倍（72/1=72），錢投資在台灣 0050 大約是十年翻倍（72/7=10），如果投資在美國標普 500 的年均 10％報酬，將會是七年左右翻倍（72/10=7）。

目前勞退基金的投資績效在 2.79％，假設就 3％來估算，需要二十四年才能夠翻倍（72/3=24）。

從財務規畫的角度而言，一個家庭應該有六個月到一年左右的生活費放在銀行，沒有安全感的人可以再多增加一些，但超過一年半的生活費在銀行，可能都是錯誤的浪費資源。除非你的資產夠龐大，就算是 1％的定存利息，都可提供你舒適的退休生活，這也還包括物價膨脹，購買力下跌的考量。

把時間的橫軸拉長，短期而言，定存很安全，但長期而言，那是溫水煮熟青蛙，死定了！相對的，股市短期的劇烈波動，嚇怕了多數人，但中長期而言，非常、非常的安全，但請記住，這裡指的是整個股市如有市場代表性的指數基金（Exchange Traded Funds，ETF），而不是單一個股。

你關心的是股市的波動？還是虧損？還是購買力的下降？除非你有龐大的上億資金，如果沒有，又沒有正確的認知或認知錯誤，把短期停泊的定存工具，當做長期的投資項目，這將是一個難以彌補的重大錯誤，也就是老王老張故事中千金難買早知道的悔恨，我們會在後面一一來證明！

總結來說，短期持有定存比股票安全，但長期持有股票比定存安全，你的目標要的是「短期安全」，還是「長期安全及成長」？

3-2

迷思 2：公債比股票安全？

公債多數時間比股票安全，
但是時間一拉長，那可能就不見得了。

⌄

怡彰：

　　臉書真是無遠弗屆，連居住新加坡的工專學妹都聯絡上了我。她是當年馬來西亞華僑，來台求學，在新加坡就業發展理當不錯，但她留言「要存些未來的醫藥費」引起了我的關切。初步了解，她為了「安全」，將所有的投資全集中在公債，又是現代版的老王啊。我無法透過臉書來做投資理財教育，她又從來沒買過理財書籍。她對「安全」的錯誤認知，也錯失了資金的成長機會，這些都源起於對理財的「無知」，真令人扼腕啊！

　　京劇有個橋段：兩個人吵架，你說你公道，我說我公道，到底誰公道？只有天知道！公債比股票安全，衙門的判官不必知道，但身為投資人你要知道。

　　「公債比股票安全嗎？」
　　「安全的定義是什麼？」
　　「公債對你來說是什麼用途？」

「用多長的時間持有公債？」

以上問題每個人的狀況都不一，答案當然因人而異，特別是金融環境不停變化，拿公債與股票做對比時，是落在哪個年代，以上問題所延伸出來的答案，將會是南轅北轍。

舉個例子，以台灣前中央銀行總裁彭淮南最關注的美國十年期公債來討論。別以為公債是萬無一失的投資，碰到 1946 年到 1981 年長達三十六年的公債空頭期，你很難想像利率從 2.03％上升到 16％，債券的價格已經損失 83％，這種重創的幅度，絕對不低於股市重挫。

我的第二本書《你沒有學到的巴菲特》，出書以來常接到讀者的提問是，為什麼我在資產配置中沒有使用長期公債 TLT，而是使用短期的政府公債 BND 或七至十年期的公債指數基金 IEF 來做資產配置的組合？我請他們再把書多看個兩、三遍，答案都在書裡。

這幾年利率處在一個相對低點，世界局勢如果是經濟緩步復甦，那麼必然啟動升息，特別是在量化寬鬆結束之後，現在這個時候又不是身處在 1981 年的十年期公債利率高達 16％的高峰期。2019 年 7 月十年期公債利率約 2.1％，和歷年相比這利率處在較低的基期，未來如果經濟一升溫，必然啟動升息，在這種環境氛圍下，應該沒有必要鎖定長期公債。**投資公債不是只看長年期公債提供比短年期較高的利率，就鎖定投資長年期公債。**

植物人 vs 千變女郎

銀行的定存和公債都極其敏感地受到利率的波動而震盪，但是銀行定存通常不會即時反應，誇張地比喻算是「半個植物人」，但中長期公債就像個女郎，而且是「千變女郎」，波動幅度超過多數人的想像。許多人可能知道美國的公債市場大於股市的規模，但可能不知道時間一拉

長，例如三十年到四十年，債券的標準差，也就是變動程度，其實大於股票波動程度，這可能把很多人給搞糊塗了。

換個方式來表達，短期來說，股票確實一年上下波動程度大於公債，但隨著時間拉長，股票變動情況趨緩。公債以上面談到公債空頭三十六年為例，公債價格卻損失了 83％。美國歷史上還沒有碰到股市歷經三十六年之後，還會虧損的。正常情況下，股市持有十年期就會有獲利，公債卻不同；股票下跌，如同跳樓般的激烈呈現，只需要一到三年就完成重大跌勢，而公債卻是蓮步輕移，緩慢下跌，空頭可以走了三十六年也夠嗆的。這就是我一再說的，股市短期間看似震盪劇烈，嚇怕了許多人，但中長期而言，反而相對安全，不論是對比定存或公債都是如此，如果你知道股市有此特性，在投資規畫時有所準備和布局，可以借重和利用股市的波動，反而是個財富增長的好機會。

公債的優點

並不是說公債一無是處，公債不僅是資產配置中重要的防禦性投資組合。在降息期間，碰到公債大多頭時，例如 1982 年到 2011 年這長達三十年的公債報酬，實在亮麗，年均複利高達 11％並不輸股票，同時波動程度也只有股票的一半；再則，在某個特定時段報酬都還領先股市。我在《你沒有學到的巴菲特》一書下了標題〈公債，投資中的嬌妻還是外遇〉，讀者跟我說，沒想到小三這麼厲害，我那個年代的用詞是「外遇」，現在年輕人的用詞是「小三」，為什麼厲害？有空不妨翻書了解一下，至於為什麼用短天期的公債做為資產配置的組合，也一定有它的考量，想通了功力或許可以更上一層樓。

長期投資，股票優於公債

公債多數時間比股票安全，但是時間一拉長，如果是為了累積退休基金的用途，那可能就不見得安全了。以下數據顯示，從 1926 年到 2017 年期間，不同資產投資報酬可以產生非常大的變化，台灣的勞退基金就是一個活生生例子，它的報酬貼近通貨膨脹率，如果再不加以改善，可以想見未來的情況，或許你對台灣的勞退基金無能為力，但個人的退休基金就要有所作為和規畫了。

從 1926 年到 2017 年長達九十二年裡，同樣是 1 美元的投資，如果投資政府十年期的公債，年均報酬率 5.5％，比通貨膨脹率多出 2.6％，但長期下來的複利會產生不一樣的結果，高達 143 倍，這多少可以解除通貨膨脹成長 14 倍的威脅。但是值得注意的是，1973 年爆發石油危機，通貨膨脹快速上漲，瞬間追平過去五十年公債領先通膨的差距，如果剛好那段期間要退休的人，生活條件下降，退休的心情一定受到影響。結論是退休理財工具全部只押在投資公債，也不是一個理想的設計。

如果投資在美國標普五百這類大型公司，年均報酬到達 10.2％，這時可以看到驚人的成果，成長 7,353 倍，對比公債的 143 倍、通貨膨脹的 14 倍，就遊刃有餘了。但缺點就是一再著墨討論，想要拿掉多數投資人迷思——股票短期的波動會嚇退許多人，所以股票短期不安全，但長期卻是極度安全。退休金理財屬於長期投資，一定要加入股票的元素。至於設定多大的比例最恰當？這個部分就留待資產配置章節來探討了。

我曾經在第二本書，特地寫了一個章節來討論：2％的差距長期投資下來會差多少？為什麼值得大張旗鼓地討論？在一般人印象中，2％因為差距不大而被忽略，但在長期的複利效果之下，這是非常大的差異！如果投資在小型股，年均報酬是 12.1％，九十二年下來會產生 36,929 倍，與大型股之間的差距將近 4 倍之多。

這對想獲得超額報酬的人而言，確實是一個很大的誘因。不管是透

過難度較高的主動型投資，或是利用被動型投資的「神龍擺尾」彎道超車，都能獲得。有興趣而且個性適合的人，可以考慮運用部分資金持有衛星投資。這就是另外一個議題，留待後面討論了。

3-3

迷思 3：「高收益」， 代表好投資？

不要上那種表面看上去很好的當。

$$\vee$$

瑀瑋：

離鄉背井唸書的小孩，我總覺得成長得比較快，因為要懂得自己照顧自己，是被迫成長。剛離開校門的同學，最大的優勢就是對各項科目都充滿新鮮與好奇的學習，初期這是好事，但慢慢能夠聚焦。

許多人都聽過李小龍這句名言「不怕會一千種功夫的人，但是怕一種功夫練上千萬遍的人」。這一陣子我常看到他在過世前接受外國媒體談論中國功夫的影片，他用了非常好的比喻：中國功夫像水，可以柔弱，可以無堅不摧，可以有形，可以無固定之形。這何嘗不是他的功夫哲學之一。

投資最常被碰到兩個問題，跟李小龍談功夫也有一點關係，那就是：外幣存款如何？高收益投資好嗎？

投資外幣存款，妥當嗎？

有些人可能常出國旅行或在某地投資，需要新台幣以外的存款，這

可以理解，但有些人純粹因為某種外幣的高收益而投資，我認為有欠周詳。自己身處的國家、經濟狀況的發展你都未必搞得清楚，更何況是別的國家，而且許多人所投資外幣的國家，還未必在世界上具有經濟發展競爭力。

有一次接受媒體訪問，我提到除了台灣 0050 的股票值得購買外，還應該考慮美國標普 500，我反問主持人，知道為什麼嗎？他露出誠懇的神情說，不知道。我說，韓國傾盡國家資本之力，在全世界百大品牌占有三家；日本的工業夠強占有七家，德國的工業沒話說，但大概也只有七家入選，我請主持人猜下美國有幾家公司進入全球品牌百大排名？當我說出答案是五十四家時，他的神情跟我當時得知的結果一樣：好傢伙！美國這些公司這麼猛！

為什麼前面要花這麼多篇幅談談跟全球強大公司這些獲利引擎掛勾，因為他們才是你投資最好的依靠，幣值的背後絕對反映著國家的經濟實力。有些外幣之所以給予較高的利率，通常是因為某個環節不盡理想，必須用較高利率來吸引人，或許也有一些兼具內在美和外在美的投資標的，但是除非你獨具慧眼，對這個經濟體夠了解、夠熟悉，要不然極有可能抓了烏龜跑了鱉，有了這個丟了那個，整體成績歸納來說並不理想。

投資高收益公債，妥當嗎？

至於高收益類型公債，大家總是目眩於高收益的部分。高配息常是受歡迎的投資標的，但至少要關心並查證兩件事：（1）這項投資標的的品質如何？品質必須包含成長性和安全性，（2）高配息會動用到本金嗎？

總有許多人在投資前不充分了解，碰到困境時才來求助，我被高收益債這個問題給問煩了，所以在第二本書特地寫了一篇文章〈高收益債

是垃圾還是黃金？〉進行討論。

我相信有些人投資外幣和高收益債都可以獲利，所以對這類有準備、熟悉、肯做功課的人來說，這類投資工具是他們的黃金，但我認為更多的人並不適合這類投資工具。

我在書上做了一點分析，從 1980 年到 2015 年長達三十六年的時間，用三種資產、四種投資組合報酬來比較：

同樣是 1 美元，三十六年後高收益債變成 26 倍，投資巴克萊政府公債約 16 倍，美國標普 500 約 51 倍，50％的巴克萊公債和 50％的美國標普 500 混搭則成長了 33 倍。這個分析想表達什麼呢？

高收益公債，本身就有股票和公債的雙重混合特性，但是高收益公債通常在品質上無法和政府公債相比，但在股票公司的部份，又比不上美國 500 強公司的組成的金牌聯盟──美國標普 500 的 SPY。表格內選擇第四種組合，也就是巴克萊公債和標普 500 的混搭，它無論在品質上、績效上都超過高收益，又好又簡單的投資設計和策略不用，一定要把自己搞得很忙碌，才是投資嗎？

選擇適合自己的投資工具

就算可以在外幣存款和高收益標的上賺到錢，我覺得都不牢靠。為什麼第二章要花那麼大的篇幅談「投資的本質」？就以人的整體資源分配來考量，每一個人的時間都很有限，時間不僅是金錢也是生命，花太多時間在不屬於自己的投資哲學、投資策略的工具上，其實都是浪費生命，更糟的是，可能還會搞砸投資成果。追求「人生五個球的均衡」[1]，

---

[1] 均衡人生的五個球：出自可口可樂某子公司前總裁布萊恩・戴森（Brian Dyson），1996 年於喬治亞理工學院畢業典禮上的致詞。這五個球意指工作、健康、家庭、朋友以及心靈，詳見《每年 10 分鐘，讓你的薪水變活錢》一書的〈人生的五個球，整體均衡的人生財富〉一文。

一樣適用在分配投資的時間。

較高的收益經常靠犧牲公司成長的潛力和動能來交換。投資者應該關注的是整體投資報酬，股息（或股利）再加上資產本身的成長，這兩方面的總成長才是你要衡量的標準。星雲大師有一句話說得好，不要上那種表面看上去很好的當。

我一點都不懷疑有人可以在外幣投資、高收益債這兩項投資工具上獲利，但是你要充分了解，它適不適合你？以簡馭繁還是可以成為我對這些朋友的最好建議。

3-4

迷思 4：避開「波動」，
就是安全的投資？

就投資而言，波動是「風險」，
但如果事先有準備和防範，心理有預期知道如何應對，
那就是「機會」。

$\downarrow$

君華：

我知道你是禪學愛好者，現在是單親媽媽也需要理財。你問我學習理財一事，慢慢地，你會發現有意思的是，**世間許多道理是相通的，禪學可教導你的，也可能是股市最高的投資境界。**

你怎麼看待股市的波動？證券市場價格的波動算不算是風險？如果不是風險，那麼為什麼許多人都會有停損的動作？可見多數的人把股價的波動視為風險。

如果是風險，那又為什麼許多投資大師，卻少有因價格下跌而做出停損？但他們的績效結果卻驚人，要不然也無法稱之為大師。

到底誰對？誰錯？有些操作不停損反而獲利更多，可能嗎？

風動、幡動、心在動

蘇東坡詩云「橫看成嶺側成峰，遠近高低各不同」，山固定在那兒不動，也一如證券市場價格波動是存在的，但因為你站的角度，或看事

情角度不同，得到的印象或結論也就不同。

　　另外還有一個還更有名的故事，就是禪宗六祖惠能在廣州法性寺「風動，幡動，心在動」故事。時值印宗法師講《涅盤經》，佛像前懸掛的幡吹動了，兩位和尚見了就爭論起來。一位和尚說：「你看旗子在動。」另一位說：「是風在動。」惠能說：「你們兩位都錯了，既不是風在動，也不是幡在動，是你們的心在動。」當時惠能大師已開悟，和一般人有不同的看法。

　　我很喜歡黃崑巖醫師所寫的《教養有如一陣風》，他引用了十九世紀英國名詩人克莉斯緹娜・羅塞蒂（Christina Rossetti）的詩，對難以具體描述的「教養」兩字做了一幅生動的隱喻。詩的題目是「誰見過風？」

Who has seen the wind ? Neither I nor you; But when the leaves hang trembling The wind is passing thro !

誰見過風？你我皆無，當葉搖曳，風已吹過。

　　多數人的確會從外面現象來觀察，風吹草動，風吹葉動，都是客觀的事實。聖嚴法師解釋「風動、幡動、心在動」這句禪語：「有風的話幡旗一定會動，只要自己的心不隨著環境而亂動，不用主觀的自我意識觀察、判斷、比較，就不會產生矛盾和衝突。其實只要心不受環境所動，不離智慧和慈悲兩標準，就不會有煩惱，因此，我們普通人也可以練習不受威脅利誘，不為聲色所動，這也就是人間的智者和勇者。」

投資若想遠離煩惱……

我也藉此延伸，不離智慧和慈悲是生活中遠離煩惱的兩項標準。就投資者而言，有沒有什麼主軸可以參與股市獲利，但也能遠離煩惱，最終成為投資的智者和勇者呢？

我個人的看法是：（1）不離開投資的本質或真實價值，（2）抓緊第一項前提，不理會股市波動。以上這兩項是我個人覺得既可在投資中獲利，又可讓生活減少受到股市波動紛擾的投資智慧，這個適用於積極的主動投資，也適用於樂活的被動投資。但上述的兩個前提一個都不能少，**充分了解投資的本質和投資標的估價，再用平常心來看待股市的波動。**

我要藉此延伸的是，不離智慧和慈悲是遠離煩惱的兩標準，那有哪些事是經常在投資領域，造成一般投資者在「風動、幡動、還是心在動？」這種認知錯誤的風險？投資者又該注意什麼呢？

我有時好奇地想，如果六祖惠能生在今日，但還未變成六祖得道高僧前，如果掌管寺廟財務進入股市投資，是不是也有「風動、幡動、心在動」這類的禪悟？

許多投資者之所以在投資上沒有好成果，我認為是不認識、不了解投資心理學，更談不上把投資心理學運用得虎虎生風了。

一開始上課，我都會問學員「波動是不是風險？」多數人都認為「波動是風險」，少數人認為「波動是機會」，所謂「橫看成嶺側成峰，遠近高低各不同」，波動還是波動，並沒有改變，但它是峰，還是嶺，就看你站在的位置了。

就投資而言，波動是「風險」，但如果事先有準備和防範，心理有預期知道如何應對，那就是「機會」。

波動在統計學中，用「標準差」來顯示它距離平均值的變異程度，用 beta 值來呈現。每項投資工具都可以予以量化成數值。以中短期而

言，股票的波動程度比公債來得高，這就是股票會期望較高的投資報酬率，有人說這是給投資者受到驚嚇後的補償。

統計學解釋「波動」，有量化的精準感覺，但缺少溫度和人性上的感受；重要的是，統計學的說明好像不能幫助你克服那個恐懼，所以我倒是想用投資心理學的角度來看待波動的闡述。

波動是機會還是風險？

為什麼前面我要解釋派瑞·柯摩的情歌《這是不可能的》？無法避免股市的波動，體會到「海浪拍打岸邊」這類大自然運轉的規律，了解到投資也有這樣的脈動和規律，都是不可避免，與其拒絕或抗拒不如擁抱，也彷彿是聖嚴法師所說的「面對它、接受它、處理它、放下它」。

面對和接受它這股市波動的事實，應該要怎麼處理它呢？（1）有事前的準備或心理調適，（2）再用正確的態度處理它，船過水無痕，波動來了，波動也會過去，（3）在投資中有紀律的逢低補進，若有了獲利，事後放在口袋，或放在銀行都可以，反正都是放下它！

與其說波動是風險，不如說是否正確應對這件事情的決策和做法，做對或做錯才是風險。如果做對了，股市會因波動而為你帶來機會，機會能產生獲利，那麼「波動」這件事就不是風險，而是機會。但若因為解讀錯誤或應對錯誤，而造成虧損，這個才是「風險」。也就是說，波動本身只不過是一個中性、存在無法改變的事實。

是否正確應對這件事情才是風險，這彷彿是在股市得道的高僧才聽得懂，以下舉個例子來進一步解釋。彼得·林區以多數人都可以獲利的房地產為例，有多少人會因為自住的房產，房價下跌幾個月就賣出的？財經媒體每天報導你持有的公司股價上漲或下跌，是這些報導讓你心有定見？還是擾人清夢？你又曾何時看過，你們家附近鄰居房產價格，每

天上漲下跌的資訊顯示在螢幕上的？可是十年、二十年過後，多數的房產卻漲了！

簡單的說，股價和房價每天都在波動上下變動，但是一般人在處理這兩件事情上，通常會態度不一，干擾你做出決策的經常是股價，而不是房價。

我有時好奇的想，六祖惠能如果身在今日，跟巴菲特應該也可以聊得來，你不必是得道的高僧或有巴菲特的真傳，但你一定要好好的正確地看待波動和了解投資標的估值，這兩者的結合才是投資的一篇佳作。

波動 vs 虧損

波動和虧損，哪一個比較具有殺傷力，對投資者來講更具風險？

對許多人來說，以為波動跟虧損是畫上等號，其實不然。有時候股市波動，只是一個短暫價格的上下移動反應，這有可能是往下繼續探底，永遠再回不來，但也可能他只是一個短暫價格反應終究會回來。如果你的應變或判斷錯誤，那麼就有可能一半以上的機會，把它當做虧損來處理，也就是說原本是波動的，卻誤把它當做虧損。我半開玩笑地說這彷彿是把男人結紮了，要再恢復，這難度就大了！許多人患得患失，還不一定能在低點買回，然後眼睜睜地看著股價波動後大幅彈回。

股票下跌，不代表買錯；股票上漲，不代表買對

投資大師彼得‧林區曾說，當你一購買股票，價格立刻下跌，並不代表你買錯了，同樣的，一買就上漲，也不代表你就買對了。

估值的精準，成長或衰退趨勢的判讀以及良好的投資心理素質，這可能才是需要關注的關鍵。因為股價可能只是短暫下跌或區間浮動，但

它仍處在一個基本面沒有改變的上漲趨勢。你一進場股價就下跌，不代表你買錯了，因為它還是在整體向上的趨勢中，獲利是遲早的事，而且有時先蹲後跳的趨勢成長獲利是驚人的。

同樣的，一買股價就上漲，不代表你買對了，因為這支股票基本面可能已經出問題，它原本在向下的趨勢，而你這時進場剛好是買在一個反彈點，卻誤以為自己做了正確決定。

股價波動本身是表象的，你要關切的是它背後的本質，憑什麼股價會上漲？背後驅動它上漲的原因是什麼？同樣的，股價下跌，是一時的煙幕彈？還是真的出了狀況？簡單的說，表象和本質的認知錯誤，這常是投資發生的風險所在。

波動不等於虧損

所以波動不應該等於虧損，如果你沒有這樣的認知，應該就有一半以上的機會錯殺，以虧損來了結。這個說法會有人不同意，因為價格下跌，有可能繼續探底，為了避免失控，例如停損點設在 10％ 左右保住元氣，這個說法也沒錯。

停損或不停損，差異在於：投資標的估值的確定性。這的確困難，但這也正是個股投資者要下功夫努力的地方。不能基本功夫做得隨便，只靠停損解決問題，因為只靠停損並不會增加績效，要不，可以考慮選擇不需要為估值煩惱的投資標的，例如有市場代表性的指數型基金ETF。

美國運通卡

2016 年，我在第二本書上引用了美國運通卡公司（American

Express）的例子，金融海嘯時股價從 65 美元跌到了 8 美元，這麼大幅的波動，查閱波克夏公司（Berkshire Hathaway）的年度報告，巴菲特竟然沒有任何賣出，事隔多年再來看一下這個股票的反應。截至 2019 年 7 月，美國運通股價已再度攀新高到了 127 美元。

美國運通公司股價圖

圖表中巴菲特面對美國運通公司這股價的波動，沒有使用停損，所以也沒有產生任何損失，相反的股價在波動中創新高。

巴菲特說「我非常重視掌握確定因素，假如你可以做到這一點，那麼所謂的風險就不是那麼重要了。有了足夠的確定因素，你就不會選擇一支風險很大的股票。但是，投資一支股價低於實際價值的股票就沒有什麼風險了。」

他還說，「風險是來自於你不知道你在做什麼。」這固然有巴菲特對美國運通公司價值（確定因素）的掌握，還有一個是他對價格波動的正確態度和應對。這彷彿是船過水無痕，他無須為這種每天發生的波動而煩心，而在波動劇烈股災來臨時，他反而敢危機入市。

所以誰才是投資的智者和勇者？智者不惑，就從學習掌握確定因素

和正確看待股價的波動開始。

對有智慧的投資者來說，不但不需要靠停損，而且還可以因股價的下挫而獲利更大，巴菲特的危機入市是一例，但別忘了前提必須是一個不會破產的投資標的，這樣的投資工具當然有，我們後面會有較多的著墨和實例。

3-5

迷思 5：風險越小，
投資越容易成功嗎？

投資中「減少」風險，並不代表要你「完全不要」風險，
因為沒有一項投資工具，可以完全真空狀態、沒有風險。

∨

敏莉：

　　你覺得身為財務規畫師，最重要的價值是什麼？這個答案當然不一，若想讓案子順利成交，依客戶的意願和喜好「順水推舟」，這是許多人都懂的技巧，但財務規畫師忝為「師」字輩了，在客戶可以承受的風險承受範圍內解惑、指出盲點，讓客戶看到問題的視野，也能夠同步登高望遠。儘管有時會拂逆對方的認知，未必討喜，但這才是專業的工作之一。

　　例如投資者都喜歡風險越低越好，但卻忽略了「凡事過與不及」，都不是一個好現象。

　　你是否還記得這個故事？從前有個國王，他有三位寶貝公主。國王很寵愛她們，也很想知道在她們心目中自己有多重要的地位。大公主說，國王在她心目中的重要性就如同庫房裡黃金銀珠寶般的價值；二公主說，父王的重要如同鑽石般的璀璨奪目，令人無法割愛。這兩位公主的說法讓國王非常高興，國王笑瞇瞇地看著小公主，等著她更動人的回答。小公主說，國王在她心目中像鹽巴一樣的重要。這話震驚了國王和

眾人，國王不語離席，小公主被隔離並且遭受冷落。皇后知道了這件事，交代御廚送給國王的料理三餐都不放鹽巴，國王只吃了一天就受不了。他把御廚找來質問，這一點滋味都沒有的料理，哪能夠下嚥？

震怒之下的國王令垂頭站立的御廚心驚膽跳，這時皇后開口了，說這是她交代御廚這樣做的，她的用意是想讓國王知道：庫房的黃金鑽石，固然是財富也寶貴，但幾天不看、不碰也不會感覺損失什麼。但鹽巴卻為生活帶來滋味，連一天都離不開，可見國王在小公主的心目中有多重要啊！

國王聞言頓悟，感動地擁抱小公主入懷。

任何投資都有風險

農業時代因為勞動流汗，需要鹽來補充電解質，現代人冷氣房辦公室待得久，在體內三高的情況下必須吃得清淡。所以醫界建議，少油、少鹽、多纖維。但是少鹽並不代表無鹽；同樣的，**投資中「減少」風險，並不代表要你「完全不要」風險。因為沒有一項投資工具，可以完全真空狀態、沒有風險。**生活中，走路會摔跤，吃飯會噎到，所謂「行船跑馬三分命」，連交通、旅行都有一定的風險；相同的在投資中，錢放銀行有貶值的風險，錢放在公債有利率波動的風險，在股市有股價波動、公司破產的風險，勉強要說沒有風險的話，那就是政府公債了，但是這指的是政府沒有償還能力出問題的風險，不過一樣要面臨利率波動的風險。

所以風險不是越少越好，關鍵在於「適度」最好，要不然，若定存可以解決所有的問題，那麼我們又何必學理財及如何控管風險，建構投資組合呢？

我們學理財，就是要建立正確的態度看待風險，然後找到適合自己

的風險比重。許多人理財失敗的迷思之一，正是因為拿掉了理財投資組合中應該有的鹽巴，問題出在於「承擔不足的風險」。風險過與不及，都無法達到目的，就如同現代的健康飲食，強調的是「均衡」。

投資觀念偏差

畅銷書《有錢人想的和你不一樣》（*Secrets of the Millionaire Mind*）歷久不衰，除了標題吸引人，內容其實也點出了多數人在理財觀念上的盲點，其中也包含了台灣退休金管理制度的缺失。作者 T. 哈福・艾克（T. Harv Eker）在書中說：「**有錢人看見機會，窮人則看見障礙；有錢人看到成長的潛力，窮人看到賠錢的潛力；有錢人專注於可以得到多少報酬，窮人專注於要負擔的風險有多高。**」

你很難相信一個觀念的偏差，可以造成國家整個消費動能的失調，退休金改革的動盪，不在於資源的多寡，竟然在於觀念的有無。我們無須承擔過多的風險，但多少投資大師的經驗之談和幾十年淬煉的投資精華之心得，我們都沒有重視，並予以落實或內化成好的退休金制度的設計。我在本書的內容將會以巴菲特老師葛拉漢所建議的方法：在人生退休金管理組合中設計出最低風險承擔，回頭檢視，就可以看出問題之所在。用一個實例，把所有的理論和經驗融在一起呈現，值得不敢承擔適度風險的人深思：為什麼你的退休金只有別人的一半？

3-6

迷思 6:「停損」，可增加投資績效， 立不敗之地？

停損可以減少一次大潰敗的機會，保持實力，
但是未必能增加你的績效，
是否使用停損，取決於選擇的投資工具和投資哲學。

$\vee$

煌傑兄：

你是主動投資者，我看你的群組裡每天有大量的資訊湧入，群友們是享受運籌帷幄，做決策的判斷？還是為了逐「利」中原而不得不地進出？我很好奇群友們習慣用什麼思維和方式來設停損？

2016 年我曾經以巴菲特的前五大持有為例，說明股價都曾經面臨 40% 到 70% 之間，巨幅上下震盪，這些巨幅波動好像沒有為巴菲特帶來太多困擾。接下來以我在演講中常提到實際持有台積電的例子。

股價上沖下洗，要停損嗎？

受到媒體的大幅報導，你決定投資台灣之光的台積電，假設在 48 元進場，沒多久就上漲到 51 元，一週不到有 7% 的漲幅，你小小得意了一下，隨即市場一個晃動，又跌回了 48 元，股價就在這附近上下晃動。一忙你不留神跌到了 44 元，44 這兩個數字，可以是「事事」如意的吉祥數字，也可以是台語發音「死死」兩個字，你還正在猶豫琢磨著該怎麼解

讀，股價竟然又往 43 元移動，大家常談的「停損」，呼應你此時心裡感受。你決定在 43 元出場，果然股價快速繼續下探到了 40 元……。

我問聽眾們，如果你是投資者會有什麼樣的想法，多數人回答說，會一陣暗爽，賣對了，少賠了將近 7%。

接著股價盤整一陣子後，不知何時又悄悄的回到了 48 元，你還在猶豫，台積電是不是一家值得投資的公司，該不該買回，結果股價已經衝到了 55 元，你一陣懊惱卻發現有許多好消息繼續被報導，股價又挺進到 57 元，此時你決定不願意受折磨了，再度進場，果然如你所判斷的，這是一家好公司，股價繼續到了 60 元，你剛佩服自己的眼光之餘，台積電突然承受一股賣壓，因為從上一波谷底的 40 元，到今天的 60 元已有 50% 的漲幅，賣壓湧現，好像是一個合理的現象，股價很快的又被壓回到了 53 元，接近 10% 的跌幅，於是你又停損了。

第一次停損虧 10%，第二次停損又虧 10%，左停損砍了一刀，右停損又補了一刀，結果台積電從 1987 年上市到現在，將近 90 倍漲幅的股票，在你停損機制中被砍成半殘廢的。舉這個例子，聽眾席就有人反映了：「那是剛好碰巧買到台積電，如果是買到另外一家宏達電，不停損那才是大災難。」這話有理。

巴菲特操作上不停損沒事，你不停損可能是大麻煩。雖然你明知停損，可能有所謂「保本的成本支出」，但若不停損，最大的恐懼在於公司可能面臨破產。相較之下，賠 7% 到 10% 來保護 90% 到 93% 的資產，你覺得是一個值得嘗試的操作策略。這和巴菲特的操作有什麼不同？其中問題又出在哪裡？

巴菲特不停損的原因

這個差別在於，巴菲特不會因為股價波動而停損。因為他知道，無

法要求嬰兒停止哭泣，也無法要求浪潮不拍打岸邊。這種股價自然韻律的波動，他不會刻意花保險費用來規避，但他會因公司的營運狀況，不在原先預期的情況下而賣出，但大多數投資者卻會看到黑影就開槍。因股價波動而停損，這有兩種結果：（1）巴菲特不需要支付保險費的成本，而許多投資者必須不停地支付，績效當然落後。（2）最重要的是，若進進出出，碎碎片片，你經常吃到的是雞肋，巴菲特吃到的是全雞。你若不相信，我們可以看一看，投資「願意被套牢」和「不願意被套牢」，你會看到住套房和住雅房的差別。

上述問題的根源，解決之道在於巴菲特曾說過的「學習投資的人只需要學好兩門課：如何估計一家企業的價值，以及如何看待市場價格。」

偏偏第一門課，牽涉到許多投資的財經知識和IQ，對多數人都是挑戰，這在許多專家都不見得處理得好，這也是你經常在眼鏡行看到我配眼鏡的主因。

「估計一家企業的價值」，如果一旦沒有把握，那麼股價的任何波動，就算是微風送暖，也會在心裡頭掀起驚濤駭浪，形成「風動、幡動、心在動」這種看不清事情的本質，那麼看到黑影就開槍是很自然的反應，成績不理想，或許就跟上述例子停損砍成半殘的結果一樣。

先不要說巴菲特的天賦異稟和他後天的心血投入，巴菲特從十一歲開始投資，「估計一家企業的價值」這門課訓練長達幾十年，紀錄顯示巴菲特的投資，因賣出而產生虧損的不超過2%，可見他對投資標的的謹慎和把握，這就是他面對波動而不會心動的寫照。我常說投資者要避開他的這個智慧陷阱，巴菲特本身俱備的功力是天資、努力、經驗的總累積，別誤以為看起來是簡單的表象。

回到另外一位投資大師彼得・林區的第一問：**投資個股，我的個性會讓我成功嗎？**

增強投資心理素質

　　如果不適合這種估價難度極高的個股，有沒有別的投資策略或標的，符合你的投資哲學？能否找到不會破產的投資標的？

　　上課時，我常試著點醒同學，如果能夠找到一個不會破產，又不需要估值，這麼專業且複雜的投資標的，專心於學好巴菲特說的第二門課「如何看待市場價格」，也就是投資心理學，一般投資者就不會因第一門課估值的困擾和挑戰而處於劣勢，也會大幅提高勝算。

　　在我認為，這是一個較好的投資策略的演變，因為適用多數人，而且會成功。但是這個轉變也有挑戰，而且多數人還無法認命這種策略的績效通常要比巴菲特和彼得‧林區所使用的個股工具，績效會來得差，這是宿命和條件限制，當然也有機會追近和突破，那是另外一個議題的討論。

　　簡單的說，「該不該停損」，取決你的「投資哲學」，再由投資哲學往下延伸的「投資策略」，因策略的不同，而採用了不同的「投資工具」，達成的效果自然會不同。例如搭飛機和開車，到達目的地的時間不一，風險和價格也不一樣了。接下來就是堅持紀律了。

　　沒有投資哲學，你不可能有投資上的定見和遠見。定見不會讓你見異思遷，就如同巴菲特非常清楚和堅定，而投資哲學所形成的「投資遠見」，讓你願意為某些事妥協、放棄或犧牲、調整，因為你知道那是最大的整體利益，所以該不該做停損？該不該被套牢？在投資哲學下，都顯得微不足道。會有困惑，那是因為你還沒有往上走到那個層次，這也是我之所以一再強調「投資哲學」的重要性。

　　找到適合自己的投資哲學、對的投資策略、正確的工具，接著如果選擇「主動型投資」，需要擇時又擇股的能力，那麼把學習重心放在投資標的估值，對估值有較多把握，就不會因股價波動，隨意看到黑影就開槍。如果是選擇「被動的指數型投資」，那麼把重心放在「正確看待

股價波動」，增強這類投資心理素質。

這個道理就像一個人的健康來自於運動、生活習慣、飲食，而不是靠藥品，要關注的是前面三項的養生，而不是藥品的成份。

停損並非萬靈丹

像巴菲特和其他幾位大師的投資哲學和訓練，有的是不需要，或是少有停損，想想看這當中的差別和妙用，也想想看是否可有參考之處。

停損可以減少一次大潰敗的機會，保持實力，但是未必能增加你的績效，是否使用停損，取決於選擇的投資工具和投資哲學。如果是個股，在估值功力還沒有達到大師級水準之前，可以考慮使用停損，但是若要增加績效，還是必須練好估值的能力和投資哲學。

要了解每一個學派背後的立論基礎，就算你是動能學派，切入點也有一定的嚴格要求，如果不在這方面下足功夫，不把基本功練好，只靠停損，就是搞錯了重點（停損只是一個輔助機制）。如果學會了投資標的估值，那麼就算是巴菲特和彼得・林區，都沒有因波動而停損，他們依然會有驚人的績效，因為他們停損是基本面出了問題，而不是股價的波動，這是兩件截然不同的事。

迷思 7：避免「套牢」，才有高投資報酬率？

心甘情願被套牢的婚姻，成就一段白頭偕老；
了解真實價值而被套牢的投資，成就一段數倍的獲利。

$\vee$

綺芬：

　　2019 年初我在高雄 85 大樓，有一堂十小時的投資規畫課程，主辦單位安排我住在大面窗，居高臨下看海港夜景的房間。古人說登高而望遠有它道理，但課堂上我問了同學們一個「只緣身在此山中，不識廬山真面目」的問題。

　　我問「投資的本質是什麼？」這個問題看似簡單，很多人答得不確定，我換一個方式來誘導，「那婚姻的本質是什麼？」，坐在前面的一位女士回答說「忍耐對方」，引來了大家的笑聲，她接著大聲地補充，「是我先生忍耐我啦！」

　　老一輩的人東西壞了就修理，很少有人是丟掉的，婚姻好像也是。江蕙的那首《家後》「阮的一生獻乎恁兜，才知幸福是吵吵鬧鬧」，那個年代的人，好像也習慣被婚姻套牢，不像現在的耐心差，一聽到「套牢」就想掙脫。

　　婚姻中都想套牢對方，可是為什麼許多人進入投資市場，就要拚命地掙脫出被套牢的情境？我說，這是看不清楚投資的本質和投資活動中

自然的韻動所導致的。

　　舉個實例，2008 年金融海嘯發生在年中，年初如果投資 1 千美元在標普 500，從 2008 年 1 月 1 日到 2017 年 12 月 31 日，每年大約有兩百五十個開市日，這十年當中一共兩千五百個交易日，從頭到尾不要離開，上沖下洗，在被套牢且載浮載沉的狀況下，投資結果成長了 82％，連本帶利變成了 1,821 美元。但是，如果你想左右逢源，但又沒有那功力和經驗，你只要錯過了這十個股市表現最好的日子，1 千美元的投資就變成了 920 元，十年下來沒有賺錢還倒虧，如果錯過二十個最好的日子，投資金額只剩下 601 美元，現在你可以告訴我，投資偶爾住套房有什麼不好？

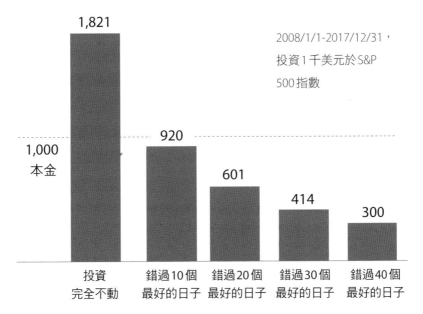

持續投資的成功

資料來源：S&P 指數

再舉一個最近的實例，2018 年 10 月份台股開始先向下修正，這段進場 0050 的人，不也被套牢了嗎？接著美股標普 500 年底開始修正，不想被套牢，試著掙扎離開的人也有，2019 年年初，一個快速垂直向上的回彈，你說會不會有人買在高點殺在谷底？投資者和交易者面對波動和套牢，要處理的心態和方式不同。所以應該先弄清楚自己是什麼樣的參與角色，投資還是交易？再確定要使用什麼樣的投資策略。

你現在可以了解，為什麼德國投資名人科斯托蘭尼說，他多年的觀察，真正能夠獲利的常是固執的投資人。前面介紹過科老所謂固執投資人的五個要素中，其中之一是耐心，而且幾乎所有多數的投資大師，都提到了「耐心」，這是重要的關鍵。菲利浦‧費雪（Philip Fisher）也如此強調，而且巴菲特也還有個妙喻，新生命的到來需要九個月，你不能讓九個婦女懷胎，卻要求一個月就讓新生命到來。

現在是否可以理解為什麼前面提到「你無法讓太陽不東昇，海浪不拍打岸邊」，這首《這是不可能的》歌曲的用意了嗎？這故事簡單地說，投資套牢是正常、常碰到的情景，重點在於投資標的是不是有一個合理的支撐，如果是，那麼適度的耐心是成就投資的重要元素，沒有耐心，恐懼套牢，這是台灣多數投資人的宿命和迷思，只能吃點小魚小蝦和一些雞肋，實在可惜，這是上等的生魚片材料，卻常常做成了魚鬆！

一檔投資標的想要有數倍以上獲利，必須改變「被套牢」的迷思，但重點是要能夠清楚投資標的的實質價值，不是只有試著掙脫被套牢的壞情緒。

如果你能做到，對投資標的有把握的估值判斷，那麼這個圖表也可以說明，為什巴菲特讓它潮來潮去，根本不在乎這段期間被套牢。心甘情願被套牢的婚姻，成就一段白頭偕老；了解真實價值而被套牢的投資，成就一段數倍的獲利。套牢不是重點，正確的估值才是。

3-8

迷思8：「高額報酬」才能致富？

想滾出財富的雪球，
就是找一個濕漉漉的草地和一個長長的坡道。
長坡道必然是緩坡，而不會是懸崖峭壁，這點許多人都忽略了。

＞

遠茜：

　　上次接受你採訪，知道你也畢業於台中二中算是我的學妹，但也嚇了我一跳，台中二中什麼時候開始招收女生的？我猜小文青通常對理財不關心，何以見得？採訪時，我說巴菲特當然關心投資管理的績效，但他卻「寵辱偕忘」。看你露出難以置信的表情，你可能以為只有中國志士名人才可以做到的境界，沒想到投資理財也有這等人物。其實，理財是現代人都必須學會的生活技能，要不然我每每感觸張愛玲這一生不成功的理財，給她帶來極大的困擾。首先你要明白的是，投資可以簡單、安全、有績效，但你必須先正視它。先聊一個多數人都會有的迷失──投資前你必須了解的數字。

　　在成功嶺服役時，我可能是少數的男性播音員，有一首民歌《秋蟬》，優美清新的旋律常被我透過播音器，在嶺上飄盪，多年後看了蟬的介紹，才了解蟬蟄伏地底下少則三、五年，多則十七年，破土而出後卻只有數週的蟬鳴生命。

　　這彷彿夏蟲，只有一個夏天的生命，若告訴牠冬天會飄雪，夏蟲將

會無法置信，因為牠沒有這樣的經歷，後人以「夏蟲不可語冰」來比喻一個人見識短淺，很難對他解釋他沒經歷過的事。

第1：投資眼光要放遠

投資理財不能「夏蟲語冰」，因為要長達二十年甚至更長才能看出結果，如果不了解金融歷史、錢或財務的基本運作，僅以夏蟲一季的生命長度，很難做出周全規畫。

我常問投資者，截至 2014 年 8 月往前推十年，投資報酬是一倍，往前二十年成長 6 倍，三十年期 23 倍，這績效滿意嗎？

多數人覺得滿意，也有人覺得十年漲一倍績效差了點，但別忘了那十年包含了 2008 年金融海嘯，許多人都已奄奄一息。若能接受，就會有不同的視野看待上述的被動投資操作，了解這可能是最輕鬆的管理。如果不滿意，也可以藉此思考該加強什麼，才可增加勝算和提高績效。

第2：強健心理素質

以上的績效，就是巴菲特推薦的美國標普 500 指數基金，代碼是SPY，如果滿意這績效就能達到嗎？很不幸，多數人做不到，因為還有第二個要「夏蟲語冰」的就是「心理素質」。這期間至少經歷過了 1987 年光是一天就下挫 23％，兩次下挫 50％的股災有西元 2000 年的高科技泡沫和 2008 年的金融海嘯，要能夠不驚慌保持鎮靜才不會殺在谷底，修成正果。

巴菲特喜歡股市的波動，而多數人卻無法承受。許多人沒搞清楚波動是怎麼回是，就進入股海；不可語冰事小，股海溺斃事大。上述的SPY 績效不差，但年均報酬是多少呢？

第 3：追求誠實又合理的投資報酬

這是成功投資者必須語冰的第三件事——了解多少是誠實又合理的投資報酬，可以達到致富，而又不會讓自己走上險路。畢竟每個人都想快速地達到財務自由，可以不為五斗米折腰，空出雙手逐夢，做想做的事。那麼「多快」你才可以接受？「多快」才是投資界認為正常而又合理的速度？

如果一點概念都沒有，就可能會出現思考誤區，誤以為時速兩百五十公里開車會很安全，可隨時煞車，應變任何突發狀況。或誤以為同樣是火車，相距幾百公里兩地例如台北到高雄，普通車和高鐵速度不會差距太遠。這種生活上的思考錯誤，基本上都不容易發生。但在投資上這種所謂的「低級錯誤」，你很難想像它比比皆是，而且處處發生。其發生原因主要是對財經知識、數字的敏感性不足或產業的隔閡。

在高速公路上分別以九十公里、兩百五十公里時速行駛，哪一個比較安全和有充分時間應變？哪一個比較容易發生七天才能回家的事？

幾年前，曾和基金經理人們切磋討論，該檔基金的投資策略比股票還積極。討論結束他們送我到電梯口，該基金操盤手脫口而出對我說，「若長期能有 10% 的投資報酬率，就相當不簡單了！」那個場景我印象依然深刻。

上述我的提問：十年期 1 倍、二十年期 6 倍、三十年期 23 倍的年均報酬，答案分別是 10 年的年均報酬 7.5%、20 年的年均報酬 9.5% 和 30 年的年均報酬 10.81%。

不用坊間高手的 18% 和 20%，長期如果能有穩定的年均 10%，財富的累積就已經很驚人了。有趣的是，年均 10% 卻讓許多散戶和台灣許多財經媒體看不起，但這又是許多專家達不到的超強績效。

媒體為了節目效果，動不動就寫 18% 或 20% 以上的投資報酬，但與此同時也推波助瀾了不正常認知的理財環境，結果換來的是台灣證券市

場交易的萎縮；因為這些想創造高報酬的勇士們多數陣亡了。10%的長期投報率是什麼概念？可以達成什麼效果？

如果能有 10% 長期投報率？

多數人這一生當中都有超過三十年以上的投資期，我曾提到截至2014 年 8 月往前推的三十年，標普 500 產生了年均報酬 10.81%的績效，大約是 23 倍，（若是年均報酬降低為 10%的話，大約是 17.45 倍，效果依然亮麗）。

如果以四十歲的中壯年投資者為例，以平均壽命八十歲為基準點，若能擁有年均報酬 10%，長達四十年下來將能成長近 45 倍。

以上績效成果，就算用 1 百萬投資金額來計算，退休生活應該都不成問題。有了以上數字的概念之後，再來看看巴菲特的論述就更能有感。巴菲特說，他和工作夥伴蒙格從來不懷疑他們會很有錢。他也曾說，「滾出財富的雪球，就是找一個濕漉漉的草地和一個長長的坡道」。長長的坡道，必然是一個緩緩的坡，而不會是懸崖峭壁，這點許多人都忽略了。

紀錄顯示，美國 1926 年到 2017 年股市年均投報率為 10.2%。九十二年來成長高達 7,353 倍，成長幅度驚人。但很不幸地多數人都做不到，你不妨問一下自己，做不到的原因是什麼？多數人的答案，就是上面夏蟲不可語冰的第二個提問：「貪、怕、沒有耐心」重複發生而已。

在可查到、公開的投資史上，確實有二十年期能夠達到年均 15%投資報酬的操作績效，例如，美國標普 500 在 1980 年到 1999 年這二十年間，年均複利 18%，相當於成長 32 倍，但要超過三十年，還能有 15%以上投報績效的人，那就大幅遞減，寥寥可數。

回到台灣，台灣是開發中國家，比起美國成熟的經濟體，照理來說

台股的報酬應該高於美股。但事實上並非如此，追蹤台灣 0050 從 2003 年成立以來，績效約是 7%。如果 0050 年均複利 7%，三十年滾動下來只有 7.6 倍，四十年下來 7% 的年均複利是 15 倍；對比美國標普 500 的年均複利 10%，三十年下來是 17.45 倍，四十年下來 10% 年均複利年是 45 倍，相距頗大。這也就是為什麼在設計投資組合時，應該考慮國際股市例如美股的原因。

類似投資標的	年均複利	30 年期成長	40 年期成長
台股 0050	7%	7.6 倍	15 倍
美國標普 500	10%	17.45	45 倍

台股 1987 年開盤 1063 點，2019 年 9 月 9 日 10801 點，所以過去台股近三十三年期成長將近 9 倍成長（且不含股利）。如果保持此成長速度，四十年成長近 15 倍。資料來源：Goodinfo!、S&P

有了以上的數字背景之後，你應該就會同意基金經理朋友在電梯門口說的那句話：「長期下來 10% 的投報率，很不簡單。」若干年後朋友聚會，你只要告訴這個行業的人，你的績效不高，三十年下來大約年均 10%，相信許多人會立刻起立，向你致敬！

可見長期下來 10% 的投報率都是一門挑戰。但我認為投報率應該還要再下降到 7% 和 8%。許多人認為不會那麼低，那可能是因為他們還沒經歷兩三次 50% 股市重挫的股災洗禮，也有可能他們是天之驕子，確實是股市贏家，但是很可惜的你無法複製，因為你不是他們！

幸運的是，7% 或 8% 的長期投資報酬率依然能致富，若再找到正確方法和好運氣，還是有機會獲得超額報酬。這就留到後面探討了。

理財要夏蟲語冰，然後知冰

　　慢即是快，這是小時候龜兔賽跑的故事，但在投資世界裡，多數人還停在「知道卻做不到」所以還無法擠入贏家行列。 這種生活上的思考誤區不容易發生，但是在投資上卻比比皆是。

　　成功的理財投資，需要知道夏蟲不可語冰的事例太多了，可惜的是多數人沒有八十年的投資生命週期，慶幸的是多數人可以借重閱讀和歷史。若想要成功理財一定要夏蟲語冰，然後知冰！致富，不需要媒體所標榜的高額報酬；你需要的是合理、誠實的穩定報酬，這也是巴菲特的雪球致富之道。

迷思9：要等到最安全的時機再進場嗎？

下坡時肩膀上沒有麥子的人，
上坡的時候也不會有。

$\vee$

鄒琪、鄒瑜：

　　在高雄上課那兩天你坐在教室右後方，有些提問你都踴躍發言，回答的內容接近標準答案，我直覺你對投資理論有相當程度的了解，也可能是個深藏不露的高手。這是對你的第一次印象。

　　第二次對你的深刻印象是在台北，你來參加進階課程而且把妹妹也一起帶來了。這次你坐在前面，幾次發言下來，我都有相同的感覺：你其實懂得不少。但我總覺得有哪些地方沒有接上軌，但我又想這門課未來還有兩個季度的實務討論，或許在大家分享實際操作之後，到時我就可以找到你的盲點了。

　　課後大家建了群組，方便做公告和互動。我在美東半閉關寫書的期間，雖然不太參與外界的互動，但偶爾還是會看看你們在討論些什麼？我發現你和小卉的發言最踴躍。約莫過了兩個月，我驚訝地發現，在競賽中你還是空手沒有進場，我認為這不只是謹慎考量，何以見得呢？

A 公司還是 B 公司？

　　還記得個案討論的主題嗎？課堂上談「是質化重要？」還是「量化重要？」、「應該考量的優先次序是什麼？」我們曾回測某本書的觀點，看看以它幾年前的理論基礎所做的研判是否準確？讓大家訝異的是，這本書的預測竟然失準！書上看好投資標的 A 公司，一直在我的雷達之中，但是我一直沒有進場，我擁有的是書上認為投資潛力較弱的 B 公司。

　　但回測顯示書上所提到的 A 公司，這幾年股價持續的向下修正，而 B 公司股價表現相當優秀。當時我提出跟書上不同的看法，也從價值面和估價的分析切入，我判斷經過這幾年的變化，兩家公司的股價說不定開始走相反的交叉走向了！

　　其實我已經開始擁有這家 A 公司了，但我不能告訴你們是哪家公司。一則這是競賽，我只能點醒不能明說。更重要的是，每個人都要有獨立思考的判斷能力。就算錯了事後回顧也是一個很好的學習，若錯？錯在哪裡？這比直接給答案來得更好。

　　回美東時看到你在群組的發言，妳提問，是誰進場了？把 A 公司股價做了近 4% 的推升！我還是不置可否地看大家如何處理？因為這門課的重點是教大家如何捕魚，而不是直接給魚吃，只報明牌。

　　有人學而知之，有人生而知之，我從不反對你們困而知之，因為我覺得有教訓的記憶最深刻。所以要學著做判斷，而你會持續追蹤我上課講的這間公司，一定有你想學習的地方，我正觀察你何時才進場？

　　一個月過去，這檔 A 公司股價從你那天發言開始算起，已經上漲了 15%。若從上課的討論算起，漲幅接近 20%。別誤會，不是因為它成功上漲，我才拿出來討論，我要講的重點是，我觀察的不是你對理論的了解，而是你在投資行為上的盲點。你在等待最安全、最有把握的時間切入，這一次我覺得應該在群組發言了，因為這是機會教育的好時機，我

說了重話，告訴你不可以做「思想上的巨人，行動的侏儒」。就算犯錯也可以從犯錯中來學習，更何況已經教大家一些系統方法，如果照著做，受傷的程度應該有限。

下坡沒有麥子的人，上坡也不會有

我看到群組中小卉的回應不錯，她引用了科斯托蘭尼一句話，「下坡時肩膀上沒有麥子的人，上坡的時候也不會有」。為什麼科斯托蘭尼會有這樣的體悟？這是經驗也是人性上的觀察，值得你深思；沒有人希望下坡時，手上還有股票看著它下跌，但是投資要成功，有時候必須要與人性反其道而行。所以他才會提到「逆向是成功的要素」，同學們在這方面有個思考的誤區：觀念上以為必須在上漲的趨勢才可以買，因為圖形為主的技術分析學派認為，低還會更低，所以要在股價反轉的起漲點進場，這個言之成理。

但別忘了前提條件，你是投資者，還是交易者？你能不能判斷市場現在處在哪一個階段：上漲、下跌、反轉？這決定了你是賣出、等待、購買這三階段中的其中一個階段。

多數技術分析的交易者，對公司的基本面，基於時間的分配、興趣、關心以及操作等，沒有辦法瞭若指掌，所以必須等待價格反轉，確定它是一個安全點。有些交易者或歐尼爾（William J. O'Neil）動能學派更講究精準的切入點，這都是有其必要，因為他們的投資策略決定了他們要的投資戰術。

但做為投資者的你們不同，（1）你們主要核心持有 80％以上的資金，所使用的投資工具，是不會破產的指數型基金，例如標普 500 SPY或 0050，（2）同時所選用的進出戰術不是追高，而是有紀律性的逢低加碼，一旦了解這是不同的思維，自然要有不同的操作。

我們再來細看科斯托蘭尼是怎麼描述的。他說，在暴漲和隨之崩盤後，投資者要怎麼樣做才會成功？回答這問題並不難，你必須是位固執的投資者，而且要逆向操作。上述所說的 A 股並不是暴跌，但也緩跌了好幾年所以也適用，但妳還記得固執投資者的五大特質嗎？

再回到逆向操作，科老認為「在第三階段也就是行情下跌的『過熱』階段，你應該買進，即使價格『繼續下跌』也不必害怕，因為小麥跌時，沒有買小麥的人，在小麥上漲時，也不會沒有小麥。」在上漲的第一階段，你應該『繼續買進』因為這時已經越過了最低點。」

我特意突顯幾個關鍵字讓你再次思考，同時不知道你有沒有發現，柯老或老手進場的購買，不會是一個價格「點」，而是在一個合理的「價格區」，第三階段跌的最兇時，科老和老手已經進場，至於上漲中的第一階段，仍持續買進。但這個是技術分析學派和交易者偏好的進場點，何者獲利較多？只要投資標的不會破產如美國標普 500 SPY 或 0050，那麼如科老所說的，會逆向操作的固執投資者自然是最大贏家。這也是我希望你們往這個方向靠近的做法，因為使用 ETF 工具之後，估值的風險多半已拿掉了，至於判斷市場處在哪一個階段，最簡單的處理方式就是以簡馭繁，不追高而且有紀律地逢低補進，如果還有時間想多了解，將在超額報酬的部分來討論。

你吃過酸菜白肉火鍋嗎？你知道東北的酸白菜嗎？北方冬天吃不到蔬菜只好提前醃製，你可以想像在甕裡醃製的畫面，大白菜不是輕輕的沾上醬汁而已，是整個醃浸在醬汁的醬缸裡。你什麼時候看過有人學游泳是在陸地上學會的？你必須嗆好幾次的水才學得會。我要強調的是，固執投資者在可以控管或承擔風險的情況下完整參與投資，在這其中必須時時浸泡其中，直到酸白菜熟成後才會開甕。

冬天來了，春天還會遠嗎？

舉個實例，你可有印象 2008 年金融海嘯美國的失業率攀升到多少？大約 10％，不是歷年來最高但也算嚴重的。但是 2009 年當年度美股報酬是 26.46％，經濟狀況在面臨衰退時，美股竟然表現很好，這又是怎麼一回事？我們常說股市是經濟的先行指標，這裡的迷思是，股市通常表現最好的時間點發生在——從最壞到還不太壞；從人性角度、投資心理學來講，就是預期狀況開始好轉的時間點。如同文學家英國詩人雪萊（Percy Shelley）〈西風頌〉所描述的「讓預言的號角響起！哦，風啊，如果冬天來了，春天還會遠嗎？」；投資的術語就叫「利空出盡」，接下來就算是壞消息，只要不太壞就是好消息。以我小時候的經驗是，父親預期你這門課可以考 100 分，結果考個 98 分回來，挨了兩鞭子，上次的弱項考了 58 分，結果進步到 65 分，反而有冰淇淋。股市就有這麼樣的意味。

在逆向操作上，投資大師彼得・林區也有很精采的論述，他說「投資的個性中還有一點很重要，那就是在資訊不完備的情況下做決定。華爾街幾乎沒有道理分明的時候，等到事情塵埃落定已經來不及從中獲利，受過科學訓練的人，事事要求數據完整，在此必定受挫。」

他們兩位的論點，有沒有讓你覺得「大師所見略同」？在群組對你說完重話，不久後看到你貼出一張二十多本投資書的照片，你要送給群組的同學，印證了我對你投資理論不陌生的看法。不過我心想，這下糟糕，想必我的重話傷了人，私訊問了你。你回覆，基於風險的承受，只保留了我和另外兩位作者的書。一看，剛好也是上個月，我在《Money錢》雜誌回答某位無助讀者的來信所推薦的兩本書，推薦的原因是「以簡馭繁而且有績效」，我當下鬆了一口氣，也有一點欣慰，感覺你已經慢慢找到自己的投資哲學，歡迎你靠近贏家行列！

3-10

迷思 10：在完美的時機進出，就能避免虧損？

致富用不著在每一個完美的時間點進出和華麗轉身，
在合理的時間內，參與比選擇時機重要

∨

麗英：

你還記得小時候最喜歡的遊戲是什麼嗎？我年少時，台灣物質缺乏，玩的遊戲很多都不需要花錢：抓泥鰍、抓田蛙、灌蟋蟀，或地上用粉筆畫幾個圈圈，就跳起來了。那年代很容易找到有重量的草繩，把幾個短的一打結，就可以變成跳繩。兩個人各執一端，不斷甩出圓弧形，玩者找時間點切入，在這晃動的空間裡，跟著草繩子擺動的韻律跳動幾下後再離開，要掌握完美的進和出的時機點，你才能夠存活。

不知道，是不是受這個遊戲思維的影響，在台灣你很容易聽到兩個在投資操作上的詞彙，那就是——「停損」和「套牢」。

投資者的五怕

一般投資者怕的是什麼？（1）怕虧損，（2）怕套牢，（3）怕投資報酬不高，（4）怕波動，（5）但就是不怕金光黨；這五怕，都來自於沒有遠見和定見，也就是沒有投資哲學。

「怕虧損」，言之有理。因為連巴菲特也不願虧損，所以巴菲特的第一定律是不要虧損，第二條：不要忘記第一條。可見虧損是投資老手也無法接受。

但問題來了，這裡有迷思和盲點：**短期虧損算是真正的虧損嗎？價格波動造成套牢是虧損嗎？**以上這兩個提問，巴菲特都不認為是虧損，但是沒有關係，每一個人都有自己的投資哲學，也可能巴菲特是錯誤的，但巴菲特靠投資而成為世界富豪，所以這當中必有可探討之處。

投資前 4 項基本問題

首先有些投資者不分青紅皂白，誤以為投資就是進入股市，對於（1）資金的用途，（2）多長時程，（3）期望報酬，（4）能夠承受的波動範圍，都還未釐清楚這四項基本問題，就投入股市或購買金融產品。事前沒有充分的了解，那怎麼可能會有遠見和定見呢？

舉例來說，如果是三年後要用的教育金或購屋頭期款，這時候資金的停泊就必須以安全為優先考量，但是如果是二、三十年後才會用到的退休金，整個規畫的考量和思維就會完全不同。

為什麼要選擇完美的時機點才敢進出？因為怕一進場股價就下跌造成虧損。那為什麼投資大師如巴菲特、彼特·林區、科斯托蘭尼都認為，一進場股價下跌，不代表你買錯，一進場股價就上漲，也不代表你買對？但散戶常是以股價短期的上漲、下跌來判斷對錯。如果要往贏家的行列靠近，首先要改變思維。

怕虧損？不怕才怪，但害怕的源頭常來自於不確定。如果你選擇單一個股，該公司會不會面臨破產，都是縈繞心頭不確定的因素及干擾。

擇股能力的好壞，確實影響整個投資表現，表現出來的績效可以是天壤之別。養成個股的分析能力是一輩子的修練，並不適合多數人。所

以我聚焦同樣可以獲利而且有市場代表性的指數基金，美股就以美國標普 500 強的 SPY，台股就以台灣前 50 大的 0050 為標的來分析探討。

阿甘投資法

投資股市，找尋完美的時機進出點，這是許多人裹足不前的第一個迷思。我曾在第一本書《每年 10 分鐘，讓你的薪水變活錢》提出阿甘投資法，寓意湯姆‧漢克（Tom Hanks）所主演的電影《阿甘正傳》（*Forrest Gump*）角色，阿甘的特質是什麼？片中的阿甘真誠、善良、守信，最重要的是永遠不斷的付出，也不介意別人的拒絕。

你也可將這個特質運用在指數型基金投資上。持續有紀律的付出，短時間不必理會股市的回應，以下看看各以二十年投資期的實例。

用「運氣最壞」的進場點，和「運氣最好」的切入點來做極端的對比，看看兩者的差異有多大？

1970 年 -1990 年，買在最高點 vs 買在最低點

每年固定投資 5 千美元，二十年下來共投資 10 萬美元的本錢，第一個例子是 1970 年開始，這二十年中會碰到一次 1973 年和 1974 年的石油危機，股市下挫 50%，最倒楣的情況是，阿甘連續二十年都在股市最高點那天進場，二十年中若碰幾次在高點進場，這有可能發生，但不太可能連續二十年每年都在高點進場。就算碰上這最糟糕的狀況，二十年後帳戶金額是 400,017 美元，成長 3 倍，對比每年都是在最低點，運氣好的不得了的二十年極端例子，帳戶金額是 505,616 美元，成長是 4 倍。這個差距有大到非要找到每年最低點才能進場嗎？而且又有幾個人，可以有這樣的功力和運氣，連續二十年都找得到股市最低點的買點？

所以結論是，多數人不會極端倒楣和極端幸運，所以投資成果就落在 40 萬和 50 萬美元之間。

以上就是我 1986 年從事財務規畫工作以來，看到第一張最有感覺的致富地圖，我當時的震撼和喜悅是，**原來投資不是在股市中的殺進殺出，也用不著依靠完美的時間點進出，只要給它一段合理的時間，就算是碰到 50% 下挫的股災，依然可以獲利。**這是我當時碰到的觀念衝擊和洗禮。

喜悅的是，它激發了我另外一個更高目標的嘗試，心想如果我把金額加倍投入，是不是更靠近百萬美元的目標？所以我朝這個計畫進行！

幸運的是，這是一個致富地圖的指引，讓你前方有目標和方向，不幸的是計畫進行到一半，我就碰到了 2000 年的高科技泡沫，接著就是美股失落的十年，有一點受挫。但另外一個幸運的是，越深入了解美國投資史，這個信心沒有喪失過，就像阿甘一樣還是繼續往前，只是碰到偶來的陰雨籠罩。

股市受挫已是事實，我為了達標只好再加大力度，但不是每一個人都可以這樣做，我們看看照計畫進行下的阿甘，股災後是否別來無恙？

1994 年 -2013 年，兩次世紀股災

第二個例子，時間落在我寫書的 2014 年，往前反推二十年，每年投資 5 千美元，二十年總投資額一樣 10 萬美元，美國失落的十年，兩次股災確實有影響，二十年下來，最倒楣的二十次高點進場，帳戶金額是227,252 美元，只有成長一倍多；最幸運的二十年，都在最低點進場則是289,176 美元。

兩者並沒有大到不能接受，完美時機點進出才能獲利的魔咒，就此解除，不再是投資獲利的唯一考量，代之而起的是另外一種許多大師也

見證過的說法，「關鍵是時間，不是時機」（Time, is not timing, is what matters.），但如果是擇時又擇股的主動投資，考量時機還是很重要。這難度、挑戰和用功投入是追求超額報酬要付的代價，如果目標只是致富，用不著在這裡分出高下。**致富用不著在每一個完美的時間點進出和華麗轉身，使用有市場代表性的指數型基金，在合理的時間內，參與比選擇時機重要，否則股市再行，你不參與也不行。**

3-11

迷思 11：股市屢創新高，
是崩盤前的訊號嗎？

股市會不會崩盤，
研判的依據在於，是否有合理價格評估支撐。

$\vee$

欣彥：

你這「搞笑小吳」的綽號不錯，原以為離島的花嶼是你的故鄉，原來是近二十年工程師生涯後的志工之站，能不為五斗米折腰，開始空著雙手做自己想做的事，這是財務自由後的樂事之一，被動投資可以讓你參與投資，又遠離投資！

台股上萬點已維持了兩年多的時間[2]，這段期間許多投資者因台股上萬點，而不敢進場或賣出。更積極的人則會反向操作予以放空，會有「進場、出場、放空」這三種反應，都是預期「股市創新高就會崩盤」的思維，然而股市真的是這樣嗎？

這樣的觀察不能說一點都不對，2000 年 3 月美股創新高，接下來發生了 50% 的重挫，稱之為「高科技泡沫」。2008 年又是一次接近 50% 的股災，這一次是「金融海嘯」，有兩次精準的經驗，許多人有此想法也

2　台股自 2017 年 5 月站上萬點，截自撰寫本書的 2019 年 8 月，已維持兩年三個月，為台股史上最長萬點紀錄。

就不足為奇了。這到底是巧合？還是必然的定律？投資者該怎麼看待股市創新高呢？

2015 年中我人在花蓮住處的和室做研究分析，一邊望著戶外青翠的綠意時，電話響了，是《SMART 智富》月刊記者的採訪電話。這次專訪出現在 6 月號月刊，一開頭報導寫著「闕又上直言萬點不用怕，台股在美、中、台三個市場中，是最便宜、最健康的！」接著台股就碰到了 8 月份一個近 25％的修正，我把這個故事寫在第二本書裡，藉這個機會檢視一下，題目就是「檢驗讓你看得更清楚」。如果當時照我萬點進場的方式，其實成績還不壞，這有可能嗎？

股價創新高≠股市過熱，即將崩盤

創新高是股市崩盤可能會碰到的現象之一，但不是必然。**股市會不會崩盤，研判的依據在於是否有合理價格評估的支撐，若股市因經濟成長的動能加大，公司盈餘上漲而推升，這時候股價創新高完全正常。**你不會因為小孩子在發育時期身高一再突破，而認為孩子不正常，那你又怎麼會認為公司盈餘成長，股價創新高是不合理的呢？

美股從 2013 年 2 月突破 2007 年歷史新高之後，截至 2019 年 7 月，美股創下了七年半的歷史新高，美股是否過熱？應該怎麼面對？這是另外議題，我們將在「超額報酬」這個章節來討論。但這裡要破除的迷思是：**崩盤是價值支撐出了問題，而不是股價創新高；創新高可以是股價過熱的現象之一，但不全然是；「股價創新高」並不能跟「股市過熱崩盤」畫上等號。**在其背後值得了解和探討，找出真實原因再來做應對，才不會因這個迷思而在場邊觀戰，失去了應有的投資機會。

巴菲特指標

　　估值不是一件容易的事情，須花一、兩本書來討論，我可不想用一封信就涵蓋。《財星》（Fortune）雜誌曾經將巴菲特的演講內容整理發表在 2001 年 12 月 10 日的雜誌，提出了一個後來非常有名的「巴菲特指標」（Buffett Indicator），顯示股價和國民生產毛額之間的關係，這也是巴菲特避開高科技泡沫的一個重要判斷。

　　簡單的說，「巴菲特指標」是巴菲特教你看大盤走勢，但他著眼的是價格合理支撐的評估。這個指標在 2008 年金融海嘯發生後再度提供了有效進場的訊號，在美股最黑暗、但天空也即將破曉，也就是美股落底前的一個月，長期和巴菲特合作的盧米斯（Carol J. Loomis）在 2009 年 2 月 16 日發表了一篇文章，再度提出了巴菲特指標，而這次，巴菲特又說對了！

　　然而接下來這十年，巴菲特指標的解讀就讓許多人疑惑了，指標顯示已經過熱，何以美股還是繼續創新高？所以我說，大盤價格過熱與否的解讀，不會那麼簡單，因為這不會只有一個變數，而是有一些前提和補充條件，巴菲特在這一兩年就提出這樣的補充說明。

　　有人以巴菲特指標的內涵（股市總價 GNP 之間的關係）做成「台股巴菲特指標」。這個解讀可能要加上台灣的味道和調整，也就是巴菲特覺得低估的刻度，到了台灣要變得更高，看來全球各國的股市都有她自己國家的巴菲特指標刻度。

　　何以股價創新高並不代表股市過熱，並非崩盤的跡象？本益比雖不是極為精準的唯一指標，但台股歷史的本益比也或多或少可以說明這個迷思。同樣的台股萬點，彷彿如同樣的景物，三十年後人事已非，是不同意義的。

1990 年，台股創歷史新高

台股的歷史高點是哪一年還記得嗎？是 1990 年所創下的 12,682 點，你知道當時的台股本益比多少嗎？1990 年本益比約 60，本益比（P ／ E）60 是什麼概念？不精準但容易理解的說法：P 指的是價格，E 是盈餘，如果盈餘不再成長，維持每年一樣的水準，那麼相當於要六十年來的盈餘累積，才能等於現在的股價，這當然超過了一般國家股市的正常平均水準，所以 1990 年台股崩盤也只是遲早的事。

2018 年台股達萬點也守得不錯。暑假上課時我問同學們，台股再次上萬點和 1990 年有何不同？台股上萬點就一定是股價過熱嗎？多數同學都答不出來，因為只閱讀媒體新聞，少了獨立思考和小心求證的精神。

2018 年初，台股雖然上萬點但本益比只有 16，和 1990 年的本益比 60 相比，這說明了什麼？這告訴你，經過這三十年來，台灣公司盈餘每年的增長已經逐步消化掉當年的泡沫了。台股本益比 16 意味著，就算台股盈餘保持維持不動，十六年就可以將股價還本。與此同時，美股的本益比是 25，這也指出，2018 年台股站上萬點雖然不是超級便宜，但和歷年相比來說相對合理。

也可以說，隨著時間往未來移動，台股的本益比若不過熱，維持在歷年的平均值，而且公司盈餘有一定成長動能的話，維持在萬點不但是常態，而且台股突破歷史 12,682 高點只是早晚的事。會不會崩盤？不是台股有沒有創新高，更不是萬點如此刻板的答案，有沒有合理的基本面支撐才是關鍵！

美股屢創歷史高點，本益比卻更低？

回到美股，2018 年 1 月本益比約 25，2019 年 7 月中旬美股又創新高，但此時美股的本益比是 22.33，竟然比 2018 年年初的 25 本益比還

低，股價創新高但比一年半前的本益比還低，這又說明了什麼？

此刻，最好你把視線移開，想個幾分鐘，提出你的答案。

回到剛才最簡單的本益比 P／E 公式，本益比變小，一是 P 變小，也就是股價下跌讓它變得有吸引力，二是分母 E 的盈餘要變大。但是目前 2019 年美股的狀況是持續創下新高，代表股市價格不但沒有變小還變大，照理本益比應該要上升，結果不升反降。這時只有一種可能，那就是美股的盈餘增加的幅度還大於股價或指數創新高的速度，也就是美股盈餘的動能表現不俗。簡單的說，雖然花錢的速度快，但是賺錢的速度卻是更快。

股市估價和走勢的研判，不在這封信來討論，這只想清掉一個盲點：那就是**股價創新高和崩盤不是絕對的關係**，通常崩盤前一定會先創新高，因為股價創新高「有可能」意味著股價的不合理，但這不是定律，我們上面舉的例子就說明了上漲的合理性。

簡單的說，股價創新高和崩盤有那麼一點偶遇的機緣，也像是張飛和岳飛，兩個人名字都有那麼一個「飛」字的相似處，但這是兩個不同的人物，崩盤和創新高也是兩件不同的事，會不會崩盤在於支撐價格的合不合理。如果你不從這裡去思考和觀察，那麼美股從 2013 年之後，再度超越了 2007 年的歷史新高，接下來這七年期間屢創新高，你就只能在場邊觀戰而錯失機會，至於放空而沒有在微幅修正時及時補回的朋友，代價更大。

這封信討論太多，一不小心就會偏離本書設定的三個主軸「簡單、安全、有績效」。多懂一點理論不壞，若不想懂那麼多，在實際操作上堅持和把握住幾個簡單原則也就夠了，想必你也迫不及待想看看那個實例的舉證了。保證你不看遺憾終生，看了終身遺憾，操作這麼簡單，為什麼理論的探討卻這麼複雜？這不是我的問題，這是多數散戶的問題，因為想得複雜了

獨立思考，小心求證

最後要提醒，擁有獨立思考的判斷和小心求證的精神。這篇提到巴菲特指標有份量的文章刊登在《財星》雜誌，不知道哪一家國內知名媒體首先失誤，把《財星》雜誌物誤植為《富比士》雜誌（Forbes），許多不同評論者跟著一路錯到底。指數創新高和崩盤看似相近，人生和投資有很多迷思，表面看起來都微而不顯，極為相似，這也是獨立思考和小心求證的重要意義，

喔！對了，橡樹資本（Oaktree Capital）共同創辦人霍華・馬克斯（Howard Marks）的那句話，「樹長到再高，也不會越過天際，屢屢創新高的股市總有一天會崩盤」什麼時候會發生？如果真要探討這件事，內容長到可以寫成一本書，我可不想讓你誤以為我有這企圖，我想就在下次的實例一次解決，那個實例就已把股市隨時而來的修正下跌，列入系統設計的考量。我認為理論可以複雜周延，但做法還是要以簡馭繁來達到「簡單、安全、有績效」這三個原則，這是符合多數投資人的最佳方案。

3-12

迷思12：「交易者」的獲利，
比「投資者」更高？

頻繁進出交易並不是獲利的關鍵。
確切了解投資的本質，進而找到自己的投資哲學才是。

⌄

信憲：

　　我記得你家鄉附近有座百果山，每次都令我聯想到孫悟空的花果山。我在台中成功嶺服役時，曾到百果山買水果蜜餞。對你的印象深刻，並不是你的身上有蜜餞味，而是你由中部專程到台北上課，可以感受到你身上渴望學習的精神。

　　既然你這麼好學，那就跟你聊一下，**許多投資者存在的迷思：誤以為投資就是要不斷的進和出！明明自己適合扮演投資者（investor），卻都往交易者（trader）道路上盲目隨著群眾前進。**要獲得超額報酬，交易者不一定能先達標。投資者和交易者，這兩者具備不同的性格、條件、訓練以及在研究上所能分配時間的多寡。

　　你應該還記得課堂上我第一個提問，來上課的目的是為了「獲利」，還是為了「過癮」？95%的人都是為了學習獲利的技能，但我說你們面臨的難題和挑戰是，想的是「獲利」，做的卻是「過癮」！

　　媒體的責任是發掘奇人異士，找尋新鮮事、投資絕招、投資達人任何能夠成功的方法。他們擁有找尋議題的渴望，就像女人的衣櫃裡永遠

少一件衣服。所以現代人永遠湧入爆炸性的資訊，卻少有獨立思考後的好決策。這也無形中讓大家不斷的學習新招，唯恐沒有學到那一招，導致獲利大減。但是卻少於思考，忘了建構投資的哲學。若是忘了這件更重要的議題和優先次序，可能變成「樣樣通，樣樣鬆」的狀況。

聽說你夫人是音樂老師，我想你應該可以體會，任何一樣樂器的學習，不經一番寒徹骨，哪得梅花撲鼻香。如同在投資決策上，交易者想要做到華麗的轉身，安全的進出都需要相當多的練習。科斯托蘭尼是大半生的投機者，這交易的頻率應該是不低，但他年老時感悟的說，**真正獲利較多的是少數成功的投機者和固執的投資者**，在他的觀察中交易者不見得獲利較多。

臉書公司的趨勢與波動

2018 年我在《商周》專欄寫了兩篇跟交易有關的議題〈投資者該關注趨勢還是波動？〉個案主角是臉書公司，文章發表後即出現了 20% 的下跌，顯然是我不夠高明的舉例，但也是個印證論點的好時機。劍橋事件的個資洩密，看到有人討論臉書這公司是否就此走向衰退，該停損還是停利？有人看到臉書在事件中興起的浪花，我則比較關心未來臉書的趨勢是否改變，所以我提出了補充看法，試著帶著你還原現場，你可以看一下我的邏輯思維是否正確？對的話，對在哪裡？錯的話，錯在哪裡？

第一篇文章發表於 2018 年 3 月，標題是「趨勢 vs 波動」，內容如下：

　　兩個問題，2016 年臉書 18 億全球用戶，臉書會消失嗎？如果不會，誰會超越它？

台灣平均每天花兩小時在社交媒體上，臉書滲透率達95%是全球第一。問它何時消失，有人會不可思議地看著你說，如果臉書消失，他也想跟著一起消失。至於誰會超越它？目前看不出，若有，這趨勢的改變，絕對值得投資者關注。

再度看了關於臉書的電影《社群網戰》（*The Social Network*），DVD封面寫著：「一個反傳統的天才，點燃了革命，改變了這個世代互動的方式，或許將是永遠改變了！」看完心頭一震，因為所有造成趨勢的變動，背後可都是金光閃閃的投資機會，我查証這電影何時拍的以及其股價發展。

臉書以開心農場進入台灣，2010年電影放映時還未公開上市，你我都有機會完整參與公司的成長，從2012年以38美元上市，這當中曾經最低跌到18美元下挫50%，有三次的20%震盪，約三次15%震盪，接下來目送到2018年3月中的184元，相當於這六年來上漲了3.8倍。

看一下不同學派在投資哲學上的應對，這五到六次的波段，每一次的轉折點，你認為完美進出的人多嗎？如果有一個波段錯過，投報就少於全程參與的3.8倍，如果轉折點算錯，變成高買低賣的，那麼斧頭砍到腳的滋味還真不好受！

禪宗六祖惠能著名的禪語「風動、幡動、心在動」，你怎麼看待股價的波動，成功的投資者又會怎麼看待呢？

這麼多年來我的感悟是，投資最美又輕鬆又可像巴菲特跳著踢踏舞上班心情的，首推「趨勢」的參與，勝於「波段」的操作，而「波動」的追逐，可美可醜。有本著作是《窮人追漲跌，富人看趨勢》，書名已表達得很傳神了。

霍華‧馬克斯在《投資最重要的事》(*The Most Important Thing Illuminated*) 一書提到，「短線交易者認為，如果能以10元

買進一股票，11元賣出，再以24元買回，25元賣出，接著再以39元買回40元賣出，這樣就算成功，但在這檔上漲30元的股票卻只賺3元，如果你看不出這破綻，或許就不必再閱讀下去。」

當時代在變革，趨勢在形成時，投資者或是國家掌舵者有沒有那個敏感度能夠捕捉或因應？李開復說台灣錯過了人工智慧開發，也有人說，台灣錯過了網路革命。我真正想問的是，台灣怎麼最近老是錯過？無風不起浪，事出必有因，我們可以從這當中學到什麼？會不會是決策者太短視、投資者太短線，以至於看不清楚整個藍圖了？

臉書，浴火的鳳凰或烤鴨？

一個月後臉書股價發生20％的修正，第二篇補充說明的文章發表了，標題是〈臉書，浴火的鳳凰或烤鴨？〉內容如下：

留學時常受困於老美的俚語，如「Face the music」，啥意思？準備跳舞？不然，是要面對現實了，而通常是不愉快的。這話怎麼來的，有一說是法國處罰囚犯時，先放點音樂讓他們靜下來，另一說是早年的演員，面對素質不高的觀眾常有噓聲，登台的剎那，仍得面對音樂（現實），這句話對臉書執行長祖克柏現在也很恰當！

日前因旗下的「劍橋分析」個資數據外洩，造成影響美國總統大選的可能，諧星金凱瑞（Jim Carrey）在股價重挫前就已發難，呼籲刪除臉書，鋼鐵人馬斯克也跟進，這到底是路透社報導的，又多一個離開臉書的理由？還是分析師說的，事情會過去。

這帶來幾個思考：

一、就投資而言：臉書股價近20%的修正（從2018年2月的193美元，到2018年3月的152美元），可進場嗎？這牽涉到估值，就價值學派而言，下修的還不夠；就成長學派而言，關心的是成長動能。去年第四季，北美用戶首次下滑，歐洲成長也趨緩，75%的收入來自於這兩地，是一時或開始轉向？值得關注。

二、就時機而言：獲利來自買低賣高，何時會低？壞消息來時。沒有一個企業可以長期高速成長，但並不意味高成長股價才能漲，臉書若是股價修正得夠合理，以後就算每年只有10%的成長也很美麗。分析師估計未來臉書五年約有年均25%的成長。

三、就產業發展而言：社交媒體和需藉用戶數據抓取應用的產業，如何完善規則？商業模式可會變遷？若有，我們可有機會？

四、重罰原則背後的意義：律師表示，每違反一次FTC協議罰4萬美元，若5千萬人的資料外洩，罰2兆美元，就算把公司全賣了也不夠，所以不會這麼多，但罰金會很高，何以懲罰款如此重？因為要讓臉書刻骨銘心，避免再犯。

我們都沒有水晶球，但可以觀察得出來的是，美國和公司不是不犯錯，而是犯錯就被淘汰，或是在不斷修正中更加茁壯。這次會不會也是如此？若不是，機會落在誰手上？若是的話，別人的軟實力，我們又能學到什麼？臉書，是浴火的鳳凰或烤鴨？我認為臉書還有舞台，三年後看分曉。

文末我提到用三年後來檢視，但現在碰巧和你討論這事，就先提前

做個一年半的回顧。第二篇文章發表在 2018 年 2 月中旬，股價在 20％修正後回彈，判斷算是正確，但 2018 年 12 月底修正再度發生，而且幅度更大，我對臉書還有舞台的看法再度面臨挑戰。但半年後臉書的股價再度彈回，目前接近新高，股價走勢與一年半前的預期大致吻合，但這一年當中，股價上下大震盪，這當中沒有因驚慌賣出的人，獲利應該會優於大盤。我沒有在每次的修正點漂亮轉身，但持有這檔股票的成績優於大盤，當然如果能在每個轉折點進出，績效當然更好，但是做得到的人多嗎？如果每一次的黃金交叉、死亡交叉，都那麼精確的話，為什麼還有那麼多人在投資上無法獲利呢？

台股和美股的特性當然不一，在這些大師手中，美股常有 10 倍成長的紀錄，台股這方面的紀錄相對少。如果使用有代表性的指數型基金，或者夠熟悉的產業個股，方法用得對，獲利不會小於交易者。更重要的是，你可以空著雙手，去忙著人生其他更重要的事。

最後要叮嚀你的是，**頻繁進出交易並不是獲利的關鍵。確切了解投資的本質，進而找到自己的投資哲學才是。**

3-13

迷思 13：投資股市就像在賭博？

投資股票若沒有任何思索分析，沒有任何戰略，
那就像玩輪盤的人從一張賭桌跑到另外一張賭桌一樣。

＞

曹楠：

你這北方的女孩到南方來闖天下，是看上南方的商機和美食，還是
文人筆下多愁善感又嫵媚多姿的江南？方向和認知對了，就能如魚得
水、適得其所，如果只是因表面資訊，就難免碰到詩人鄭愁予筆下的錯
誤了。感情世界可以窗扉緊掩，欲揭還羞，總之，對的時間不對的人，
不對的時間對的人，並非一己之力就能成事，因為老天爺怎麼想、怎麼
安排也佔了一大部分。不像股市，老天少有參與，成敗通常在觀念與做
法之間。

〈錯誤〉鄭愁予

我打江南走過／那等在季節裡的容顏如蓮花般開落……／東風
不來，三月的柳絮不飛／你的心如小小的寂寞的城／恰若青石
的街道向晚／跫音不響，三月的春帷不揭／你底心是小小的窗
扉緊掩／我達達的馬蹄是美麗的錯誤／我不是歸人，是個過
客……

股市這個地方是適合歸人，還是過客？是豐富礦產的金脈，還是趁興而來，敗光而歸的賭場？眾說紛云，不同的經驗告訴你不同的答案，所謂「一朝被蛇咬，十年怕草繩」，這說法一定有它的根據。台灣有許多家庭從未投資股市，在他們的眼中，股市跟賭博沒有兩樣，再加上每次股災新聞媒體真實又聳動的報導，更加深他們的印象。有些老一輩的家長甚至告訴小孩要遠離股市，這個做法有待商榷。在某件事情上失敗，就從此不再接觸，並不是一個正確的面對態度，畢竟知識是免除恐懼的重要來源，與其認為股市是賭場，不如好好了解兩者相似、相異處，股市如何帶來什麼好處，以及如何安全參與。

我認為可以因噎廢魚，但不可以因噎廢食；若吃魚被魚刺哽到，可以不吃魚，或吃沒有魚刺的魚排，但還是需要食物的營養。如同投資股市，它還是資金成長的好地方，前面說過想跟企業獲利引擎掛勾，就有必要了解股市的本質，它和賭博有什麼相似、不同的地方，特別是我們這些生活在全球民主資本主義的現代人。

在賭場的樂趣

說個賭場的故事。我有一個在紐約開電腦公司的朋友，有一陣子迷上了大西洋賭城，禮拜六傍晚店一打烊，幾個朋友就到了賭場，上了牌桌直到凌晨才回房，星期一早上再開車上班。他們選擇可以記憶和賠率最高的賭法，印象中每個禮拜常有 5 百美元的進帳，一年大概獲利 2 萬到 3 萬美元。賭場對這些常來的賭客，會依兌換的金額大小、待的時間長短，給予相當金額的消費禮券。後來因為累積金額太多，有年聖誕節，他招待我公司同仁到賭場玩，餐廳的菜單隨你點，住好幾個房間接連的套房，那幾天還真生活得像個富豪。

經不起他一再的慫恿，我也想感受一下賭徒的樂趣，兌換了 3 百美

元的賭資。這麼小的金額引來他們的側目，未免太小家子氣了，結果我輸不到 50 美元就不玩回房間睡覺去了，因為我完全無法體會樂趣。什麼時候該壓，對他們有意義，但我卻完全沒有判斷的邏輯，這比我在股票上下注，樂趣差多了。後來這位朋友也回到台灣證券業，多年後我問他：在賭場下注好玩，還是在股市馳騁好玩？你猜答案是什麼？他說，當然是股市好玩。

投資大師彼得‧林區對股票和賭博的看法蠻寫實的，他說：「再穩當的投資都難免會有賭博的成份，沒有任何存放金錢的地方敢說有絕對的方法可以保證安全。」

我們提過錢在定存有貶值的風險，甚至有些國家的錢放在中央銀行，發生一個戰爭就沒了。**學理上存在利率風險、匯率風險、購買力下降的風險、無法支付的商業風險。總之，理論上確實發現沒有一樣東西沒有風險。**

既然風險無所不在，看看彼得‧林區下面的論述，值得將股市視為賭場的人多加關注。他認為，「**承認金錢與危機不可分的事實，便能區分賭博與投資，區分方式不是依活動的類別，例如買債券、買股票、賭馬等，而是依照技巧、投入程度與企圖心來區分。**」

這話說得極有道理，我並不認同有些投資策略和工具，但有人熟悉那個工具，懂操作技巧，而且也知道目的和風險；簡單地說，若他知道該做什麼，這就好辦了。所以他說一個賭馬老手，如果對規則行情瞭如指掌，對他而言，賭馬便像是買共同基金和績優公司股票一樣可靠。而**一個慌張又沉不住氣的股票投資人，老在股市追逐最熱門的股票，不斷進出買進賣出，那麼他在股票上的「投資」所冒的風險，就跟在跑馬場上下注給馬鬃最漂亮，或是騎士穿紫色衣服的馬一樣。**

彼得‧林區有一個建議給衝動的股票玩家，「忘了華爾街，拿錢到賭場去還可以享受歡樂的氣氛」。科斯托蘭尼也有相同的見解，在科老

的眼中，這一類的證券玩家才是證交所中的賭徒，沒有任何思索分析，沒有任何戰略，就像玩輪盤的人從一張賭桌跑到另外一張賭桌一樣——他們把股市當賭場。

確實，彼得·林區認為對於願意做功課，學到了正確觀念、操作技巧的人，如果還能夠接受不確定性。投資股市最大的好處就是判斷正確時，可以得到驚人的大獎賞，所以他認為股市是一個值得一賭的地方，只要知道怎麼玩就行了！

在他的年代，工具選項沒有像現在這麼的多元及友善。現在指數基金的興起，有些基金操作技巧又融合了資產配置的精神，可以說，現在人只要擁有正確的觀念，在操作技巧上可以比以前簡化很多，下面來看看投資股市和賭場有什麼不同。

股市和賭場的不同

就性質而言，賭場不會發股利，而股票會發放公司盈餘稱之「股利」。就時間而言，待在賭場時間越久賠得越多，就算你剛開始贏，只要待得時間夠久，賭場漸漸可以贏回來，所以美食、美酒、美居讓你樂不思蜀，輸光了再走！

可以這麼說，如果你不做功課，沒有了解，沒有技巧，也不知道目標、特性和潛在風險，那麼就算買房地產也有人賠錢，公債也是一樣，甚至很多人都不清楚定存也有潛在性風險。

在股市，就算投資績優股也都有一定的風險，因為績優股也可能出現不敵對手競爭的時候，例如台股歷年來許多股王都不支倒地，美股的柯達影片曾經是所有人美好的照片記憶，但經過數位技術的發展和競爭，她就走入了歷史……。

股市不是賭場，不需要全憑運氣的一翻兩瞪眼。股市比賭場好玩，

比賭場有潛力，可以透過持有股票，源源不斷地做為你追求財富自由的後盾。只要有耐心，待得夠久，就算碰到一時的風暴或逆手牌，還是有機會逆轉勝！

股市要比賭場安全多了，但你還是要把握兩個簡單原則：（1）**除非你有一定的技巧，不然不要碰觸單一個股，要買有市場代表性的指數基金，例如：美國標普 500 指數型基金 SPY、台灣 0050，（2）使用資產配置策略，擁有多重不同性質的資產。**為何這兩項對多數人的投資來說這麼重要？這就留到後面再來討論了。

總之，股市和賭場有相似之處，都有人虧錢、有人獲利，但更多不同的地方是，賭場靠運氣，待得時間越久，虧損的機率越高，而股市靠方法，時間越久，勝算越大。而且若方法得宜，投資股市就好像擁有賭場一般，看著財源「滾進」，內心既歡愉和平靜；賭徒在賭場，多數最後看的是財源「滾出」，短期的歡樂換取長期內心的煎熬。投資股市，背後的畫面是上千萬人每天辛勤的投入與汗水交織產生的結果，股市是長期經濟的發展和櫥窗，也是人類創意和活力展現的地方。賭場則不具備這些功能，它是短暫消遣娛樂的地方，淺嚐即可。股市中有代表性的指數基金，不但適合夜夜春宵，更適合長相廝守，股市和賭場這兩者實在是大不同呀！

但如果你只看到賭場外表五光十色的絢麗，卻沒有一探股市表面兇惡，內心溫柔美麗的那一面，那麼在追求財富自由，或是尋求晚年無憂退休金的規畫上，可能是一大錯誤。**用對方法的參與，只要不是選擇單一個股，用的是能夠代表市場性的指數基金，那股市在你達達的馬啼聲下，應該是歸宿而不是客棧！**

第 4 章

國家理財的迷思

4-1

萬能好還是效能好？

萬能政府，國家退休金管理的迷思；
萬能投資組合，個人理財的迷思。
其實真正該關注的是「效能」！

⌄

其曄：

　　第二次上課前，你私訊給我的留言引起了我的關注。妳可能是學員中少數這麼年輕，大學剛畢業，還沒有儲蓄就奉父親之命而來上課的，你那段話讓我有父女情深的感覺。

　　訊息是這樣寫的：「闕老師，您好，昨天去上了您的投資理財規畫課，也是我這輩子第一次的相關課程。我爸爸認為他年輕不懂投資，因而賠了許多積蓄，現在只能保守理財。如果小孩能早點接觸理財資訊，在未來能有方法的規畫金錢，就不會像他一樣辛苦。我算是抱著某種使命來的。」父親希望你能學會理財，一定有他強烈的感受，天下父母心，希望你真的能學會理財，駕馭金錢，哪天有所成就能回饋父母。

　　知道你是哲學系畢業的，你告訴我上完課後的心態是「穩定不貪心」，我回覆你「穩定又貪心，不穩定不貪心，或者你的穩定不貪心，都是投資哲學。」

　　多數投資者在沒有找到自己的投資哲學之前，都希望自己能有萬能投資組合。學文史的人多數自覺對數字沒有那麼敏感，因此「割捨」了

許多花俏的操作，這未嘗不是一件好事，這樣子你才有機會走入「效能」投資組合的設計和管理。

「有捨有得，不捨不得，捨與得」不僅是人生的智慧，恐怕也是經國治世的道理，你可能不相信，但這也是投資管理的重要原則；許多人認同，兩歲小孩知道，但八十歲老人卻未必做得到的事。我在這方面縱有警惕，但仍覺得這可能是一輩子要修練的課題。

捨與得，和投資組合的設計有關係

在股市有十五年經歷以上的人，最好是至少經過兩次上漲牛市，兩次下跌熊市的循環，應該都有一種體悟，股市難有一種完美的投資策略，來應付各種不同的波動情況。

就以戰爭的型態來做比喻。同樣是戰爭，二次大戰末期美軍進攻日本的太平洋戰爭，是跳島式的進攻方式，且動用了毀滅性的原子彈。越戰則是叢林式的，美國打得灰頭土臉，戰爭的漣漪到今天可能都還存在。那個年代的許多經典的電影，例如拿下奧斯卡金像獎的《越戰獵鹿人》（ *The Deer Hunter* ），電影主題曲非常有味道，幾根弦音訴說戰爭帶來的悲傷離合，哀怨及莫名的惆悵，原本單薄的吉他樂器，在這卻一點都不輸給有樂器之王的鋼琴，或大小提琴這樣的弦樂器，每部電影的配樂都有它用心獨到之處。

電影《越戰獵鹿人》配樂

沒有永遠的高報酬率

　　1990 年代的波斯灣戰爭，打的雖是沙漠地區，卻又是各種高科技和整體協調運作的全面性戰爭，總之從傳統的地面戰爭、海洋、叢林、沙漠戰爭，需要關注的各有不同。同樣的每次股市的上漲和下跌的驅動因素，受惠和受災的產業類別也不同，例如 2000 年高科技泡沫，許多科技公司從此消失，哀嚎遍野，而金融業卻沒有太大的損傷。到了 2008 年金融海嘯，卻由許多強而有力的金融產業龍頭接棒演出，例如：房利美（Fannie Mae）面臨破產，花旗銀行（Citibank）跌至 1 美元，而科技股公司經過多年來的修身養息，體質來得相對健康。

　　也就是說，上漲或下跌的驅動因素不同，產業別（科技、金融），和資產類別（股票、公債、商品、房地產、現金）反映的情況也不同，操作的風格如成長學派、價值學派、動能學派，流行的也不一樣。可以說不同的操作和投資策略，都可以各領風騷一會兒，但就是無法四季皆春，因為這是大自然，花無百日好的定律。

　　那投資該如何應對呢？那就是回到「捨與得」，聚焦在效能投資組合，而非萬能投資組合，不要期望能左右逢源。那是交易者的挑戰，不要想每年都有 18%（趴），因為一不小心就很容易讓你「趴」在地上。就像我這兩年碰到的事，那是巴菲特一生要鞏固的的挑戰紀錄，但畢竟這世界上少有巴菲特，所以這也不是一般人可以輕易獲得的。**最簡單最安全的方式，就是割捨一些，專注在你覺得最核心和重要的目標，例如：減少波動，也接受較低的投資報酬，換取一夜好眠。**

　　或者你才發現，**最重要的是未來購買力的成長、維持。**從此你願意讓心臟變強壯一點、視野拉寬、拉遠一點，接受投資必然存在的波動，來換取成長，讓未來的財務寬裕，生活安心。

別忘了人性弱點：貪、怕、沒耐心

這樣說完，好像就一切就是王子與公主過快樂的生活，完美無缺？不然，哪有那麼美麗的，因為人性的「貪」、「怕」、「沒有耐心」還等著你摔跤！所以斷捨離當中，還必須把百年投資的這三個天敵，就算不能去除，也要降低影響，這需要一些財務上的基本知識，了解各種投資工具的能與不能，了解它的極限，然後追求一個誠實的投資報酬。

相同的，「效能與萬能」、「捨與得」，適用個人理財也一樣適用於國家理財，一如古人說的，治國之道，有所為，有所不為是正確的，那麼**政府在退休金制度和理財上的設計，也應該要關注的是事情的效能，而不是陷入萬能的迷思。**

退休金的三層防禦網

就退休金管理而言，他有三個層面，**第一個是最底層的勞保機制**，像美國的社會安全制度。全世界的勞保這機制，很少有表現極為出色的，這是必要之惡，因為要獲取安全，這是最重要的目標，因此必須減少波動、追求安全，當然也必須犧牲投資報酬，這是可以理解的。

第二層則是政府立法，給予企業和個人的誘因，而形成「勞退」的設計。這個和第一層的勞保截然不同，是屬於個人的資產，依每個人的財務能力投入，相對投入多或少，以及公司也給予相對提撥的誘因和回饋，也就是個人自願和公司相對提撥，兩者形成的私人退休金帳戶。這是第二層的機制，台灣目前公司提撥是 6％，但是這個部分歸政府勞退基金管理，績效受人詬病，這個第二層的功能與歐美各國相比，明顯無法發揮效能。

第三層純粹是個人資產所投資的「個人帳戶」的資金，可以是保險、年金和其他個人的投資來呈現。

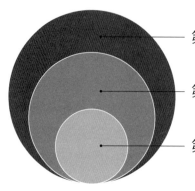

第1層網：勞保
- 像美國的社會安全制度。

第2層網：勞退
- 政府立法給企業、個人誘因，形成勞退設計。

第3層網：個人資產
- 保險、年金和其他個人投資。

台灣退休金制度：達不到萬能，也丟了效能

第三層暫且不論，台灣的退休金制度目前產生這麼大的紛爭和社會的動盪，以及多數人民的不滿意，問題就出在第二層，那就是不該做為的卻又積極參與，介入得這麼深，幾乎由政府來管理屬於人民的錢，而又交不出一個國際上合理的平均成績。成績不理想的源頭又在於投資策略和操作準則的設定，可以說，既想操作管理這項單純的資金，變成政治資源來運用，既想擁有大有為，又是萬能政府的形象，為人民的退休金包山包海，但卻又無法提供成長的保證。這和一般投資人，想要達到完美無缺的投資設計組合的萬能，同樣產生父子騎驢的尷尬現象，既達不到萬能，也丟了效能。

國家退休金有這樣的盲點，人民只能感嘆，無力改變，只能期待那位真命天子的出現。但是在個人理財或退休金的規畫或管理上，你就是那位真命天子，決策可以在你手上，唯一你需要的就是正確觀念的指引，然後用以簡馭繁的方法來完成。請記住，**效能大於萬能**，從劉邦的弱勢贏家這例子，以及各國將第二層屬於人民或企業提撥資金管理，交還給人民的手上，由個人或民間的參與管理，充分體現出績效的大幅改變，也是一個體悟和借鏡。

第三層面的個人理財有這個彈性，來選擇適合自己風險承受力的投資組合和規畫，就不應該有萬能大於效能的迷思和錯誤，也是「有所不為，才能有所為」的積極意義。作家黃冠誠說得好，「有所為，有所不為並不是要人們簡單地放棄，而是需要智慧的輔助，需要胸有全局，高瞻遠矚，胸有全局，就能分輕重緩急做出正確取捨」，高瞻遠矚是考慮長遠，並能以高度的責任感和使命感對待自己的選擇。

　　期待政府退休金制度的決策者或立法委員，也能有這樣高度的責任感和使命感，看待個人自願提撥的退休金可以安全自選的重要性，和對全民福祉的歷史意義。

　　孟子說：「人有不為也，而後可以有為」，這不僅是一種觀點，也是一種能力、一種境界、一種智慧和方略，成功的投資者和國家的治理者能體悟策略上的取與捨，有所不為，專注效能，摒除「萬能」的迷思，就是往成功大大的靠近一步了！

找到你的投資哲學

　　這也是投資規畫上課的第一個重點，先找到投資哲學，投資哲學通常是了解整個投資理論、工具、歷史之後，有所取捨後，再來往下規畫投資策略，最後再由投資策略中選擇恰當的工具。

　　沒有投資哲學，就無法有取捨，沒有取捨，通常就是什麼都想要獲利，但卻什麼都要不到、雜亂無章的投資策略。人生與投資竟然都有如此許多相通之處。喔！對了，有了自己穩定不貪心的投資哲學之後，接下來你需要的是，先從小金額開始，只要養成紀律了，會慢慢開始對市場有感覺的。

　　對你們年輕朋友而言，千里之行，始於足下！

選擇恰當
工具

規畫投資
策略

了解投資歷史

選擇投資工具

了解投資理論

建構投資哲學

4-2

為何美股總能浴火重生，
台股能嗎？

就算美國的股市再次重挫 50%，都可以浴火重生，為什麼？
因為，美股有良好的誘因制度，能夠吸引國內源源不絕的資金！

$\vee$

美虹：

我一直好奇美國的強盛還能夠維持多久？憑什麼而強盛？我想答案應該就是那天我們閒聊時你所提到的「制度」。

你相信股市是所謂的「經濟的櫥窗」嗎？股市的蓬勃發展與你我升斗小民的個人財富，和國家強盛的大議題是緊密結合的。每一個人民，乃至於國家的決策者必須關注，因為股市的蓬勃跟經濟生活息息相關。升斗小民手上有投票權，選出對的立法委員和決策者，而好的領導者能掌握方向和落實政策。若民眾對這議題有充分的認知，形成政治上的風向，這和決策者掌握施政次序優先的方向，同樣重要。

美國三大股市健全法案

美國從 1877 年開始，共有四十七次的經濟衰退，拿掉經濟學者覺得

有爭議的 19 世紀經濟衰退，我們聚焦於美國三大股市健全法案[1]成立之後的 1940 年來和前面的經濟衰退來做對比，可能比較有意義。為什麼呢？因為 1929 年開始的經濟衰退，時間夠長，狀況夠慘。喔，對了，應該稱為「經濟大蕭條」（Great Depression），這個經濟大蕭條從 1929 年 8 月到 1933 年 3 月，時間長達三年七個月，股市跌幅高達 80% 以上。但三大股市健全法案成立後到 2008 年金融海嘯為止，這當中的十三次經濟衰退，時間最長的就是 2008 年金融海嘯一年六個月期間，最短的是 1980 年那一次的六個月。

也就是說美國證券三大法案，自 1940 年成立之後的經濟衰退時間和規模，都比 1929 年之前的經濟大蕭條時間短，災情程度也下降，依此我想大膽地預測，美國下一次的經濟衰退還會再來，但是復甦的力道也存在，可以用「浴火重生的鳳凰」形容。

證券三大法案是關鍵但不是唯一，台灣、日本也都有類似相同的證券法規。

美國股市遠勝日本、台灣，為什麼？

日本股市失落了三十年，台灣股市在 1990 年創下的 12,682 點還未突破，所以細心的人會發現，不是只有這三大法案的關係，也不是股利發放沒列入計算還原的關係，因為道瓊指數也如此，但是在 1987 年美國道瓊指數才 2,264 點，今天已經漲了 10 倍，在 2019 年的美國國慶的前夕達到了 26,656 點。

美國不是超強，但絕對不是病貓，她現在的主要競爭對手中國，在股市上的表現就遠遠無法類比，為什麼她的國力發展依然生機盎然？經

1　是指美國 1933 年、1934 年、1940 年分別通過的法案，這三項法案深遠地影響了美國證券業。

濟和股市何以如此的蓬勃發展？綜合國力的探討原因當然很多，我先聚焦一項：不是資金血庫的管理健全，是證券管理落實的成果，先不在這封信討論範圍。

火浴鳳凰一定有它的原因，我的觀察是，就算美國的股市再重挫50％，不是一次，而是每隔一段時間持續發生，美股都可以浴火重生。為什麼？美股有良好的誘因制度，吸引國內源源不絕的資金。我以前沒有這個感覺，而是成了資金管理者之後才有的體會。

退休金自選、減稅，造就不敗的美股

在美國資本市場中，日日月月都有民眾自己的退休金流向股市，報稅截止前更是明顯，可以說美國全民的儲蓄涓涓細流，都流向證券市場，再由專業的管理人以客戶的需要，進入保守或積極的投資，或國內或國外，因為資金的水源不斷，這座財富森林的灌溉就沒有斷水之虞。至於股市過熱所形成的崩盤效應，那是大眾常有的投資財務行為，但**專業的資金管理者，會在股市下跌到有價值吸引力時，將停靠在安全港灣的資金，大舉遷移進入股市，再加上稅法上的誘因，吸引全民的儲蓄轉入未來的退休金**。這資金每天每月的轉入專業投資機構，可以說美國這條資金河流從未斷水過，美國的股市之所以可以枯木逢春，是因為它後面有源源不絕的水源所形成的動能。

如果你去過加拿大的尼加拉瓜瀑布，來自各地的涓涓細流匯集成龐大驚人的水勢，源源不絕，就好比美國的退休金參與證券市場的全民運動。只要有工作就可以跟美國的證券市場連結，接著，美國各式的專業基金機構再將這龐大的資金走向全球的股市，參與當地的一流企業。例如：台積電的外資股東，再加上美國五百強的企業運用本身公司優勢和產品，在全球各地攻城掠地。這兩者的結合，美國的退休金幾乎是參與

了本土跟國際的經濟發展，和公司獲利入袋。

美國股市的浴火重生，彷彿有永不枯竭的資金動能，在全球投資的獲利再轉成國內的消費動能，而在專業機構設計之下，證券獲利也有一定程度的保守性資產，形成了一定程度的良性循環。若不相信，就算若干年後再發生一次股市 50% 的重挫，美股都有能力再度復甦，股市動能再度恢復，這背後就在於退休金和稅制的完美結合，美國制度設立的軟實力，可能沒有你想像中那麼軟！

為什麼台股先天體質不良？

台灣的證券市場有這個條件嗎？有這條件，但有沒有這樣的觀念？因為決策者不覺得有多重要？何以見得呢？

為什麼台灣不能吸引源源不斷的資金流向股市？不是沒有資金，而是我們沒有宏觀的思維，也可以說我們「窮的是觀念」，我們的稅法和退休金制度是各自為政的斷層，政府各部門之間橫向縱向的協調應該出了問題，以至於無法針對一個議題來全面的擘劃與改善。

政府想的是萬能政府的思維，唯恐人民自選管理有所虧損，這保護和照顧的用意很好，但政府的管理績效不彰，卻又攬權不放，以致全民實際參與自行提撥人數低於一成。關鍵就在於政府應該放手，當民眾自提的退休金能夠投資自選時，民間的專業效能才出現。

對比美國，台灣股市的動能在以前「養、套、殺」的年代已經大量失血，許多散戶其實已經不太敢，或者沒有能力參與，有的散戶甚至告誡下一代遠離股市，而我們的退休金又在稅法半套，各部門各自為政的制度下，民眾的退休金可能都不夠灌溉一座小花園。

台灣的股市如果也想要擁有這樣的資金動能，主管退休金管理和稅制的單位，應該要有相同的戰略目標來整合。

台灣勞退金自願提撥的人數和比例

根據 2018 年 10 月新聞報導，勞退新制除了雇主依法提撥的 6％，許多人還不知道可以自願提繳上限 6％的退休金，勞保局表示所有新制提撥人數是 666 萬人，薪水級距 11 萬以上的，參與比例最高大約 38％，但整體所有勞工參與人數只有 46 萬 7 千人，連 8％都不到。

不是自願提繳還可以抵減個人稅的設計不好，這當中的誘因不足，很大的原因是勞退管理績效不彰，而這個制度的盲點又來自對於政府萬能和效能的迷思；而沒有效能的迷思，又來自於不了解投資管理的本質，設計了錯誤的績效管理指標。

為什麼前面要花那麼多篇幅討論「投資的本質」？**沒有深入和內化的正確投資觀念，就不可能設計出正確的投資策略。**制訂錯誤的決策方向，就是造成台灣證券市場活水不足，動能循環不良，讓拚經濟的美意成為口號，非常可惜！

環境惡劣和辛苦都不是阻擋進步的原因，貧窮的觀念才是元凶！

改進之道，就是有機會提高投資績效，也就是自願提撥的退休金，屬於民眾自己的錢這一部分可自行管理，但政府主事者可能會擔心地問，「那安全怎麼辦？民眾有這個能力嗎？」

好問題！會提問代表已經打開思維，這就有解答了，就讓我們後面繼續討論。

4-3

台灣的瘦鵝只能拔一根毛，
為何老美的肥鵝可拔一堆毛？

美國稅法中「延稅」的設計，往後遞延自己的享樂，
讓資金有更大累積，產生更大的運作。

⌄

欣諄：

　　報稅季節已過，想必又回歸正常生活，我每次看會計師對我們基金年度的查帳報告，產出的過程鉅細靡遺，這些特質跟對數字的仔細，是後天的教育養成，還是先天特有的？

　　我好奇問美國會計師他們做哪些投資？令我訝異的是，很多會計師不碰股市，或者只有很小比例的參與。有位會計師的興趣是買小飛機，工作之餘翱翔在藍天白雲是他最大的享受。所幸，美國有較多選項的退休計畫，很容易就跟股市做了連結，台灣恐怕目前就沒有這樣的幸運了。和你聊一下稅法制度對金融的整個資金血液循環，和投資動能的重要性。

　　多年前有一本暢銷書《別急著吃棉花糖》（*Don't Eat the Marshmallow…Yet!*），觀念簡單但卻是很重要的原則，我們國家的決策者常覺得現在年輕月光族，沒有這樣的紀律和了解，做不到很可惜。其實我接觸到許多年輕人，一旦他們了解了金錢的運作法則，知道資金累積後可讓錢幹活的驚人力量，在觀念改變後的執行力也相當不錯。倒是我

們的許多決策者知道問題之所在，卻在「多一事不如少一事」，欠缺熱情和承擔下，反而是知道卻也常做不到，你覺得誰比較可惜？

　　星雲大師提過：「最成功的談判，應該站在對方的利益著想。」別急著吃棉花糖是把自己的享樂往後遞延，讓資金有更大累積，產生更大的運作。談判或合作讓對方先贏，自己也可以跟著贏，這是以退為進的雙贏局面，這是政府在制度設計上應有的思維。

　　我常好奇，美國稅法中對退休金的投資利得，給予「延稅」（tax deferred）設計，這法案的設計人莫非是中國人投胎或者佛教徒轉世，也懂這個哲學？那為什麼反而是我們自己看不清楚？

　　台灣退休金除了雇主的 6％ 提撥，也可自願提撥 6％，得到免稅而且延稅的效果，但很少人在討論這個延稅的效益，非常可惜，原因在配套措施沒做好，以至於這個誘因不大，知道的人少，參與的人也不多。

　　許多人都知道巴菲特長期持有可口可樂，少有賣出，這當然有他的投資哲學和他的偏好，但事實上還有一個稅務優惠，延稅也有驚人差異，個人理財一定要懂。我一直好奇，這會不會也是他的考量之一？而國家理財的決策者更要了解這個可能創造雙贏的好處。

延稅 vs 不延稅，三十年竟相差 116％！

　　能夠「抵稅」（tax deductible）的好處最大，是最優先，但這個項目有限，退而求其次就是「延稅」。就個人理財來講延稅有什麼好處？舉個實例，同樣是 1 千美元的投資，對同樣是 28％ 稅率的人而言，同樣 10％ 的投資報酬，一個可延稅，一個不能延稅的兩個投資，十年之後兩個不同帳戶，可延稅的會多出 25％，二十年之後會相差 50％ 以上，三十年之後會相差 116％。換句話說，你現在可以知道巴菲特打的算盤，可口可樂在他手上沒有賣出三十年後，會比一個短線進出的交易者，除了可

口可樂這個股票的增幅不算，光是稅上就多出 1 倍以上的差距。

　　說到這裡，台灣的金融專業朋友都笑了，這個延稅工具在台灣沒有誘因，發揮不了美國稅法上的優勢和引導作用。為什麼呢？因為目前台灣沒有或叫停徵資本利得稅，而最有機會拉大貧富差距「資本利得」卻不必扣稅。最容易課徵，但是在美國幾乎不存在的證券交易稅，台灣卻非常仰賴這個稅收。**稅，台灣還是要的，而且挑柿子最軟的先吃，最瘦的鵝先拔，但也只能拔一根毛。有趣的是，贏家獲利不需要繳資本利得稅，偏偏是一般散戶常是輸家，卻要負擔稅收。**

延稅、勞退自選，讓政府、員工雙贏

　　我們來看看美國怎麼處理這個問題？怎麼讓民眾和政府雙贏？美國的退休帳戶、年金帳戶和保險帳戶，都是延稅的工具。如果以公司為員工開設的退休金帳戶401k為例，目前一年可以放入 1 萬 8 千美元，如果對年收入 5 萬美元的人而言，這 1 萬 8 千元可以全部抵稅，相當於政府說，只要你把錢放在退休帳戶，這筆放進來的 1 萬 8 千美元不算收入，對 5 萬美元收入的人而言，相當於36%的所得收入可抵稅。相較之下，台灣只有6%自願提撥可以抵減的金額，而且你還不能自己選擇適合你的投資工具，必須交給台灣的勞退基金來管理，目前年均報酬率約2.79%。兩相對照之下，就知道彼此之間的誘因差太多了。

　　我們的財政立法制定者或許會說，台灣需要稅收，不可能讓受薪人士有這麼高的抵稅額度或空間，這個言之成理，但也極為短視。前面提到「別急著吃棉花糖」，也忘了這背後重要的原則。

美國如何拔毛？

我們看一下美國是怎麼把鵝養肥了之後，再來拔毛的，又可以拔多少毛？

以三十歲的年輕人為例，最早五十九歲半可以動用這退休帳戶的錢，但是因為當時放進退休帳戶的這 1 萬 8 千元沒有繳稅，提領時需要繳稅，拿多少都視同當年所得來繳稅。假設以 7％投資報酬來算（美國標普 500 過去九十二年的年均報酬是 10％），三十歲的年輕人每年都放 1 萬 8 千元，六十歲時退休帳戶金額將會累積為 182 萬美元，這位人士三十年抵稅了 54 萬美元，但六十歲時帳戶的這 182 萬元要列入報稅基礎。當年領多少報多少，但若已經退休沒有薪水收入，稅率有可能下降，個人退休帳戶的金額怎麼領，又怎麼和社會安全收入（相當於台灣的勞保）來混搭達到最有利的稅賦，這是另外一個稅務規畫的議題，我們先不討論。

給台灣勞退基金的建議

但這裡你已經可以看到國家理財的幾個重點：

一、**民眾先贏，政府後贏**：給民眾一個相當高的稅額的誘因，讓你的退休帳戶可以和強大企業的資本引擎先掛勾，當養肥了這頭鵝，再拔幾根毛，不會痛的，這是民眾先贏，政府後贏。

二、**延稅政府沒虧**：民眾當年抵減 54 萬元的稅，但三十年後稅基擴大到 182 萬元，就算考慮通貨膨脹，政府該收的稅也收到了，不但一毛都沒少，稅基還更大。

三、**消費動能不停滯**：最重要的一點，國家資本的血液循環暢通，民眾看到退休帳戶資本增加，心情是篤定的，也比較敢啟動消費。全球都注重美國國內的消費市場，如果美國和台灣一樣，國內消

費動能萎縮，那一切都是往惡性循環發展，百業蕭條之後，就是少子化，再之後所有的經濟問題都出現。處理不好經濟問題，社會的和諧也出問題，接著就是國安問題隨之而來。

你看到了這個問題的真相來源了嗎？

我常告訴月光族的年輕朋友們，真的別急著吃棉花糖，薪水高低固然重要，但更重要的是手邊能夠創造生產力的資產，因為第一桶金對你的財富人生太重要了！

相同的，對我們國政的決策者而言，**第一個須思考：如何讓更多人願意參與現有自行志願提撥 6％退休帳戶**。為什麼現在的參與率這麼低？國政的決策者一定要去了解這個原因，而我認為關鍵就是投資的管道被掐死了，這個的主管機關可能不是財政部，也可能是銓敘部或是勞動部。

第二個可以改進的是，擴大志願提撥的比例，從現有的 6％可以考慮加大，這個必須和稅收的規畫，一併考量。如果現階段沒有這個條件擴大，繼續維持 6％。**那麼最起碼要先打通投資管道的第一個盲點，也就是自行提撥的勞退，可以開放安全自選，否則台灣繼續在瘦鵝身上拔毛，那麼就極有可能繼續走向惡性循環。**不管是個人或國家理財，許多道理是相通的，只可惜國家理財牽涉到較多人意見和不同的利益團體，以至於有時犧牲了道理，換一時的方便，短視取代遠見，而短視的投資通常不會有多好的結果。

我現在才知道美國國會議員為什麼有這麼尊崇的地位，因為一個良法影響國家的發展實在深遠啊！

為何台灣勞動基金坐在金山上哭泣？

勞動基金所擁有龐大的資產所能創造的收益，
以及民間幾十年來藏富於民所堆砌的金礦之多、
能產生的週邊效益之大，是全世界罕見。

∨

易萱：

2017 年 8 月 1 日《中時》和《聯合報》的兩則新聞，讓在咖啡廳一角趕著即將截稿的我，跌入了深深的沉思，許多歷史的鏡頭像幻燈片一張張的播放，停都停不下來。

《中時》的新聞標題是「中國半導體龍頭慘輸，張忠謀十七年前就料中[2]」。做為投資者，有必要了解一個企業成敗的分析和判斷，特別是張忠謀的獨立思考和他的遠見。

這則新聞可能是投資和企業管理者比較關心的，其實不然，台積電的故事和發展，跟全民甚至和台灣現在經濟的困局息息相關。

但我先由和全民有直接關聯的勞動基金的績效，第二則新聞談起，《聯合報》的新聞標題是「勞動基金上半年大賺 1,240 億元，收益率 3.76％[3]」。

2　資料來源：《中時電子報》財經 2017/08/01 https://www.chinatimes.com/realtimenews/20170801005029-260410?chdtv

3　資料來源：《聯合報》https://udn.com/news/story/7238/2617108

半年可以賺 1,240 億元，和 3.76 ％收益率也是歷年來算好的，這標題會給你一種績效不錯的感覺。記者用了「大賺」兩字好像也不為過，但是外行看熱鬧，內行看門道，先讓我告訴你一段故事。

34 分全班第二名，95 分卻是班上倒數？

我國中二年級的時候，有一次段考，數學老師題目出得特別難，我一回到家，剛進門，老爸一手拿著成績單，一手拿著棍子，直接往我身上抽打，我還沒搞清楚狀況，棍子已經被打斷。老爸充滿怒氣的說，你數學竟然只考了 34 分，我說，第一名才 36 分，我這個已經是排名前三名了，老爸這時候才略帶歉意地說，你為什麼不早說。我那時哪有說話的機會！

又有一次考地理，老師是好好先生，出題特別簡單，98 分的可能超過三分之一，我考了 95 分在尾段班，老爸滿意地點點頭說不錯，比上次進步。

你看出問題來了嗎？每樣事情的比較，都要有一個合理的標準。記者的標題「大賺」是給勞動部面子，文末最後的資料數字才是為他的專業，做了真實的報導。一般無助的台灣勞工，或無奈而尋求小確幸的投資者，又如何從下列記者提供的數字、分析、解讀，進而找到簡單、安全又有績效的投資策略和方式呢？

先看記者的數據，各項不同的投資績效指標如下：

各項不同的投資績效	年均報酬
亞太市場	19.82%
新興市場	18.11%
台股加權股價指數	12.34%
MSCI全球	11.48%

美國標普500	9.2%
巴克萊全球綜合債券指數	4.41%
台灣勞動基金	3.76%

資料來源：聯合新聞網

台灣勞動基金績效，比「全球公債」還差

從上面的數據看來，勞動基金的績效，比全數投入全球公債的成績還差，這問題出在哪裡呢？

國家理財和家庭理財道理是一樣的，節流跟開源，但節流也要有學問和方法，讓全家餓肚皮不叫節流，叫營養不良的慢性自殺。依我的故鄉台東為例，記者告訴我，許多行業蕭條，關門大吉，他舉例台東有 5 千位退休公務員，每個人少掉 2 萬元退休金，一個月少掉 1 億元，一年可能不只少掉 12 億元的消費，這個全縣營養不良的反應還未到高峰。反正已經砍了年金，這個節流的做法好不好，以後時間會證明，我們今天先聚焦「開源」。

巴菲特的老師葛拉漢曾經有一段語重心長的話，是關於家庭理財的提醒，大意是，**股票是長期能擊敗通貨膨脹的投資工具，一個家庭的投資，資產的持有比例，最少在股票證券上應該有 25% 的部位，此比例太低了就穩健有餘，但成長性不足。**除非資產龐大，不然退休生活就有疑慮，甚至會出大問題，也就是日本人現在所謂的「下流老人」。

另一種更安全、且能提高績效的做法，就是股債共舞的資產配置，做法簡單，就是以投資者的年齡，相當於公債的持有比例來配置。**舉個實例，如果投資者今年四十歲，公債的安排比例就相當於資產的 40%，如果有 1 百萬元的資產也就相當於有 40 萬元投資在公債部位，剩餘的 60% 就在股票部位。**

用這個策略來檢視台灣勞動基金，就會發現為何績效如此落後了。

改變投資策略，台灣上半年可多出 800 多億元

如果再以巴菲特老師葛拉漢的建議，家庭理財至少 25％投入在股市，75％投資在公債，投資報酬將會變成 6.18％，比勞動基金的績效多出 2.42％。如果還是以 3.4 兆元總資金來算，也就是**會多出新台幣 822億元**，這可以為國家做多少事，包含了青年就業、長照、少子化等等，那為什麼管理部門卻視而不見呢？

葛拉漢最低的 25％股票投資配置法：
全球性股市 =11.48％ ×0.25 比重 =2.87％
全球性公債 =4.41％ ×0.75 比重 =3.3075％
投資報酬率 =2.87％ +3.3075％ =6.18％
葛拉漢報酬率 - 勞退基金績效
6.18％ -3.76％ =2.42％
3.4 兆元 ×2.42％ =822 億元

目前勞動基金操盤的績效如此落後，是基金管理者的專業有問題嗎？在我看來不是，因為私校的退休基金委外管理的績效就達到標準，說明國內的投資管理業者有這樣的能力，那問題出在哪裡呢？

是制定這個管理績效規則的人或單位有問題，你不可能要求基金管理像銀行定存般的波動程度，或者不波動，卻希望能夠交出正常股債混合下，應有波動度的績效，這個讓巴菲特來也做不到！

簡單的說，**台灣勞動基金管理績效的問題，不是投資專業的問題，而是政治問題**。這是比較國內外制度後的觀察。

台積電是「魄力政策」促成的好公司

回到第一則新聞，台積電優異的經營表現，大家看到了張忠謀當年的洞見，但大家有注意到當年這些政治人物在做這項決策的勇於任事和敢於承擔的政治負責和魄力嗎？張忠謀說，沒有李國鼎的大力支持就沒有當年的台積電。

上個月我在美東的辦公室，夜裡查詢一篇資料，再度翻閱了當年楊艾俐報導台積電的書《IC 教父：張忠謀的策略傳奇》。其中李國鼎的序言，提到了當年台積電的成立，沒錢找錢，沒人找人，但因為預算龐大，必須由主事的張忠謀親自向俞國華院長報告這項計畫，當時大家都擔心俞院長會不同意，但俞院長破例的在很短的時間內就做出了批准。看到了那一頁，我掩卷閉目，腦海中浮現出俞院長那個溫溫吞吞的形象，那一晚我改變了對俞院長往常的刻板印象。

台灣勞退金的困局，如果總統和院長沒有看問題的洞見，而部會首長如果又沒有承擔的話，台灣將走不出這個困局，徒然坐在金山上哭泣，**卻不知道勞動基金所擁有龐大的資產所能創造的收益，以及民間幾十年來藏富於民所堆砌的金礦之多、能產生的週邊效益之大，都是全世界所罕見。**

沒有當年俞國華院長的充分信任，沒有李國鼎和孫運璿部長的勇於任事和政治承擔，張忠謀這匹百年罕見的千里之駒，是否還能有如此驚人成就？

部會首長慨嘆當今的立法品質和環境，我們慨嘆院長的洞見和部會首長的擔當。民主民主，人民做主，而我極目所及，卻盡是這些號稱主人的無力感、國家理財荒腔走板，難怪小百姓現在只能圖一個小確幸。

投資首重全球性 ETF

在國家還沒有找到方向之前，**一般投資者最能安身立命的投資策略，應該是透過最能代表全球性的指數基金（ETF），參與世界經濟的成長，讓全世界一流的企業家為你幹活。**

這個投資工具包含了各項資產，例如股票、公債、房地產信託、現金、商品等五大資產，並且利用資產配置的做法，以符合個人風險承受能力的比例，中長期交出 6％到 10％的投資報酬，是一個不過分的期待。喜歡簡單，以簡馭繁的投資者，利用「股、債」這兩項資產，就可以處理 85％以上的波動問題，而且績效不差。

所以，忘了勞動基金這幾年來平均 2.79％的投資報酬吧！

簡單的說，「勞保」是退休金三層防禦網中的第一層，可以不動，但是屬於第二層，自己提撥進來的退休金「勞退」，這個部分應該**走向確定提撥制（自己帳戶存的退休金屬於自己的，績效各自承擔），和開放勞退基金自選的平台。這兩項措施，不敢說是徹底，但絕對是有效舒緩和改進台灣退休基金困局的做法。**

用資產配置，不怕民眾賠光

以上的論述，馬上挑戰主事者的第一個盲點：退休金自選，民眾賠光了怎麼辦？

這要從全球指數基金，以及什麼是資產配置，和它的績效、穩定度的第一堂課說起。退休金自選安全嗎？當然可以！我們來做一個不恰當，但容易了解的比喻：美國空中和地面的運輸哪個安全？美國空難的次數，遠遠少於地面上的車禍。

退休金自選在資產配置的設計之下，以 2008 年的金融海嘯為例，它的波動度僅在 4％以內的範圍，而且過去十年的績效，約 6％的年均報

酬，百年罕見的金融海嘯也不過震盪 5%[4]。

換句話說，就是**限定勞工可自選的「標的範圍」，就能避免勞工自選標的不慎賠光的危險**。知識是力量，也是財富，你得先借重它解開你視野的盲點。如果沒有洞見，哪來的承擔，你說是嗎？

本文結束前，我再說說這篇文章背後的小故事。原先我接到妳的簡訊，希望我能針對這新聞寫出一篇評論，我興趣缺缺。第一，我以上的論點毫無新奇之處，國內有識之士早已提出；第二，百忙之中還要做狗吠火車，耽誤我的正事，我想找個藉口問一下，你什麼時候要，可能趕不及。

沒想到手機畫面跳出來的是「再晚都可以，我把稿帶回家整理」，這句話感動了我。我從傍晚放下手邊的事寫到凌晨一點半，因為那句話背後的精神，正是當年台積電可以成立的使命感和政務官的勇於承擔。

台灣一點都不缺資金，缺的正是這一股勁！如此而已。

4　數字的計算，請參閱《你沒學到的巴菲特：股神默默在做的事》第 342 頁。

4-5

台灣，一個不自覺的
經濟殖民打工仔

2004 年外資已持有 53% 過半的台積電股權，
到今天的 78% 持股，外資持續地購入……

⌄

珮如：

有些多年前發生的事未必就中斷，它可能還在延續著，2017 年末在台大某社團的演講你當時也在場，還記得那天的場景嗎？許多同學反應，最後一段談台積電和國家退休金的演講內容，讓他們最有感覺。我們再來回顧和正視這問題的重要性，讓我們先了解過去，再展望未來。

我蠻有感覺的電影《回到未來》（*Back to the Future*），印象深刻，因為正是我在美國當窮留學生時，功課重、睡眠少；錢少、娛樂也少，週末能上個速食店，看一場電影已是豪華享受。

這電影是經典科幻喜劇，故事發生在 1985 年的美國，主角馬蒂・麥佛萊（Marty McFly），在一個夜晚和鎮上怪人布朗博士（Dr. Emmett Brown）相聚，卻因為利比亞恐怖份子追討驅動時光機的重要元素「鈽」，展開了一場回到三十年前的時空之旅。電影結尾雖然回到 1985 年，但又因布朗博士請求協助，搭上時光機飛往了 2015 年，為電影留下續集餘韻。

這回到過去，又奔向未來，橫跨過去、未來各三十年，也彷彿是我

留美生涯的縮影。1985 年後的三十年之間，世界發生了多少重大事件，如果有誰能夠回到未來，閱讀到第二天的報紙，提早布局投資，那麼這個因「遠見」所做的決定將是巨大的財富。能不能研判趨勢的發展？可以但不容易，那麼洞察過去，藉以避開未來可能發生的錯誤，這有沒有可能？當然有，這就是讀歷史和思考的重要。

外資擁有近 8 成的台積電

不妨聊一下，這兩年橫跨過去展望未來的感觸。2017 年 12 月在已有寒意的甘迺迪機場登機，我應邀台大某社團的演講，教室不大，所以冰冷的地上也坐滿了人，演講後段我提到台積電外資已擁有 78% 左右，這意味著什麼呢？台灣彷彿是一個不自覺的經濟殖民地打工仔。

有同學在臉書發表聽講後的感想，順著我的提問聯想，如果早在十年前 2007 年年尾買下台積電，十年後會值多少錢？

十五年前的封面故事

這是有趣的話題，當然這取決於台積電未來十年的布局和競爭力，我還沒有搭上這個奔向未來的時光機，還無法告訴你，未來十年台積電值多少錢，但是前幾天不知從哪冒出來一份過期雜誌的封面故事，卻讓我回到了過去，也印證了我當時的憂心。這是《商業周刊》856 期，發表於 2004 年 4 月 15 日，當下兩個感想：一是，這麼巧這雜誌這時出現，當時為什麼要影印且保留這故事，表示我對這報導有一定的關切。第二個感想是，今天這個狀況變得更加劇烈了。

那期封面故事標題是〈華爾街攻佔台灣〉，文章開場白的第一段，直指台積電股權 53% 已被外國人買走了，當時以 60 元股價計算，台積電

的總市值是 1 兆 2 千億元。2017 年 12 月演講時台積電的股價約 227 元，總市值約 5 兆 9 千億元。寫信的此刻 2019 年 7 月，外資擁有了 78% 的股權，台積電股價約 250 元，若是台灣全買下來需要 6 兆 5 千億元。

布朗博士的時光機帶你看到了過去的十五年的台積電股價，和現在兩相對比，增加了約 4.4 倍，你有什麼樣的感想？

我回頭一看，沒想到這時光機還真發揮驚人作用，可惜當時我沒有用到布朗博士的發明，1985 年看電影時，若也能提前看到三十年後這書的內容，所有手上的資金都應換成台積電，它可是 1987 年上市以來近 90 倍成長的公司！

但投資永遠是有錢難買早知道，過去的已過去，未來十年會發展成怎麼樣呢？

台積電當然後有追兵，永遠有他發展面臨的困難和挑戰，但台灣散居各地的公司，背後所有辛勤的工作者，依然有其活力。台灣主權上沒有被殖民，只有被矮化，但經濟上有實力和活力，還有龐大的資金，卻被外資掌控股權，可能主導未來發展方向，以及不均等分享成果。主導權旁落他人，成果可以留而未能留下來，這樣的發展不知道你會有什麼想法，會想要改變和突破嗎？

若軍艦攻佔台灣，會有兵臨城下的危機感，標題中的「華爾街攻佔台灣」，卻會讓你誤以為即將成為華爾街一員。殖民地的說法當然有點危言聳聽，不過就公司的股權結構而言，誰擁有較多股份，誰就擁有主控或主導權。一般未上市公司，能擁有 50% 過半的股權就有主控力，但上市公司因金額龐大，能擁有 5% 或 10% 股權時，就已有相當的發言或主導力。以美股而言，擁有上市公司 5% 以上的股權，持有者就已屬於控股股東的名單揭露之列了。

外資從該封面故事的 2004 年已有 53% 過半的台積電股權，到今天的 78% 持股，外資持續地購入。

台積電的成功張忠謀居第一功，但背後的推手，眾多人的努力和台灣的環境、優秀工程師的匯集、技術的領先，背後這麼多人心血的投入，算是台灣在全球之光。這樣一個台灣的驕傲，和他現在每年持續的龐大獲利，何以台灣投資者沒有這個慧眼投資台積電，也無法享受台積電過去三十年來，背後多少人心血投入的初衷？

是沒有資金？沒有選股能力？還是看不到他的潛力？或者我們的制度出了漏洞？

光一年股利，就能解決財務困境

演講中我和同學們互動，如果買下台積電，每年的獲利可以為台灣做哪些事？

台積電 2018 年稅後純益 3,511 億元，每股配發 8 元現金股息，股利分兩批發放，發放金額高達新台幣 2,074 億元。有人說，不需要整個台積電的獲利，光是台積電每年現金股利超過 2 千億元的發放，大概就可以解決目前台灣少子化、長照跟部分勞退金缺口的問題。

我還是認為，台灣不是沒有資金可以投資台積電，也不是沒有方法可以把這些一流企業留著，而是台灣民眾投資觀念的盲點使然，這個當然包含了許多決策者。

如何透過制度的設計留下來，這我們留到後面來談。但首要的是你要先重視這事，**那就是我們的理財思維和觀念，不會運用民主資本主義的優勢**，我在第 3 章中提到的「個人理財的 13 個迷思」產生的副作用，完全展現在過去這十五年的發展中。

這副作用就是當時商周報導內提到的：「外資持有台灣股市超過九家上市公司有 50％ 的股權，六十家上市公司 30％ 的股權，也就是說台灣最精華最優秀的企業血統已經不純正，他們已經成為全球投資人的資

產，和台灣的資本市場已經開始華爾街化。」

文中也提到，這將是郭台銘、張忠謀、辜仲諒等耳熟能詳的企業家，幾乎全成了外國人最為肯定的台灣打工仔。在全球性的資本主義市場之中，遊戲規則很清楚，誰有資金、符合當地的證券法令，誰就可以購買屬意的投資標的。美國只要求擁有上市公司 5% 股權的股東名單必須揭露，美國並未禁止台灣購買他們上市公司的股份，禮尚往來，何錯之有？

觀念決定了強弱

問題是，**投資觀念的有無、思維的開放，決定了競爭的強弱**，為什麼要花那麼大的篇幅和你聊，**資本要和強大的獲利企業引擎掛勾，這是和一流人才、最好的資源、最好的創意、最好的生產力結合的方式**。台灣這麼多勤奮的勞工、優秀的企業家和這裡所有的人力物力資源所累積的成果，有人說資本主義最美麗的地方，就是把人才、資源、土地丟進去，它會產出非常棒結果的一個機器，而我們卻不懂得運用這機器，以至於一流的企業，紛紛落入外資的手裡。

全台有這麼多優秀公司，每家都有創辦人和所有員工畢生心血的投入，而最諷刺和令人感傷的是，當台灣企業度過了最大難關，開始茁壯可以分享果實，台灣民眾卻不珍惜地割讓了。各項寶貴資源，如人力、物力、土地、水資源、電力都是台灣的，但獲利成果大半卻是外資擁有。光是電力的問題，廢核擁核，已經把台灣搞得四分五裂，但處理這麼棘手問題之後的成果，大半成果歸外國投資者，台灣就算不是經濟殖民地，但是我從股權結構看這個待遇，好像也相差不遠，有權做主的是外資。

會有這樣的結果，元兇還是觀念。

台灣有龐大閒置的資金，40兆元卻躲在銀行的定存，獲取穩定但沒有成長1％利率的小確幸，而台灣優秀的公司幾乎都提供3％到4％左右的股息。這到底是投資者看不出來，還是沒有了解資本市場的本質，因恐懼短期價格的波動，而將台灣最優秀的企業賣給了外資，成為了我常說的全球資源為美國人所享，全球的人才為美國所用，全球的好公司美國一個一個買下來。把成果好處賣給了至今可能都還搞不清楚的老外，為何這麼好的公司台灣人民卻不要？你要不相信，我們看一下截至2019年美國國慶前夕，外資持股超過50％的台灣企業。

序	排名	代號	名稱	2004年外資持股(%)	2019年外資持股(%)
1	21	2330	台積電	53.5	77.2
2	25	6176	瑞儀		75.8
3	29	5820	日盛金		74.4
4	33	3711	日月光投控	55.9	73.3
5	54	2474	可成		64.5
6	55	2357	華碩		64.4
7	56	2360	致茂		64.3
8	59	6409	旭隼		63.3
9	63	4915	致伸		61.9
10	67	6239	力成		60.7
11	68	2454	聯發科	30.3	60.5
12	70	3265	台星科		60.3
13	71	2849	安泰銀		59.4
14	72	8105	凌巨		59.1
15	73	9904	寶成	37.1	58.8
16	80	8436	大江		56.9
17	82	8044	網家		56.3

序	排名	代號	名稱	2004年 外資持股(%)	2019年 外資持股(%)
18	83	5876	上海商銀		56.3
19	85	1216	統一		56.1
20	86	5530	龍巖		56
21	92	5903	全家		54.5
22	95	2324	仁寶	62.8	53.9
23	108	2303	聯電	37.7	51.3
24	109	2385	群光		51.1
25	110	9921	巨大		51.1

除去KY企業，2019年外資持股超過50%的台企共55家，本表列出25家台企供參考。
資料來源：Goodinfo！

溫水煮青蛙的台灣

　　台灣最近流行一句話「撿到槍」，丟槍的人到底是太大意，還是根本不在乎？台灣有錢，但是沒有握在手上的股權，這也意味著有主導力、有生產力的公司，掌握在外人手中。政治上被殖民，受到任何歧視，你會很明顯的感受和反抗，但經濟上的殖民，你會有溫水般的舒適，但有青蛙被煮的危機。

　　外資擁有50%台灣上市公司股權的事不是不行，何況這是全球民主的資本主義市場，資金可以自由的移動買賣，但是像這麼大規模台灣公司被外資擁有超過50%以上，這就值得注意了。這件事說明台灣民眾投資觀念的盲點，也更說明觀念的貧窮導致台灣龐大資金閒置，以及決策者在誘導資金引水入渠的設計上的失誤。沒有足夠的重視，政府各部門似乎各自為政，更談不上協同作戰。

建立資金大水庫

　　解決之道我認為民間退休計畫資金的參與是關鍵之一，而建立資金的大水庫這個國家金融戰略大思想，必須及早建立。

　　沒有資金大水庫的國家金融戰略思想，會變成你灌溉，老外收成的荒謬結果。華爾街攻佔台灣的結果比你想像得嚴重，因為它是不自覺的，你沒有被殖民的感覺，但多數的勞工卻沒有辦法享受台灣經濟發展的成果。抱怨沒有用，憤慨也沒有用，解決之道，我的看法還是啟動「觀念」，**決策和立法者必須打開視野，看到問題真相，透過立法形成良好的資金水土保持制度，**這看法和做法留到資金大水庫再談了。

第 5 章

台灣的競爭優勢
是什麼?

5-1

買錯了的日本、被買走的南韓，
台灣的優勢在哪？

在民主資本主義的全球社會中，
資金就是一條可以產生力量的臍帶，
把他們的優勢瞬間變為我們的優勢！

∨

麒軒：

你爸爸取這名字一定有它的用意，我看到名字就聯想到「麒麟氣宇軒昂」。你回台服完了兵役，也善盡了小留學生的義務。我記得有年冬天，你從美國西岸到美東來看我，想要了解會計師跟證券分析師的生涯規畫，我一直都強調跟著興趣走，什麼前景、發展，我都覺得應該擺第二順位，現在的競爭哪是朝九晚五的，若是做喜歡的工作將不覺老之將至！能夠堅持就有一定的品質和進步。

知道你考取了美國會計師，我覺得也不錯，因為這是一個好基礎，就算你哪一天有興趣往證券業發展，會計的歷練對你還是有幫助的。

今天想跟你聊的是，台灣如何借力使力，將競爭優勢延伸到西方？台灣的競爭優勢是什麼，你先想一下，信尾我再提我的看法，看看我們兩位是「所見略同」，還是「所見不同」！

人在國外，錢在故鄉

我住的地方離台塑在美國總部開車五分鐘，出門公車直達紐約時代廣場約一個小時，不必住紐約也可以感受華人族裔的變遷，小至個人大至國家，都用他們覺得最大的優勢在生活中力爭上游冒出頭來。

最早我這附近有家不錯的海鮮餐館，工作表現不錯時的慶功宴常在這裡，叫「鯉魚門」，好像是香港人開的，當時從台灣來的移民多，不久換了台灣老闆。1994 年有一部姜文主演的電視劇《北京人在紐約》，一位大提琴家和妻子在紐約奮鬥，面臨生活中千辛萬苦的挑戰，這部電影好就好在沒有胡亂歌頌，電視劇的每一集片頭都說著：「如果你喜歡一個人就送他到紐約，因為那裡是天堂；如果你恨一個人就送他到紐約，那是地獄。」

令我印象深刻的一幕，姜文在做起生意賺了一筆錢之後，終於和樂團一起演奏的畫面，不是他的琴藝高超，他因做生意已經疏離琴藝，他是花錢請樂團來陪他圓一個當年來美的夢。 這部電影在中國掀起了巨大的反應，不知道是不是這個緣故，接著湧進來大批的移民。有一句話「中國怕美國，美國怕長樂」，福州的長樂縣幾乎都跳船、跳機到了美國。1994 年還發生 58 位偷渡者全死在船艙，福州人前仆後繼地湧入紐約，目前估計有 50 萬人。記得有一則新聞報導，福州的人每年匯款回中國近 1 百億美元，這產值已經是台灣的國防預算了。

忘了說，台灣那家餐廳，也在福州人在附近提供物美價廉的「包肥餐」（buffet）搶攻市場後，台灣同胞不敵競爭，那家餐館跟著也淪陷了，我們當年政治術語叫「淪陷」，中國大陸說是「解放」，商業用語比較單純叫「轉手」。餐廳除了老中移民美國的辛酸史，全球各地的移民工作者也有寫不完的故事，就像在台灣的外勞，用本身最基本的優勢，也就是輸出人力賺取外匯，像當年其他國家一樣。

在紐約這種族大熔爐，很容易看到，每個民族都試著把自身的優勢

向上提昇、轉換和脫胎換骨。早期猶太人經營的洗衣店，隨著第二代進入的律師、醫師、金融等腦力或專業工作，洗衣店換成了台灣移民，再轉成了中國和其他地區的新移民。印度人把持的報攤，韓國人偏好二十四小時經營的雜貨店，特別是在紐約市各個轉角區，外面吸引人的鮮花排列是其特色。

每個族裔在美國賺的錢，都像連接母體和嬰兒的臍帶一樣，在獲利後匯回母國。

買錯了的日本

有些國家的優勢是人力輸出，台灣經過幾十年胼手胝足的奮鬥，現在的優勢是什麼呢？關鍵是，我們懂不懂得自己的優勢和資源的配置。1989 年日本經濟實力達巔峰時，有人說賣掉日本大東京可以買下整個美國，日本果然賣掉了已賺到的資源，買下了美國許多房地產。不幸的是，這些房地產投資都鎩羽而歸，不少錢為美國貢獻了房地產逢高承接的代價，如果日本當時買下的是美國一流的企業，那今天美國可都要為日本打工了。

怎麼思考很重要，**觀念決定了思維，思維決定了方向**，所以 1997 年亞洲金融海嘯期間，韓國經濟重創，美國的資金就選擇不買韓國房地產，而是買下韓國企業。

這可提供我們什麼借鏡？台灣現在可以動用的優勢是什麼呢？

1990 年代日本國力達到巔峰時，他們的思維是投資美國的房地產，以為「斯土斯有財」，例如買下了紐約的地標洛克斐勒中心，這筆交易卻賠了不少錢。

被買走的南韓

但是美國的做法和投資思維不同，在 1997 年亞洲金融海嘯期間，美國藉由國際貨幣基金（International Monetary Fund，IMF）金融援助為手段，要求韓國開放金融市場，美國投資的不是韓國的土地，而是更有生產力的優良企業，韓國也間接變成了美國的打工仔。

當時國際貨幣基金金援韓國的過程，韓國拍成了電影《分秒幣爭》（*Default* 或譯《國家破產日》），電影賣座不錯，連台灣觀眾都看得到熱血沸騰。韓國人把簽約日視為國恥日，因為國際貨幣基金組織不單單只借款，還要求韓國開放金融市場。

例如，1997 年危機之前，韓國資本市場處於關閉狀態，外資最高約擁有 26％的股權，但也由於股市尚未對外資全面開放，大公司許多資金不是透過股票發行，而是向銀行貸款。與股票發行相較而言，在經濟出狀況時，銀行貸款是企業經營的另外一個風險。1997 年 12 月 3 日後為了符合 IMF 簽約的條件，韓國金融市場對外開放，外資可擁有 50％股權，企業開始透過股票籌資資金，銀行大幅減少企業貸款。

這個做法對韓國是利？是弊？都有不同的論戰，背後以美國為主導的 IMF，有美國以拯救之名行打開市場，實為替自己獲利的批判。這是訓練自己獨立思考，正反思辯能力的機會，我們來反向思考：

一、如果當時 IMF 不伸出援手，韓國破產和開放市場，哪一個是更大的危機？

二、開放市場固然是痛苦，但韓國是否也藉此把金融市場的體質調整得更好？更何況韓國這個民族也有一股不服輸的勁，只憑三年就把借款全還清了。

三、韓國當年在調整體質當中，造成匯率貶損 70％，產品極具國際競爭力，而且因台灣央行並沒有對台幣貶值的相對調降，給了韓國向台積電搶單的絕佳機會。所以 IMF 對韓國的功過利弊，以後還

有得算，這就是後話了。

我們不妨看看美國打開全球市場，特別是可以讓美國資金投資新興國家中有競爭力的企業，以 2018 年第二季度來看三星的外資擁有比例高達 52％，不參與公司經營，但享有利潤分配的優先股，外資比例高達 81％。

也被外資買走的台灣

至於 1997 年亞洲金融海嘯沒有兵臨台灣城下，幾乎沒有受到影響的台灣，什麼時候對外資全面開放的呢？答案是在 2000 年 12 月加入世界貿易組織（World Trade Organization，WTO），除了特殊產業之外，取消單一及全體外資投資台灣上市公司持股的限制。

先不論 IMF、美國或外資這些是壞蛋還是天使？是敵人還是對手？對最喜歡棒球的多數國人而言，球賽中可不可以有盜壘？「盜」不是有偷和竊取之意嗎？盜壘是棒球戰術中的運用，除非修改規則，不允許盜壘，要不然就在規則中做出對自己球隊最有利的運用，可惜的是台灣的決策者和許多民眾都還不了解這金錢遊戲中的規則。你能夠想像一個不懂得盜壘規則的教練和球員，怎麼在球場上比贏球賽呢？觀眾覺得這太不可思議，但事實上台灣在金融市場和投資操作上就是這樣。

有人寫了一段話很有意思：「三星是韓國人掌控，美國人賺錢的利潤機器。」請問台積電、大立光超過幾十家外資股權 50％ 以上的台灣優良企業，不也是如此嗎？

而最要命的是，台灣不是沒有資金買下這些一流企業，而是不懂得打這場國際金融投資球賽，可能是關鍵決策者沒有這樣視野，欠缺了完善的立法，以至於落到比韓國還不如的局面。韓國最起碼充分利用了外

資，提高了國內的生產毛額以及國民所得，狠狠甩開了台灣，已不再視台灣為對手。我們有機會改變這個局面嗎？當然有，我認為**關鍵就在於觀念和立法的軟實力**，最簡單的就是學習已經有成效的外資或老美的做法，那就是全世界的資源為我所享，全世界的人才為我所用，全世界的好公司 一家一家買。怎麼做到呢？

台灣的優勢在哪裡？

當然是利用台灣現有的優勢，有人說不懂自己的優勢根本沒有所謂什麼優先可言，你認為台灣的競爭優勢是什麼？

每個人看到的重點可能不一樣，有人認為是勤奮的人民、自由民主的社會、相對完整的中華文化、宗教自由、友善對外的包容接納力。

檯面上台灣有目前領先的顯性冠軍，如台積電、大立光、（不過後有緊追不捨的強勁對手，如三星，一點都大意不得），還有大家所謂的隱形冠軍，為全世界知名的企業扮演重要的合作夥伴。工業和製造業雖然沒有日本、德國那麼世界知名，但在這五、六十年累積下，許多領域有其許多不可忽視的強項和力量。例如世界知名電動車廠特斯拉的第一部車就在台灣組裝完成，這些都可以算是台灣的競爭優勢。

但年輕人一句話就點出問題，該讓我們沈思：為什麼台灣的低薪這麼久？消費動能這麼弱？上述的強項怎麼沒有扭轉台灣的經濟，增加收入呢？

我的看法是我們漏掉了另外一項強勢，累積了不是十年、二十年，而是超過一甲子六十年打下的優勢卻沒有好好利用。這個優勢是所有先來後到在台灣每個人點滴的奉獻，有存下來的，也有向全球輸出勞力、腦力和資源賺來的資金。這些積累出來的資金，應該和全球一流的企業做結合，他國能夠產生世界一流的公司，背後是他們歷經上百年的努力

和文化養成，才培養出來的軟實力和創意。**在民主資本主義的全球社會中，資金就是一條可以產生力量的臍帶，把他們的優勢瞬間變為我們的優勢。**

這六十多年來累積的龐大資金就是台灣的優勢，但你覺得我們懂得使用嗎？好問題，對吧？下次再聊。

5-2

擱淺的四艘經濟航空母艦

如果定存繼續躲在銀行，不能跟全球強大的獲利引擎掛勾，
那就像航空母艦不在海上發揮戰鬥力，
而是躲在山洞裡等著腐朽。

∨

長沛：

我知道你對財經領域有興趣，考了美國會計師，最近對台灣公共行政議題也關心，如果哪一天你有決策或獻策機會時，你覺得美國最值得學習的是什麼？台灣又有什麼樣的優勢是尚未充分發揮的？

你在實習期間可有好好逛過紐約？我當留學生時，帶友人參觀無畏號航空母艦博物館（Intrepid Sea-Air-Space Museum），就停靠在紐約市四十六街最靠西邊的哈德遜河旁，航空母艦停在河邊，可見這是當時最古老的小型航空母艦。

如果台灣也有航空母艦？

小時候看航空母艦軍容威武，航空母艦代表什麼意思？代表有強大的攻擊和防衛能力，也意味著這國家有一定程度的軍事力量、經濟實力來支撐。二十年前聽一位軍職高階退役的年長朋友說，美國曾經考慮送給中華民國一艘航空母艦，但老蔣總統說養不起，就婉謝了。「送」這

事你就當故事聽聽算了，倒是多少經濟實力才養得起？這事可以來了解一下。

台灣能不能有一、兩艘航空母艦，擺在東岸西岸各一艘？如果有，這令人振奮的程度，可能不亞於棒球能擊敗韓國。全世界能有一艘有作戰力的航空母艦的國家還真不多，有些國家可能只是有個樣子罷了。

先看航空母艦的造價，再來關心維修價格。從電視畫面，我們看到航空母艦是一個戰鬥群的組建編隊，大約是四艘護衛艦、四艘驅逐艦、兩艘反潛、一到兩艘潛艇，艦載機也是關鍵，就看你停靠多少飛機。造價分成三個等級：

	排水量	造價	艦載機	編隊	總價	每年維修費
重型航母	6萬噸以上	35億	35億	30億	100億	13億
中型航母	3-6萬噸	15億	15億	15億	45億	7億
輕型航母	3萬噸以內	5億		7億	20億	3億

單位：美元　資料來源：每日頭條網

至於大家都關心的維修費用，像開車折舊費用一樣，大約是八年的維修費用會相當於一個原始造價成本。簡單的說維修費用不超過造價的八分之一，那也就是重型航母一年不超過13億美元、中型航母7億美元、輕型航母3億美元。

技術取得的困難先擺一邊，建不起，但租得起嗎？就算阿Q爽一下，過個乾癮，你覺得我們可以有什麼樣規模的航母？既然已經這麼阿Q了，我們就選一個若要建置重型航母建造費用為1百億美元，維修費用每年13億美元。建造費用是一次性，相當於新台幣3千億元，台灣的軌道建設編列的預算是8千億元，少蓋幾條輕軌，挪個3千億元來建一艘航空母艦，能提升國防安全，增強國民信心，你覺得值嗎？

至於每年維修費用的 13 億美元，相當於新台幣 4 百億元。這在很多預算，優先施政的次序上做個小調整，就像我初戀的情人說的：「時間是有的，就像罩杯的升等一樣，挪一下和擠一下就出來了。」所以不是「有沒有」，而是「要不要」的問題。台灣的風力發電建設預算是 2 兆元（經濟部估計約 1 兆元），這個 2 兆元預算，每年 2% 的投報增加，或節省就是 4 百億元，就是每年航母維修的預算費用。

台灣閒置資金約 20 兆元

　　政府在財政上的漏洞和沒有效率，遠遠都超過於這個建造和維修成本。好啦，政府都說沒有錢，就別為難政府，那麼我們往民間的實力看看，是否有可能像美國一樣用藏富於民的實力，來幫助中華民國增強國力？

　　2014 年我寫第一本書時，發現全台灣銀行的資金將近有 20 兆元，幾乎是台灣股市市值 29 兆元 [1] 的規模，這相當驚人，恐怕也是世界排名前面和少見。沒想到時至 2018 年銀行存款已達 40 兆元，台灣不但「好野人」多（台語發音意指有錢人），連存款的速度也是嚇人，但這恐怕也意味著，國家的投資動能出了問題！

　　就家庭財務規畫的角度來看，專家通常會建議預留六個月的生活費在銀行，其餘的依用錢的時程，進入不同風險的資產。台灣這四年銀行多出的 20 兆元存款，有可能是整個經濟環境給民眾的不確定性，或其他原因以至於投資意願減少，就移動到這個小確幸的定存來。

　　如果台灣能夠參考美國退休金管理的制度，就有機會將這 10 兆元或 20 兆元的資金，引水入渠到這個資金水庫來。不管依台灣 0050 從成立以

1　資料來源：台灣證券交易所，107 年股票市場概況表年報。

來約年均 7％，或美國標普 500 過去九十二年的 10％年均報酬，估計七到十年就可翻倍，如果我們走得安全一點，下降投資報酬，6％的年均報酬而言，大概十二年就能翻倍[2]！

一旦證券市場在現有基礎上，再多出 10 兆到數十兆元，達到 40 兆元規模，若每年 6％的資本利得成長，大約 2 兆 4 千億元，如果是 15％的資本利得稅收，一年稅收多出 3 千 6 百億元。就算通貨膨脹跟上來，一艘航母的維修費用從每年 4 百億元，加 50％到 6 百億元，這個部分可以養六艘航空母艦。如果我們分攤建造成本，算四個航母艦隊並不過分。

或許你有疑問，這些錢既然都是民間的，政府又何以能夠拿來建造和維護航空母艦？2008 年金融海嘯後，全世界發現原來美國兩百年下來藏富於民的實力驚人，蘋果公司擁有的現金竟然多於美國政府。當然政府擁有一項優勢，就算是世界級企業蘋果公司再怎麼樣也沒有的，那就是印鈔票和收稅的權力！台灣並沒有所謂的資本利得稅，我的觀察是，沒有一個國家制度一開始就完善，美國也是，但隨民智的開放和觀念的進步，法令的修改有空間，而且應該讓投資者和全民知道，資本利得稅才是符合全民最大利益而且符合公平正義的稅法。證所稅[3]不是無法推行，要針對它現有的阻力分析和克服，有誘因、有配套，總有觀念翻轉的一天，那就是可實行的時候。

如果你覺得資本利得稅實在不可行，那麼你就把它當作證交稅來想，當證券市場規模擴大一倍時，你還擔心沒有稅收？先把餅做大，把鵝養肥。證交稅和證所稅是多年來爭論的議題，這封信暫不涉及太深，以免失焦。還是讓我們回到「經濟航母」或「軍事航母」的議論。

2　計算方式為 72÷6=12，約十二年可翻倍。

3　證所稅完整名稱為「證券交易所得稅」，前後曾三次開徵，但台股交易量大減，反對聲浪高漲，最近一次已於 2015 年廢除。

先有經濟航母，才有軍事航母

我想告訴你的是，透過稅法的誘因和退休管理制度的小調整，先為國家證券市場打造「經濟航母」，有了經濟航母，也才更有能力和條件去依國家的需要，努力去創造「軍事航母」。

說建造有困難，租也有困難，財源也有困難，好像什麼都不可行，都是困難。

我知道你們現在年輕人已經不太敢做夢，你算是異數，所以特別說給你聽。而我發現許多企業家和國家之所以偉大，就在於敢於改變。就像張忠謀所說的，台積電之所以創立和成功，就在敢於「逆向思考，但風險計算」。你如果去了解台積電當年創立時的困境與資源的匱乏，你就會發現依台灣現有的條件，那不是只有四個經濟航母艦隊而已！但如果不懂得資源配置和誘導，那就不是坐在乘風破浪的航母上，而是坐在一堆金山上互相哭泣凝視的人。

中國向俄羅斯買了廢棄的航空母艦整修，取名遼寧號，引起了廣泛討論，在跟你寫信的同時，中國開始建造自己的第二艘航母。資金，在中國改革開放下已不是問題，技術，中國已一步步的逐漸克服，這用不著羨慕，這是決心和意志換來的，

說要第二次阿Q來談一下，台灣是否有軍事航母建造的技術，這讓我想起了兩年前我在花蓮寫第三本書時，有一天我坐在花蓮美崙溪畔看著藍天碧海一邊午餐，突然手機跳出了一段影片，那故事給我的感觸到現在都印象深刻。和你分享不是長別人志氣，滅自己威風。相反的，我們要借鑑別人成功的精神和方法。

中國核艦艇之父黃旭華

央視著名主播撒貝寧提到這是最讓他震撼和心情難以平復的訪談。

中國核潛艇的製造最開始寄望於蘇俄，赫魯雪夫（Nikita Khrushchev）拒絕了毛澤東有關潛艇技術的支持，毛澤東憤怒地說，「核潛艇，一萬年也要搞出來！」開啟了中國獨立自主研發核潛艇之路，後來擔任總工程師的黃旭華由學醫轉換到上海交大造船系。

1958 年 29 人研發小組成立，平均年齡不到三十歲。這段過程很精彩，若有興趣你可上網了解[4]。讓我印象深刻的事有幾件，這個研發小組的技術幾乎是從零開始摸索起，他們先從國外浩瀚的報刊雜誌裡頭來找，但是拼湊出來的核潛艇設計圖也不知道對不對。有一次弄到了兩個美國「華盛頓」號核潛艇的玩具模型，大家如獲至寶，不斷地拆解分裝，發現跟他們推演出來的設計圖基本一致，大家樂壞了。你很難想像，玩具模型竟是他們啟動研究的資訊來源。

那時候沒有電腦，靠的是算盤和計算尺，分兩組人計算，各種尺寸一定要完全相同，連算盤都用上了，你能想像嗎？

1988 年初，中國核潛艇進行深潛測試。因為之前美國長尾鯊號核潛艇在深潛時「全軍覆沒」的事故，許多工作人員都寫下遺書，和他一起工作的太太說，你必須親自完成深潛測試，與潛艇共存亡。為了保密，他三十年來隱姓埋名不和家人聯絡。我想起了中國大陸的一位觀察家說，中國大陸最強的技術，都是自己研發出來的，因為別人根本不賣給你！

建造經濟航母，可能比建造軍事航母更有條件，因為那是台灣這幾十年來全民的心血累積。但是在我看來，這 40 兆元的資金現在還有點用，但如果繼續躲在銀行的定存，不能跟全球強大的獲利引擎掛勾，那就像航空母艦不在海上發揮戰鬥力，而是躲在山洞裡等著腐朽。

這時台灣的競爭優勢是向上提升，還是往下沉淪呢？

---

4 騰訊視頻：92 歲中國核潛艇之父講述傳奇人生 http://sa.sogou.com/sgsearch/sgs_video.php?docid=400f4bbc09ce18bdbc1b0b5e7f3499ec&mat=12

5-3

台灣能有第二家台積電嗎？

外資每年拍拍台積電董事長的肩膀說，
幹得好，你們繼續努力！

∨

張涵：

我們至今還沒見過面，卻看了不少你寫的報導，透過文章也彷彿有些見面的熟悉。猶記我們結識的互動，來自於公司那年要你以股東的身份，深入亞馬遜公司的年度股東會議做第一手深入報導。坦白說，這是一個好構想，但可能為了保密或《今周刊》的記者群都沒有美國證券戶頭，也就是說沒有人具備股東身份或股東的委託。你們組裡的岐原腦筋動到了我身上，結果這事一波三折，好事多磨，這背後的故事你可能都不知道！

當時我手上沒有亞馬遜公司的股票，這公司的崛起和股價的變化，值得投資者的關注和學習，這話題以後有機會再聊。2017年時的亞馬遜股價已經相當的高，但成長動能依然強勁，為了符合股東的身份，我必須進場擁有，再授權給你們參與股東大會。因為已在高價徘徊，為了買到好價錢，我等了幾天才進場，原以為就此完成任務交差（如果是這樣子，我們可能也沒有結識的機會了）。

但因為當時美國證券的買賣還保有三天交割期，我的購買過戶差了

一天，這是你出發之前才發現的，只好尋找手上已有亞馬遜的客戶，請他們間接委託，而且為了確保妳能夠進場，不只跟亞馬遜的投資人關係部門再三確認，還請客戶度假時開著手機，避免你被警衛阻擋而壞了專程來美的採訪計畫。讀者恐怕都很難想像，每篇採訪報導背後有許多不為人知的辛勞故事。

台灣的驕傲──台積電

今天是美國國慶日，在這麼一個美國的生日，我坐在書房，後院傳來鄰居的烤肉香，還隱約可以看到煙火，想跟你聊聊既是台灣的驕傲，卻又讓我五味雜陳的一家公司──台積電。

先說紐約的煙火，紐約市感恩節最大的偶像氣球市區遊行，不是政府舉辦的，而是民間的公司。就連每年負責煙火秀的梅西百貨也不是每年獲利多強的公司，但是梅西百貨參與傳統節慶不遺餘力。

看紐約煙火有幾個好地點，布魯克林大橋四周、聯合國總部附近，還有一個就是以哈德遜河為界，可以在對岸新澤西州隔岸觀火的幾處高地、史蒂文斯理工學院（Stevens Institute of Technology）校園裡，這是華裔網球名將，拿過法網大滿貫冠軍張德培父親當年唸書的地方，張德培就在這個小鎮出生。這是我的私房景點，每次帶訪客來，我總是會半開玩笑地說，宿舍後面的那幾座網球場，說不定就是張德培當年練球的地方呢。

校園靠近河邊的砲台和升旗臺處，這地方可以觀看當年的世貿大樓，現在新的紀念大樓，夜晚在燈火下也依然耀眼！

台積電於 1987 年成立，那時我研究所剛畢業，正思考台美兩地何處就業。台積電篳路藍縷，艱辛的故事很精彩，我每次閱讀都有新的感受。有人說目前台灣在世界科技業技術上，台積電和大立光是有相當優

勢的兩家世界級公司，當然還有其他名列前茅或隱形冠軍暫且不列，台積電 2018 年稅後純益 3,511 億元，2019 年自繳稅額 350 億元，也是台灣之冠。

中國大陸傾全國之力，這二十年來都還未建立像台積電這樣技術領先的公司，美國斷貨中興公司事件後，中國大陸掀起了晶片熱的討論。有一次看了影片，談中國芯片的製造，主持人不解地問演講者，中國大陸都可以製造原子彈、核彈，為何做不出像台積電這樣世界級的晶片？

演講者輕鬆但很篤定的說，因為台積電有創辦人 Morris 張（張忠謀）和首任技術長胡正明，電視節目主持人不可置信的表情，到現在我都還記憶深刻。的確，如果時光倒流，若台灣錯過那場半導體發展的契機，現在還能夠有這樣的機會嗎？能在相同領域或其他領域再創造第二家世界級的台積電？

所以台積電除了張忠謀居首功之外，背後還有許多人的努力，這當然也包含當年以政府力量突破各種障礙，在背後支持籌畫和決心發展半導體方向這些極為重要的推手，如李國鼎、孫運璿、俞國華等。畢竟要出一位像張忠謀這樣的 CEO，需要多少歷練和歷史因緣才有的雄才大略，以及當年政務官的使命和擔當，這絕不是突來的橫空出世，而是諸多的匯集。

據悉，韓國三星持續投入大量資本的超級大計畫，企圖超越台積電，台積電的領先不輕鬆，而且未來依然挑戰不斷，這個行業的競爭也極其慘烈。這也是我自 2003 年投資台積電以來，較少加碼的主因之一，原因就像張忠謀提過的，星巴克是他覺得不錯的企業，因為它並不需要投入太多的研發費用，可以持續地維持高毛利。相反地，台積電在半導體如此競爭的產業中，連一步落後都不行，所幸台積電這三十年來所建立起來的基礎，比以前更能因應挑戰。

照此說來，現在享受成果之餘，我又何須感觸呢？

如果能有第二家台積電……

日前聽聞前行政院長林全說，好希望台灣能有第二家台積電，這應該是多數國人的心聲，形成產業群聚部落不說，高科技人才有舞台發展，同時國家 2018 年有將近 661 億元的稅收。

以你多年的業界經驗，覺得在韓國興起、中國崛起，而且這兩者追趕的動能和企圖心都超強的情況之下，台灣還有機會在哪個領域再創立第二家台積電？不能說一點機會都沒有，但是不容易，特別是中國和韓國崛起之後，他們所具備的條件完全不輸台灣。

但是如果老天爺，願意再給台灣這麼一個恩賜呢？而這正是我最感觸的地方，就算老天再給台灣一家不同產業領域的台積電，台灣全民所得到的效益，恐怕也會讓老天爺搖頭失望，何故？

你聽過聖經中的馬太福音效應嗎？別把銀元埋在土裡！

別把銀元埋在土裡

耶穌傳道時為門徒們講述一個故事。主人出門前，找了三位僕人，第一個給了 5 千銀元、第二個給了 2 千銀元，第三個給了 1 千銀元，要他們各自憑本事去創造財富，等他回來後驗收成果。

主人走後，拿了 5 千元的立刻從事買賣，又賺 5 千元，另外 2 千元的也賺了 2 千，而拿了 1 千元的僕人卻挖了一個洞把錢藏在地裡面。主人回來後查帳，誇獎賺了 5 千和 2 千元的僕人很能幹，有多少條件發揮多少的能力。

那位拿 1 千元的僕人進門後說：「主人我知道你為人刻薄，沒有種的地方要收割，沒有散的地方要聚斂，我怕自己賺的錢會被你奪去，就把你的 1 千元埋在地裡，看，這就是你的 1 千元，現在原封不動還給你。」

主人並沒有同情那位不能獲利的僕人是因資源太少，反而把這 1 千元分配給其他兩位能夠獲利的僕人。西方人用把銀元埋在地裡，來比喻埋沒才能，沒能發揮應有的效用。也有人借聖經中的這句話「凡是有的，還要給他，使他富足，但凡沒有的，連他所有的也要奪去。」

60 年代著名社會學家莫頓（Robert Merton）歸納「馬太效應」（Matthew effect），指的是「貧者越貧，富者越富」，這話不僅反映了社會的經濟現象，懂不懂理財，也是財富往兩邊極端發展的潛因。這其實非常像台積電面對半導體競爭對手的狀況。落敗輸給台積電的公司應該也有很深的感受，這種一步領先，步步領先的狀況，在各個產業競爭，甚至投資理財也都如此。

當年傾全力打造台積電

西方人用把銀元埋在地裡，來比喻埋沒才能，沒能發揮應有的效用，這跟我的感觸有什麼關係？當然有，台灣傾洪荒之力打造現在世界級的台積電，政府有三大效益：產業部落、高科技人才舞台、每年稅款收入大約 661 億元。

但你可知台積電的獲利？2018 年是新台幣 3,511 億元，當初行政院擁有台積電 48％股權，而今賣到只剩 6％。外資目前擁有 78％的台積電，相當於國人只能分配 22％的獲利，外資每年拍拍台積電董事長的肩膀說，幹得好，你們繼續努力！

我們每天祈禱上天再給一家台積電得到的稅收是 661 億元，但外資擁有 78％的獲利是 2,738 億元，我們稅收確實不少，但對比外資的獲利部分，你看到問題所在了嗎？

當然台積電給國家帶來的好處遠遠超過這三項，不過這也是要用資源交換來的，政府要先解決所謂的五缺，缺水、缺電、缺地、缺工、缺

才等。我說過光是電力如何解決，都是一個社會爭論對立的一個議題，因燃煤而產生的空污問題老外不需要頭痛，更何況台積電這麼多優秀的工程師們，國家培養也是有成本的。台積電確是台灣之光，也是台灣在全世界最亮眼的一顆珍珠，而外資不需要投入我們所投入的這麼多，這顆珍珠就旁落他人手裡。台灣 40 兆元的資金卻躲在銀行定存，老天爺不罵台灣人暴殄天物就已經算客氣了，還會再給台灣第二家台積電嗎？

如果你沒有理財概念，利用我們現有的優勢，就算老天再給我們第二家台積電，我們也守不住，還是會被賣掉，這也像是故事中的第三個僕人，只會把銀元埋在土裡，我們不是沒有優勢，只是不知道在哪裡和不會利用。

或許有人說，我們政府現在已經沒有這樣的能力和資金，把台積電的股份再買回來了[5]。是的，政府已沒有這個資本，但是有力量，只是他不知道如何使用民間充沛的資本和資源而已。

我看過許多家庭，第二代不懂得理財，把祖產賣光或者敗光的慘劇，台灣最美好的是祖先創造財富的那個階段、一段真的勵志故事。現在台灣要進入一個懂得利用自己優勢來發揮「馬太效應」的年代，個人理財和國家理財都是如此，你覺得我們的優勢在哪裡？該怎麼做才有機會逆轉？

現在我要趕著出門。有位年輕讀者從台灣去南美旅遊，途經美國，希望能跟我碰個面，想必有些疑惑。這時即時通跳出了他的訊息，他搭的巴士已抵達我這個小鎮，我帶他去吃個飯、看個煙火，我們下次聊！

5　1987 年，孫運璿、李國鼎邀請張忠謀回台籌備台積電，「行政院國家開發基金」出資約 1 億美元，占股 48%，現已賣到只剩 6%。

第 6 章

建立退休金水庫計畫

6-1

扭轉台灣經濟最重要的一件事

若能將一、二十兆的「退休金水庫」資金
參與自己國家的經濟成長，
或與世界一流的企業獲利引擎掛勾，這產生的動力有多龐大！

$\vee$

正超：

　　作家陳之藩在〈永恆之城〉一文說暑假結束一定去紐約，因為順利館的湯包就像北平五芳齋的味道，吃完再到藝術博物館看現代名畫永恆之城。

　　1985 年我留學美國，到紐約不是找湯包，而是看大陸拍的電影，因我一直有疑惑，為什麼四百萬的國軍，潰敗給一百萬的共軍？從小家父就講了許多，就連書架上談國共內戰之謎的幾本書，也都無法給個最清楚的答案！

　　直到聽了大陸某位史學作家說，國共內戰期間毛澤東花了超過 50％的時間想一件事，這聽了讓我感到十分震撼！

　　順著軌跡去找，我認為那件事確是翻轉國共內戰的關鍵，其他理由重要，但不是第一。多年後耐著性子看完了史學家黃仁宇《從大歷史的角度讀蔣介石日記》，他也提出相同的見解，四百多頁的書，最後的結論擺在後面幾頁，我這一差肩，答案就晚了二十年！我把黃仁宇的看法放在信尾，供你參考。

救台灣經濟最重要的一件事

這幾年台灣拚經濟的口號，震天價響，某一次聚會我問在座有識之士，如果只能做一件事翻轉台灣經濟，重中之重是哪件？

答案不一而足，但都很有道理，例如開放高資產和專業的移民，理由是台灣少子化，所有的經濟動能，因人口不足而衰竭遞減，年輕人晚婚不生，最立竿見影的就是利用台灣現有的優勢，發揮自由、民主、醫療、宗教各方面友善的環境，吸引別國已經為我們培養好的人才。也有人認為，台灣的優勢在於人民的勤奮，要找回當年四小龍時的拚勁。

砍樹的老墨

只有台灣人民才勤奮嗎？我想起了院子鋸樹的事。兩位墨西哥人，鋸了五顆樹要價新台幣 5 萬元，午餐時我問工頭，攬客、聯繫、協助現場，你已經做所有的事，為何不考慮自己當老闆？他手指了一下，停在路邊的鋸樹吊車及相關設備，說沒有 50 萬美元買設備，只會勤奮幹活也不行！說的也是，兩位墨西哥人的工資一天應不超過新台幣 1 萬元，老闆只是早上來跟我打個招呼，握了個手，60% 的所得進了他口袋，老闆這 50 萬美元的投資真值得。

談到這，不知你看出問題了嗎？鋸樹工人再怎麼勤奮，也趕不上老闆正確投資的報酬，但你不必為美國工人抱不平，他每個月拿到的工資，存入了退休計畫，老板會相對提撥。就如同台灣現在 6% 的雇主提撥給員工的勞退（不是勞保），這個退休金若進入了台灣指數基金，那麼這兩位工人可能就是台積電、大立光、統一、銀行金控的小小股東。看到最近外資已經掌握統一 50% 持股，又讓我一陣心痛，這意味著台灣的7-ELEVEN、博客來、康是美、黑貓宅急便，凡是統一企業旗下子公司如統一超的獲利，統一有份，坐在我屋簷下吃午餐的兩個墨西哥人，對我

咧口笑的也有份。你笑他們為美國老闆打工，但這兩個墨西哥人在旁邊笑台灣勤奮的人民為他們打工。

在地球村和網路時代，競爭是全球的。談勤奮，鄰居的越南老婆笑了；談聰明，北大、清大學生笑了；談國際接軌，新加坡人笑了；談拚勁和狠勁，韓國人笑了；談創意，Google、蘋果、臉書員工們笑了！

以上勤奮善良、民主、有進步空間的法治社會，聰明有拚勁的中小企業，是台灣的優勢，但不是絕對優勢。在我看來，台灣的絕對優勢是從父執輩胼手胝足，家庭即工廠，分分毫毫累積出現存在銀行體系的 40 兆元，保險證券業約 1 百兆元[1]。這彷彿是四艘核子潛艇的經濟航空母艦，不在海上，卻擱淺在山洞裡等著腐鏽。

你要不相信十年後來應證，現在全買下台積電約新台幣 6 兆 7 千億元[2]，十年後要多少錢才買得下來？台積電 2018 年獲利是新台幣 3,511 億元，預備發出 2,593 億元的現金股利，這筆錢若由政府持有，不但不用砍 8 百億元軍公教的退休金，剩下的可以處理少子化、青年創業、老年長照、大學教育。

有人說，政府已經沒有這個資金買下台積電了。是的，台積電是一個比喻，但民間的資金及退休金自選，就可以引水入庫達到這一個效果。**翻轉台灣經濟最重要的一件事，在我看來就是及早建立「退休金水庫」，當水庫的資金猛虎出閘買下各國一流的企業，一如美國的退休基金在全世界攻城掠地時，台灣人都笑了！這就是台灣的優勢！**

現在台灣民眾的退休金，竟然無法自己選擇投資標的，把自己國家一流企業的股份往外資手上推，銀行 40 兆元的資金躲在山洞裡賺 1% 的投報率，坐在金山上哭泣，**比拚經濟更高指導原則的是，屬於人民的退**

1　資料來源：行政院 2018 年 6 月提出的金融行動方案。
2　以 2019 年 7 月的市值來計算。

休金要開放自選的選項，才有機會將台灣一流的企業保留在手上。年輕人的退休金要跟台灣企業連動，跟國家經濟命運綁一起，年輕人不能參與台灣經濟的成長，將是國家的最大悲哀，而退休金水庫就可以解決上述的問題。

為何無法建立退休金水庫？

退休金水庫無法建立，是因為欠缺了引水入庫的渠道，例如勞退無法自選，其主因之一是：怕人民的退休金會虧損，這是完全不懂資產配置的學理、實證和妙用，是主事者或決策者的盲點，一如蔣介石當年打內戰的錯誤。台灣拚經濟，我彷彿看到了當年蔣介石的疲於奔命，和毛澤東在窰洞裡想那個 50%關鍵問題的神閒氣定，究竟是啥事，占據了毛澤東內戰時 50%的思考時間？

史學家黃仁宇在書中卷尾提到「土地改革為勝敗之關鍵」，這短短的十六頁結尾是書中精華，他提到「對內戰之出處講，土地改革實為勝敗最大關鍵，《翻身》及《雪白血紅》均曾說一班人民視『造反』為畏途，東北民眾亦視國軍為『正牌』。但一提及可以分得土地，其情形才如野火燎原。」

這也就是毛澤東那六個字「打土豪，分田地」幾乎就翻轉了中國，沒有親眼目睹或了解毛澤東這背後的政治戰略設計，就算是國軍第一線的高級將領恐也無法明白，何以人民解放軍的復生能力，可以源源不斷的擴充，相對國軍只能依靠城市裡的資源供給。這些歷史上的紀錄，我雖然有感受，但都趕不上有一段影片給我的震撼印象，看完我關了燈，讓自己跌落在黑夜深深的沉思中，在最後決勝負的徐蚌會戰（或稱淮海戰役），這恐怕是人類歷史規模最龐大的陸地作戰，雙方的部隊人數超過百萬。

打到後期，蔣介石能調兵遣將可信賴的嫡系將領漸少，新制軍官學校校長黃維臨危受命上陣，照理來說，他的重裝甲部隊對付沒有戰車的共軍應有勝算。但你知道共軍是如何癱瘓這一支裝甲部隊的嗎？不知哪來湧進的數萬民兵，一夜之間挖起作戰的壕溝，瞬間這些重裝備的坦克車變成了廢鐵。看到深深的作戰壕溝和背後廣大支援的民兵的那張照片，根據《鳳凰周刊》2010 年第 19 期資料，淮海戰役一共動員「支前民工（包括隨軍民工、二線轉運民工和後方臨時民工）543 萬人，20.6 萬副擔架，88.1 萬台大小車輛」。如果這些數字屬實，再來看黃仁宇寫的這一段，你會有更深的體會。

　　他說「土地改革解決的中共一切的動員問題，一到他們將初期的農民暴動控制在手，兵員補充與後勤都已迎刃而解。兵器的補充也不成問題，凡日軍所駐在到處都有鎗礮彈藥，再不然即是俘虜國軍之美械，在國軍掌握的時候槍砲彈藥件件都要點算核對，共軍到手就儘先使用發揮它們的效能，中國的內戰在一種奇怪的情形下展開，戰事就像全世界最大規模一次的農民暴動，也輾轉得在幾個地區繼續不斷的重複進行。」

　　如果你曾經看過黃仁宇的成名作《萬曆十五年》，是「大歷史觀」的一部明史研究專著。你就更能夠感受他下面的這一段話，「我們可以看出中國革命之悲劇，這個國家需要改造，但是新舊體制之間有了兩百年至三百年的距離，於是只能以暴力的方式執行之。在找不到適當的對象對這兩三百年負責時，只引起交戰者隔著遠距離呼叫對方為犯為匪。」

　　當時中共稱蔣介石為戰犯，國軍稱解放軍為土匪，留美時在美國和大陸同學們相處久了，彼此會自我消遣地說，我們是蔣匪幫，他們也會笑笑地說他們是土匪幫，至於日後蔣介石學習失敗的教訓，在台灣推行和平的土地改革政策，這是另外一個議題了。

把可用的資金參與經濟成長

　　中共的土地改革，和我們今天談的扭轉台灣經濟重要的一件事，有什麼關係？當然有，因為都是關鍵性的一擊，或扭轉、或連結。試想如果台灣的「退休金水庫」，若能將一、二十兆元的資金參與自己國家的經濟成長，或者與世界一流的企業獲利引擎掛勾，這產生的動力之龐大。用簡單易懂但不精準的說法，想辦法讓定存移動一半過來的這 20 兆元資金「退休金水庫」，可以在全球買下三家不同領域的台積電，以台積電 2018 年 3,511 億元的獲利，三家相當於 1 兆元的獲利，台灣 2018 年發出了將近 1 兆 4 千億元的股利，有了這個水庫，這些大半的股利成果都留得下來。若沒有，股利和獲利將被外資笑納，進入他們的口袋，又是一個我們灌溉，別人收穫的事，收穫一端的外資所提供的，正是我們最不缺的資金，你看出了這個荒謬嗎？

　　這就形成了目前「定存的水庫」資金氾濫沒有效益，而另外一邊的「退休金水庫」，只蓋了一半，中間重要可以引水入庫的疏洪道，都還在主事者看不清的盲點下，塞滿了不少石頭，阻擋了資金的流入，例如民眾不能安全自選，資金無法和一流的企業連結，只能在績效受詬病的政府勞退基金管理下等等。

　　土地改革的教訓是我們丟了江山，國共內戰死了三、四百萬人，敗在土地改革沒有及時有效政策來應對，那是歷史的必然和偶然的碰撞，在當時有無力之慨嘆。但退休金水庫，先進各國都已有一定的規模，是一個事在人為，觀念的改變和調整而已。我們在退休金水庫的觀念盲點，這次會讓我們丟掉什麼呢？

　　看過龍應台的《大江大海一九四九》這本書，對近代史有興趣的人，可以看看林博文的《1949 浪淘盡英雄人物》，對黃維將軍的描述是「忠肝烈膽」，他是國共內戰、時代轉折中最具悲劇色彩的人物。

　　黃維將軍被捕時，中共要他認罪，他吼說「我最大的錯誤是打了敗

仗」，中共還要他對蔣介石進行批判即可釋放。國軍接受改造的第一批戰犯在十年後出獄，他是第七批也是最後一批，黃維將軍就是不認錯，多坐了十六年的牢。他在戰犯改造所中度過了二十七年的歲月，從壯年的四十四歲坐牢到七十一歲，飽嘗苦痛和羞辱，卻從不屈服。出獄後，他接受美國公共電視台訪問，依然流露出對老校長蔣介石知遇之恩的情感。他或許不是戰場上的好將領，但卻是有格調和骨氣的軍人。國共內戰史讓人不勝唏噓，不勝回讀！

未細讀史前，我原本以為國共的三大決戰才是關鍵，不過我現在認為 1947 年的孟良崮戰役和四平街戰役兩場戰役至關重要。白先勇為父親白崇禧將軍立傳，特別關注提到了「四平街戰役」是白將軍一生的飲憾，這也讓敗潰的林彪捲土重來。大陸丟失，可以說這兩場戰役雖然不是決戰，但我看來它比表面的大規模決戰更重要。

很多事背後的關鍵因素，比你表面可看到的更重要，台灣的內需動能就是一例。很多人都以為是年輕人的低薪，卻不了解低薪背後的原因，不知潛在的病因，又怎麼能夠取得解藥？國共內戰戰敗潛在的主因和表面的結果大異，軍事失利只是表面呈現的結果，政治的潰敗才是主因，這跟我們現在經濟上面臨的困境其實一樣，拚命努力錯了方向，加速只有離目標更遠。

扭轉台灣經濟，我認為最關鍵的一件事，就是台灣繼續努力保持其他的優勢，但要盡快建立「退休金水庫」，因為它是恢復內需動能的重中之重！

6-2

如果台灣有「退休金水庫」？

發展農業，不能沒有水庫，扭轉台灣經濟，更需要退休金水庫，
不需要增加成本，卻可以展現台灣優勢，
形成全民、國家雙贏的局面。

∨

岳能兄：

那年衡陽路的春酒宴席已遠，大家討論「扭轉台灣經濟最重要一件事」熱烈場景依舊。你向公司的重要幹部說，那晚的討論，讓你一個禮拜難以成眠，看來知識份子的讀聖賢書，所學何事？這個心和熱情只要不死，社會和國家要變得更好就有希望了。

這本書能夠問世，你也是幕後的重要推手之一，你對國家重大財經議題的關注，任何能開啟民智觀念的事，我都看得到你的那份熱情，也因此感染了我，再度提筆做些狗吠火車的事。

國家理財觀念的**翻轉**，不容易但有機會，當全民的理財觀念提昇，就有希望形成龐大的民意，帶動施政方向，何況這只是觀念的小調整。

經過一週的輾轉難眠，你也發現國家**「退休金水庫」的建立，它是許多人這一生中值得努力的目標，因為這不需要增加成本，卻可以展現台灣優勢，形成全民、國家雙贏的局面。**一個簡單觀念的調整，我用了大量的例子，做各種不同角度的探討同一件事，這是「過程的說服和證明」，兩年的努力對閣下當時殷殷的期許，總算有個交代。成敗不論，

希望我們的努力之後，能有無愧或少愧！

如果台灣有退休金水庫？

接下來，我要和你談重要的一件事，你能想像台灣若沒有水庫的慘況嗎？沒法灌溉農田，飲水也會出問題，這種顯性的迫切需要，看得到也相對容易解決，但有些觀念問題隱而不顯，就看不到利與害之所在。一旦看不到問題，也就無法解決問題，台灣沒有「資金水庫」就是一例。

台灣早期欠缺資金，所以沒有資金氾濫的問題，就像台灣俗語所說的，「生食都無夠，哪有通曝乾。」（生吃都不夠，哪有多餘的來曬成乾），所以也都沒有人想過「退休金水庫」對台灣金融業和全民的重要影響。

資金猶如雙面刃，處理得好是發展經濟的血庫，沒有血，生命奄奄一息，但是若處理得不好就是洪水。你聽過用「蝗蟲過境」形容台灣的資金吧！經常是到處流竄，沒有到該去之處產生效益，反而有很多後遺症。資金有時氾濫如猛獸肆虐，像是颱風天的洪水暴漲，或是秋冬的枯竭，有許多游資卻無法發揮效果，還像洪水沖壞了良田，不但沒效益，還留下滿目瘡痍的問題，既無法提供成長的動力，還製造了貧富不均的更大差異。

沒有水庫，農業的灌溉會出現水源的青黃不接，循環出問題。沒有資金的水庫，那證券市場的投資、企業資金的供給以及民間的儲蓄，都不可能讓台灣的資金流向健康，因為沒有水庫調解，如果又缺疏洪道，會形成什麼樣的結果？以下舉兩個例子，就可以得到鮮明的畫面。

亂竄的資金造成傷害

東部許多濱海農地，2005 年時一分地（近 3 百坪）的農地售價約新台幣 20 萬元。金融海嘯後，資金湧入，農地的獲利也無須繳交資本利得稅，在此炒作之下目前一分地上漲到近 2 百萬元，這樣地價的農地，已遠遠超出可耕作的收益價值。

2008 年金融海嘯後，台灣降低了遺產稅，引導台商資金回流，台北房價再度上漲，又形成另外一個居住正義的社會問題。大台北居不易，不敢生的少子化，又形成許多行業面臨消失的窘況。未來的少子化，沒有人繳稅，沒有人消費，更難撐起國家繼續成長的動能。

解決之道就是仿效美國的稅法和退休金管理的連結，打造一個資金的水庫，並同時建立暢通的疏洪道，不只調節資金，同時把資金引往到可以有生產力，或創造生產力的地方，並且將不理性的資金管控在一個安全的水庫內。

當民眾的退休帳戶，也可以像美國的退休帳戶和全世界優秀的企業等強大獲利的引擎掛勾時，在一定的合理時間內，應該就可以看到帳戶資金的成長。一有成長，民眾的心裡一旦踏實起來，就敢啟動消費，這就能解決第一個上述所說的「消費造成國內經濟動能不足」的問題。

至於前央行總裁彭淮南所說的，**翻轉台灣經濟最重要的是創新**，一般公論，美國算是全世界還保有創新的國家，但這是她累積兩百年才打下的基礎。哈佛大學 1636 年創校，投入了多少資源和努力才有今天，就更別說美國常春藤盟校，例如史丹佛、普林斯頓、耶魯大學等。美國從西部開拓時看誰拔搶快決勝負到今天各項體制集科技、法令、軍事、強勢美元的完備，這都不是任何一個國家二、三十年可以超越的。

但是透過資金這臍帶連結投入美國股市，擁有這些企業，可瞬間借重她們兩百年的研究實力、全球股市、全世界的創新企業。當然也可以進入台灣的股市和台灣經濟共同成長，和台灣優秀的企業共享獲利。

有人說，政府已經沒有這項資金和實力，然而像新加坡一樣動用外匯存底來做主權基金，也有爭議。那還有別的辦法嗎？

　　別忘了，這土地上每個人的祖先前輩，胼手胝足，一磚一瓦、一步一腳印、一卡皮箱走全球接單，家庭即工廠到現在的隱形冠軍，每個人點滴所累積，在銀行現有 40 兆元的存款、海外資金及證券業保險業，加起來將近有 1 百兆元。不必多，如果以銀行的 40 兆元為目標，建立稅法做為誘因，引資金進入個人退休金這個大水庫，它就可以和全球有創意、有生產力、一流的企業，穩定獲利的巨大引擎掛勾，在全球已建立完善的投資資本市場遊戲規則下，才可以發揮別的國家沒有，而台灣獨有的 40 兆元銀行存款。

　　不必是 40 兆元的資金移動，30％的資金移動，以 12 兆元為例，如果是 6％的年均報酬，十二年翻倍達到 24 兆元，就有股市 37 兆元 70％的規模，而退休金所建立的水庫因為長時間持有，相對更穩定，有多重的效益。

美國用退休金投資全世界

　　美國在證券市場的資金，特別是退休金流入的部分，這資金水庫成就了她世界霸主的血庫，台積電、三星以及台灣許多一流企業都成了她的囊中之物，台灣有這個條件和資格做相同的操作。

　　一旦水庫建成，資金會從各個地方進來，因為有誘因，從銀行的定存，移動到自己的帳戶管理之下和全球企業的獲利引擎掛勾。全民在這一個平台之上有較多獲利的機會，鵝養肥了，羽翼豐滿後，政府就不必擔心只能在瘦鵝身上拔毛。民眾得利，政府有稅收，經濟有動能，就能形成三贏的局面。至於稅賦抵減初期稅收減少的應對措施，我將在本書後半段提出我的看法。

「退休金水庫」如何運作？

走筆至此，你或許有第一個疑惑：如何將人民的資金，或不理性的資金控管在一個安全的水庫內？

做這件事要有兩個誘因，國內的制度大致已完成，只差臨門一腳，這兩誘因是：

一、有稅賦抵減的福利。

二、退休金平台要有成長性的投資工具，與股市連結，投資國內外。

（目前第 2 項不存在，所以這是要修正的地方）。

國內稅法對上述第一項誘因已有，也就是除了雇主給員工 6％ 的退休金之外，民眾還可以自行提撥的 6％，也可以抵稅。可惜與美國相比幅度偏低，美國第二層的退休金有多重計畫，就以和台灣相符的確定提撥制（defined contribution）而言，可高到薪水的 25％，這是很大的誘因，台灣如果一下子做不到，也沒有關係。

但是第二項一定要鬆綁，也就是提供給退休金的投資工具要有可成長性的。多數的先進各國，這部分的工具都已和股市連結。而台灣民眾自行提撥的 6％ 金額，目前還是在政府勞退基金的管理之下，應該釋放出來，只有退休金可自選管理才有誘因，讓全民志願提撥的退休金，從銀行的定存移動到自己的帳戶之下管理。

民眾自選的退休金能夠安全嗎？這不是你的疑惑，而是主管機關的顧慮，在美國軍方還沒有將 GPS 的技術開放給民間商業化之前，當時的人一定很難想像開車到一個陌生地方，居然可以用衛星來幫我們導航！

同樣的，退休金可以安全自選，再強調一次，可以安全、簡單、有績效，實驗是檢驗真理的唯一標準，這部分我們拿西元 2000 年以來百年罕見的股災來做測試，就可印證，這個部分我將會在退休金安全自選的篇幅來討論。

總結來說，**資金水庫吸納的是全民的退休金，用兩個誘因，抵稅和有成長性投資和股市連結，引導民眾將定存的資金，引水入渠進入這個退休金水庫。**

為何退休金水庫很重要？

那為什麼退休基金所建立的資金水庫是相對牢靠穩定，而且能夠發揮灌溉、調節經濟成長和民間消費動能的高效益的水庫？因為：

一、退休金是六十歲以後才可以動用的金額，時間長，相對穩定。

二、退休金是每個人都要面臨的問題，所以無時無刻都會有民間資金往這退休金水庫來挹注，形成涓涓細流，對股市的活絡和穩定性也有幫助，這是前面我們討論為什麼美國股市如浴火鳳凰，屢遭重挫又有再度向上的成長動力。

三、同時它可以部分由法人機構來管理，在專業考量下相對理性。

第三點的部分，我認為可以分三階段，這個是後話，就留待退休金安全設計的章節再細聊了。

善用「退休金水庫」，
把台積電一張張買回來

「退休金水庫」就可以解決部分張忠謀的遺憾，
讓許多民眾的退休金和台灣、全球一流的企業掛勾。

$\vee$

哲青兄：

半年多前上過你的《下班經濟學》訪談節目，沒想到事隔多日，其中有一段被剪輯成一分多鐘的影片，在 LINE 群組廣傳，影片中我說了一段話：「當年我們沒有錢、沒有技術、沒有人才，把台積電創立了，現在有錢、有人，我們卻把台積電賣掉了！」

可惜那一段只談了現況，當時的背景過程、未來如何補救都沒有機會觸及，或許可以藉這封信補談。

有人說，當我們揮手人間時會感到遺憾的，通常是想做而未做的事，而不是做了但沒有成功的事！

張忠謀先生現在已交棒台積電董事長，他創立了台灣第一大市值的公司，也是台灣之光。2019 年中美貿易戰，有人評論說目前以 5G 領先全球的華為公司，怕的不是美國公司，而是台積電能否繼續為華為生產晶片，台積電有此成就，張忠謀理當了無遺憾。

外資買下台積電非張忠謀原意

但是 2017 年 6 月 8 日《遠見》雜誌出現了這麼一段話，張忠謀先生說：「這從來都不是他要的」。這引起了我的關注，這是什麼事呢？原來是小股東怪外資把持了台積電，盼台積電改變股利政策，暫時不發放股利，造成短期的股價下挫，好讓外資離場，台灣散戶可逢低補進。

這位在日月潭經營飯店業的股民，發現有五十歲的台積電員工轉行到他的飯店，想轉換心情，也期望工作輕鬆一點。這讓他很感傷，他希望張忠謀佛心，給外資的紅利撥一些給員工，員工付出那麼多心血，獲利還趕不上外資。

據雜誌報導，張忠謀聽後回應說，台積電公司股東外資佔 8 成，從來不是他要的，是台資的選擇。台積電剛成立時，可是 100% 的台資，後來台資獲利了結，逐步讓外資加入，他接著強調好幾次，希望台灣投資人，多投資台積電，買台積電股票，其實每天都有機會。

不要小看這一則新聞報導，除了是兩位佛心的對話，它背後有個人理財投資的迷思，也有國家退休金制度設計的盲點。搞懂了，對個人理財投資的功力是有提昇的，股民也是選民，搞懂了，對國家退休金制度的偏差，也能發揮民意導正的影響。

台積電原本是 100% 的台資，回顧這段歷史後，才知道當時國之重臣的遠見、謀國之慮，以及張忠謀的策略和堅持，這個上下為共同目標努力的結合和大臣的典範未必能夠再複製，但也可以藉此學習當年這優良精神，期望有一天能夠再傳承發揮。

孫運璿、徐賢修、李國鼎，那些催生台積電的台灣官員

楊艾俐所著作的《IC 教父：張忠謀的策略傳奇》，提到了當年張忠謀帶著企畫書，面對氣勢壯盛的飛利浦（Philips）單槍匹馬談判，只有了

解當年如何保有台積電獨立自主的那段艱辛，兩相對照，你才能夠看到我們現在理財的盲點，也才能夠感受到張忠謀的些許遺憾，畢竟這是他畢生最精彩的傑作，可惜國人不能全體分享公司留下的獲利。

台積電在 1987 年全球都不看好時成立，是因為當時國之重臣太渴望台灣的未來生存有希望，在當年的困境中太想突破、太想贏了！

這些國之重臣首要有：**孫運璿**在 1973 年就推動半導體的發展，要工研院電子所做實驗，他有四個小孩，他說工研院是他眼中的第五個小孩，第六個小孩子是台積電。光有孫運璿的渴望不行，還有當時的星探，曾任美國普渡大學教授的**國科會主委徐賢修**的引介，當時孫運璿因為中風卸任，**繼任行政院長俞國華**沒有首肯和支持，政府投資台積電的案子恐怕難以定案。因為那是當時政府最大的投資案，預算龐大，眾人都不太看好能夠通過，是由張忠謀親自向俞國華說明規畫的，如果沒有遠見和膽識承擔，台灣的經濟怎麼可能起飛，又怎麼可能成為當時四小龍之首。

當然這裡還少不了**科技之父李國鼎**，張忠謀說沒有李國鼎就沒有台積電，相信背後還有許多幕後英雄，這些國之大臣的企圖心和想贏的信念，再加上孫運璿口中知人善用、高瞻遠矚的張忠謀，這樣的組合成就了台積電

當時行政院長俞國華要求至少有一家國際大公司參與，才能讓台灣的企業也有信心。1985 年政府籌組台積電時，一向對我國政經生態敏感的飛利浦，表達有合夥的意願。張忠謀帶著營運企畫書，單槍匹馬和飛利浦的專業團隊談判，加上陳國慈律師的協助，台灣那時沒有錢、沒技術，面對氣壯勢盛的飛利浦，張忠謀為了求得制衡，寫了十幾封開發信，邀請國際大公司注資加入，只有英特爾和德州儀器給面試機會，但仍不看好他的構想，籌措資金之路中斷。

創辦之初，力戰飛利浦

　　飛利浦那時有各項策略的優勢，投資 14 億元佔 25％的股權，相當於擁有台積電價值百億元的工廠，隨時可以為他們供應產能。當時飛利浦要求佔有技術股，張忠謀沒接受，說工研院也有技術，最後支付了權利金解決，這個堅持沒讓政府的股份受損失。第一年台積電在沒有技術下，由飛利浦提供，五年後飛利浦反而到了台積電來學技術。

　　比較令人頭痛的是在合約中，飛利浦可以加碼到 51％的股權，張忠謀當然知道這背後代表的威脅，一旦如此飛利浦就擁有公司的決策，政府二十年來發展半導體的努力將功虧一簣。張忠謀特別在合約中列出台積電是獨立自主的公司，目的是追求成長和獲利，避免成為飛利浦的衛星工廠和政府的國營事業。

　　有了這個遠見和條款，對台灣半導體事業的催生有了相當的幫助。台積電興建第二座工廠時，飛利浦表示要參與工廠籌畫，張忠謀認為是自主獨立公司，並沒有接受，雙方談判幾乎破裂，最後是李國鼎打了電話和飛利浦總裁商談之後，飛利浦讓步，但也因為這樣間接培養台灣專業半導體廠商的產業。

　　我一直好奇和關心，最後 51％股權的事怎麼解決？根據楊艾俐書中資料，1991 年台積電籌備上市時[3]，張忠謀兩年之間多次飛到荷蘭與飛利浦總裁洽談，上市不但可以在資本市場獲得較好的股價，也是留住員工的途徑。飛利浦最後同意，台積電得以上市，飛利浦的獲利超過 2 百倍，是全球投資中獲利優異的一項。

3　台積電於 1994 年 9 月 5 日正式掛牌上市。

台灣政府曾持有 48% 股權，今日只剩 6%

之所以和你回顧這一段，當年在條件惡劣和困苦情況下，都還力求獨立自主，保有控股，希望獲利能留在國人手上，為全民造福。但從 2004 年 5 月之後，外資持有超過 50%，行政院持有台積電的 48% 股權，也因各種原因出脫到只剩今天的 6%。

政府賣出 42% 的股權，基於什麼樣的考量，是投資決策的錯誤？還是資金短缺的調度？這不是這封信要討論的。投資決策錯誤可以被接受，因為如果投資一定成功，恐怕也沒有人敢做這決策。

至於國家理財不當，沒有找對該創造的財源，誤殺了台積電這隻金雞母，這後面的嚴重性跟它的意義要大於投資決策錯誤的部分，但也不是今天想討論的，避免失焦。何況政府的效能問題不是專家學者狗吠火車能夠改善，它取決於政治人物的遠見和良知，還有祈禱天佑台灣。

扮演第二層防禦網的退休金水庫

倒是如何讓民間的資金和力量能夠扮演第二層防禦網，這個可能有比較有積極意義，同時這做法比較簡單，而且也可能，因為這個工程已經做了一半，也就是退休金水庫的建立。

有了退休金水庫，投資工具的選擇初期先鎖定在指數型基金，例如台灣的 0050，那麼在稅法有誘因的情況下，日日月月有全民的退休基金點滴進入水庫，政府賣掉的民間會接手，這就像棒球賽中內野手的漏接會有其他人補位，減少這個傷害。

為什麼退休金水庫可以做到一般散戶做不到的效果？散戶喜歡追求短線，又不具備估值判斷能力，心理素質又差，特別是台積電這種高價股，又不是飆股型，適合投資不適合投機，在一般投資人手上很多人都守不住。然而退休金水庫的資金就沒有以上這些缺點，不只台積電可以

留下來，許多一流的企業也因此可以將獲利留在國人手上。

看完了新聞、楊艾俐書中報導和我的一些評論，不知道你有什麼看法？我的想法請見以下：

看法 1：退休金要與強大獲利引擎掛勾

很多時候當股東，比當員工的獲利還來得多，當股東比當客戶還更有甜頭，公司照顧股東的心情比其他都還用心。你把資金放在銀行，可能拿 1％ 的定存，這時你是客戶，國內有幾家不錯的銀行，你當他的股東每年股息可能都有 5％ 到 6％，這時候你是股東，你還看不出來，**退休金的增長，要跟強大的獲利引擎掛勾！當股東比當客戶更有機會。**

看法 2：長期投資台積電，報酬率倍數成長

從個人理財投資角度而言，短視可以說是國內散戶長期無法有好獲利的原因之一科斯托蘭尼提到了當年他的教練告訴他，你這一輩子永遠不會學會開車，他問為什麼？教練說因為你開車只看前面三公尺的地方，這樣的開車視野，當然看不清楚所有車來車往的狀況。同樣的，一個好企業的投資，別說三個月，碰到逆風，調整改進時，兩或三年都有可能，例如我的基金在 2003 年 12 月買進台積電，2004 年台積電跌幅 20％，我也沒有賣出，甚至台積電從 2003 年到 2009 年長達七年的盤整，我也只賺到 4％、5％ 股息，但我忍住了，而忍不住的人都出場了。

仔細的你可能已經發現，這時的外資從 2003 年持有 54％，一路追加到 2009 年持有 73.9％，這被丟出來高達 20 個百分點，來自於本國自然人和本國法人，前者就是我們廣大善良的散戶，後者就是我們行政院的國發基金會。因為我們沒有退休金水庫，國家丟出來的台積電股份，

民眾也接不到，不但接不到，連散戶也在跑。如果台積電這 20％當年不落入外資手裡，國人每年多出 700 億元獲利，對國內的消費動能一定有幫助。

從 2003 年到 2009 年長達七年的這段盤整期間，外資看上台積電什麼，我不知道，我盯住的是它的經營、布局、成長和價值的合理性，而不是只有股價的波動，這十六年來大約獲利 4 倍，我也不知道這些跑來跑去的散戶，獲利有沒有比這 4 倍還多？

再則，一個公司大戰略的布局時，目標五到十年都有可能。去年十月我上了一個電視節目，台股有一波修正，我認為台積電還沒有漲完，這引起有些人的興趣，因為我認為台積電的甜蜜點還沒到來。旁邊的來賓憲哥專業快速回應，因為台積電還有 5 奈米、3 奈米的量產還未啟動，但是一問我對未來的股價的預估，我說十年漲一倍，大家又像洩了氣的皮球一樣覺得太慢了。股價如果有年均 7.2％的成長，加上股利 3.5％，年均報酬會接近 11％，這樣子二十年下來是 6 倍成長，你遇到幾個人過去二十年的資金漲了 6 倍？

我不知道是不是國內的投資者，大部分生肖都是屬猴的？在投資獲利的時間上特別猴急，我記得訪談中提到新進場的投資者，必要時可以將資金分十到十五批進場，避免高點套牢，你問我等不急怎麼辦，我說猴急是要付代價的。台積電這一檔上市以來，90 倍成長的股票，那些猴急的人又賺了幾倍？投資企業跟金錢遊戲是不一樣的思維，張忠謀說不要短線進出，台積電天天都有機會，你覺得有道理嗎？

看法 3：把衣服一件件穿回來

個人不會理財，全家可能要跟著吃苦，政府不會理財，全民跟著吃苦。我們前期的國之大臣如此處心積慮，在極度資源匱乏的情況下，不

但一一克服，還堅持獨立自主的控股，也讓高瞻遠矚有執行力的張忠謀完成了這一項佳作。我們不會創造第二家台積電也罷，卻連第一個台積電都守不住，你告訴我問題在哪裡？

當年知名影星舒淇的電影《非誠勿擾》在中國掀起賣座狂潮，她有一句名言，「當年我為了爭取拍戲機會所脫掉的衣服，我會一件一件的穿回來」，她做到了！

我並不是要大家只購買台積電，這只是一個例子，舉凡台灣一流的企業都應該想辦法多留在國人手上，特別是銀行定存有將近 40 兆元的游資。解決之道不難，「退休金水庫」就可以解決部分張忠謀的遺憾，讓許多民眾的退休金和台灣或全球一流的企業掛勾，還有比這個更簡單的解決方案嗎？

退休金水庫的安全性可能是目前完成一半、被卡關的關鍵，我認為只要加入兩個元素就可以達到安全的要求，而且符合「簡單、安全、有績效」的三原則。家庭理財若想成功，也可以如此依樣畫葫蘆，這個議題我就留到後面「對的投資策略和對的投資工具」來陳述和證明了！

第 7 章

正確的投資工具和策略

7-1

一生投資的領悟

想過癮，選個股；
想賺錢，用指數基金！

⌄

奇芬小姐：

　　你在我咖啡店的讀書會以及我在貴社團的演講，連兩次我們都失之交臂，實在可惜。

　　你多年前的大作《窮人追漲跌，富人看趨勢》，這書名取得真好，也能很貼切地點醒投資者擁有正確的投資態度。你在書上討論了十個經濟指標相互關係的判讀，有興趣和能力鑽研的投資者確實能看到金光閃閃的礦脈。但是對於一般沒這項能力的大眾來說，我倒是建議可以採取以簡馭繁的指數型基金，再加上巴菲特和彼得‧林區的危機入市來操作。有心獲得超額報酬的人，若能再加上你的趨勢判讀，更能如虎添翼。

　　若使用最簡單的操作、具市場代表性的 ETF，就算沒有抓到趨勢，也不至於像個股有時走向破產的粉身碎骨。ETF 的安全性極高，也可搭配追求趨勢的投資標的，何以見得呢？

巴菲特想頒發的這座獎

巴菲特最近在股東大會特別點名一位來賓，他從觀眾席站起來向群眾揮手致意。巴菲特說，如果要頒獎給對投資者有巨大貢獻的人，這獎非他莫屬。巴菲特是主動投資者，既選擇投資標的，也選擇適當的時間進場，波克夏公司過去五十四年的投資績效，年均報酬20％左右，到目前還沒人能打破他的紀錄。你猜這位來賓的績效，要多高才可以獲得巴菲特的青睞？

這位得獎者在台灣也有高知名度，最近才剛過世，許多人都買了他公司的產品，你或許已經猜到了，沒錯，他就是先鋒基金（The Vanguard Group）的創辦人約翰・伯格（John C. Bogle），提倡低成本管理費，公司旗下有追蹤全球指數的各式基金。

巴菲特提出伯格應該獲獎時，我愣了一下，隨即了解他背後的深意：伯格是一個被動型投資者，長期股票的績效也趕不上巴菲特，為什麼巴菲特覺得這個獎應該給他，而不是操盤績效強的一些避險基金經理和主動型基金操盤手呢？

如果你能夠說出答案，就代表你已經開始對投資本質有更深的了解，你的投資哲學也慢慢浮現。

對有選股能力的少數人暫且不論，對多數人而言，什麼是正確的投資工具呢？為什麼要花大篇幅來談投資的本質以及投資的迷思？細心的你，不知道有沒有發現？投資的迷思其實都根源於巴菲特講的「投資只要學好兩門課」：

一、如何評估一家企業的價值。

二、如何看待市場價格。（也就是正確看待股市波動的投資心理學）

伯格解決兩大難題中的第一道題，不需要估值的能力也可以參與投資，這大幅縮小了散戶和專家之間的差距。再少的資金，都可以投資全

美五百強的企業例如 SPY、全球指數基金。剩下的第二道難題，如何正確看待市場價格？這個後議。

沒有投資哲學，你很難有遠見，沒有學好巴菲特的這兩門課，其實也很難有定見。如果你已經可以接受投資的本質是讓全世界一流的企業為你幹活，那麼和一流企業掛勾的最好的投資工具，就是有市場代表性的指數型基金（ETF）。

簡單的說，評估一家企業的價值沒有想像中的簡單，這是連專家都未必處理好的挑戰，何以證明呢？巴菲特就有連續十三年無法擊敗代表美國市場的標普 500，巴菲特擁有何等的個股分析能力，如果有一檔投資標的，十三年他無法擊敗，多數人的勝算就不高。

在指數基金發明之前，要想買下一籃子這樣的投資標的機會和產品是不存在的，伯格也是經過一番痛苦的教訓和頓悟，才推出了這項創新的投資產品。

國內巴菲特獎座歸誰？

國外的巴菲特獎是先鋒基金創辦人伯格獲得，那麼國內的可以歸誰呢？我認為是首先成立台灣 50，代號 0050 基金的元大投信和推廣的施昇輝共同獲得。

我和施昇輝未曾見過面，但曾在商周專欄隔週輪值過，看過他的影片，他台大商學系畢業，有多年的證券業背景，可說學經歷豐富，有這樣背景的人，通常都會選擇主動投資，也就是擇股又擇時的做法。

但他為什麼進入了被動投資，選擇指數基金所謂的「無腦投資術」，成為「樂活大叔」的故事許多人都已知。簡單的說，以往他的主動投資組合無法擊敗台股大盤不說，還搞得他難以擁有好睡眠，這樣一、二十年來的感悟讓他決定清空自己的投資組合，一切歸零，只買台

灣 0050 這檔指數型基金，參與台灣的股市經濟發展，但不參與心魔的起舞，一捨一得遂成樂活大叔。

如此豐富的證券業背景，中年失業，又因為台灣 50 這一檔指數基金獲利頗豐，都讓 ETF 這個見證很有看頭和說服力，但我的聯想不是這個。

多麼痛的「領悟」

有一次在電視上看他和另外兩位年輕朋友一齊受訪，這兩位年輕投資達人的績效好像年報酬有 30％左右，相形之下他的績效落後，樂活大叔的神情除了祝福，卻也顯示他一點都不羨慕，還是堅持他的操作策略，施昇輝在證券市場二、三十年的經歷，讓他領悟到，追蹤有代表性市場的指數基金如台灣 50，是他找回生活樂趣，可以放手，放心追逐許多以往喜歡，想做卻未能做的事，例如學習電影。

他那個表情讓我聯想到了李宗盛作曲，辛曉琪演唱的《領悟》，看你能否間接得體悟到，括號部分是原歌詞。有位歌友的留言很好，一般年輕歌手唱出了「痛」，李宗盛唱出了「領悟」，但是辛曉琪的歌迷說得也有理，兩人都唱得好，算是「不同階段的領悟」。其實投資也是不同階段的領悟，一如人生的「見山，不是山，又是山」的千迴百轉，感情的參與和體悟別人無從取代，至於投資，如果都要用親身的經驗來應證投資的陷阱，這學費就昂貴了點。這時的閱讀和財經知識的累積，旁觀及獨立思考的領悟，就有了最好的結合。

李宗盛有才華，把生活寫進了旋律，他的歌詞描述對生活的觀察和領悟，例如《給自己的歌》中的歌詞「愛戀不過是一場高燒，思念是緊跟著的好不了的咳」。男女情感和投資也有相似之處，這是我看到施昇輝接受訪談時的表情，我想他已建立了自己的投資哲學，這就是領悟！

領悟
作詞作曲：李宗盛

我以為我會**羨慕**
但是我沒有
我只是怔怔望著
你的腳步
給你我最後的祝福
這何嘗不是一種領悟
讓我把自己看清楚
雖然那**選股**的痛苦
將日日夜夜在我靈魂
最深處

我以為我會**悔恨**
但是我沒有
當我看到我深愛過的
客戶
竟然像孩子一樣無助
這何嘗不是一種領悟
讓你把自己看清楚
被動投資是奢侈的幸福
可惜你從來不在乎
……

啊！多麼痛的領悟
選股曾是我的全部
只是我回首來時路的

《領悟》這首歌詞也形容得貼切。網路還出現搞笑版歌詞，創作者可能是投機交易失敗的朋友。

領悟，只要是在任何場合用心、任何領域都可以進行，聽流行音樂也可以，有歌友說方文山有文采，而李宗盛有深度。這來自於生活的歷練，生命中帶點滄桑；方文山以想像營造最美的畫面，而李宗盛在訴說故事，訴說一個過來人的心情。也有人談到，聽流行音樂的體悟。如果說羅大佑的作品是台灣社會的手術刀，那麼李宗盛就是一雙能夠看到凡人心底最深處的眼睛，說這些的是對岸的中國樂友。有時，只緣身在此山中，不識廬山真面目，這是旁觀跟距離之必要。**投資，有時跟股市最好也保持一點距離。**

李宗盛常利用口白和歌曲混搭，頗具特色。這首歌《領悟》也是，獨特的李式唱法一定有他的體悟。那天看到一則報導，原來這種口白敘事，是李宗盛在寫《生命中的精靈》的體驗，他錄了半天沒有找到合適的唱法，不能順暢咬合歌詞和弦律，錄音師就說「小李啊，你要是唱得不順，乾脆就唸出來。」李宗盛一試果然順暢。從此李宗盛也領悟到，「創作一首歌曲，就是一次訴說；唱歌，其實是說話

的延伸！」

不瞞你說，我國中時期，學音樂作曲的二哥提過這句話，但沒有實際作品示範，所以感受不深。

知道為何我要說這個故事嗎？因為要談談我的領悟，投資，其實就是參與經濟活動的延伸，也就是參與一流的企業與之共同成長。再延伸一點的說，如果你已經可以接受投資的本質是讓全世界一流的企業為你幹活，那麼和一流企業掛勾的最好的投資工具，是一籃子有市場代表性的指數基金。這是最簡單、最安全的參與方法，也是上課時我告訴你們，「想賺錢，用指數基金；想過癮，選個股！」

用對方法，選對個股的主動投資操作，既可賺錢又可過癮，不過這樣比例的人不多，估計只有 20％以下，要不然巴菲特獎怎麼會頒給指數基金創辦人伯格呢？

除非你對主動投資有高度興趣、個性適合，能夠為找對方法鍥而不捨的投入，不然**工具的選擇上：指數型基金、標普500 和台灣 50 都不錯**。投資，以簡馭繁的力量是驚人的，你領悟了嗎？如果沒有，我再試一狠招，一張讓我有感，也勝過千言萬語的圖表，下回再敘。

每一步
都走的好孤獨
啊！多麼痛的領悟
你曾是我的全部
只願你掙脫**貪怕**的枷鎖
任意追逐
別再為**選股**受苦

辛曉琪演唱的《領悟》
QR Code

7-2

為什麼是 ETF？
一張圖，勝過千萬個理由

柯達的隕落，奇異的出局，諾基亞的莎喲娜拉……
世界級一流的公司，未必是退休金中唯一可以依靠的投資，
他們現在可能堅若磐石，但不是永遠。

∨

世甄：

2019 年的投資熱門話題「被動投資或 ETF 是否泡沫化？」，原因是，被動投資中「大型股」ETF 這幾年表現不錯又相對穩定，資金就全部湧入了。可以用「這幾年被動投資當紅」來解釋這個現象，但不能說「被動投資這種策略操作泡沫化」，因為「被動投資」的中小型股 ETF 也被低估。我認為比較精準的說法是，大型成長股有高估泡沫的嫌疑，但許多中小型股反而是被低估的，舉例，我最近賣掉的星巴克，本益比高達 34，比標普 500 的本益比 21 還高出 60%，連好市多的本益比也高得難以下手。不能說一定有泡沫，但絕對不便宜。

可以說，一旦資金大量湧入任何受歡迎流行的 ETF，就有價值被高估的可能，那市場以震盪做調解就難免了。這時該關注的重點不是 ETF 這項投資工具，而是「價值是否合理」！但是比起個股而言，ETF 還是相對安全的投資標的，如你所知。

股市是魔鬼與天使並存的地方，當我們只看到天使的美好，卻忘了還有魔鬼的猙獰。台積電上市以來成長了 90 倍固然是事實，但昔日股

王、股后如今灰飛煙滅的也多的是，所以挑選個股的難度，遠超過多數人想像。我一直強調投資的本質是讓全球一流的企業為我們幹活，那什麼是一流的企業呢？說段往事，當年留學生時我和太太、同學李順田夫婦，兩家窮留學生只能參加八天七夜的巴士旅行團，巴士從紐約開到佛羅里達州就花了兩天時間。在佛羅里達州迪士尼樂園，我感受到很大的震撼，其中之一的震撼就是有個未來館呈現了柯達公司提供的 360 度視野的影像，館中不是坐著看，而是站著看，因為這樣才能觀賞全 360 度的影像。當時中國大陸的桂林山水也在其中，彷彿身臨其境。但你很難想像，多年後柯達因為數位相機競爭的失策，企業就走入了歷史。

奇異公司，從大聯盟出局！

美國道瓊三十龍頭之一的奇異公司（GE），也是美國企業的模範生。1987 年代，日本企業以零缺點的品管幾乎全數擊垮美國信心的時候，奇異是少數其中可以與之抗衡的代表。奇異公司在著名的執行長傑克·威爾許（Jack Welch）的帶領下，多次被財經媒體選為「最受推崇」、「最有競爭力」的公司。

威爾許曾經在 2007 年 3 月和張忠謀透過越洋連線，舉辦了一場東西交鋒對談，內容為三大主題：培育領導人的條件、私募基金的意義、接班人的安排，在東西方企業有何不同？原因在於 2001 年 9 月威爾許交棒，公司股價在 2000 年 7 月從大約 56 美元一路下跌，到 2018 年美股 12 月風暴時約為 7 美元，市值損失超過 85%，2018 年 6 月被踢出道瓊工業指數成份股，終結了一百一十一年在道瓊指數的光榮歲月。我想威爾許和張忠謀這兩位執行長，可能都無法想像這件事竟發生在模範生奇異公司的身上吧。威爾許說他一生中最大的挫敗，就是選錯接棒人。

但是你知道奇異公司的接班人的遴選有多麼嚴謹嗎？威爾許的前任

執行長雷金納德‧瓊斯（Reginald Jones）在就任第三年即開始規畫接任者的相關工作，慎重地依序由初選的 96 人，篩選至 12 人、6 人、3 人，最後才由威爾許中選。威爾許本人於 1981 年 4 月繼任執行長，他也在退休前十年將選擇繼任人列為最重要的工作之一，但還是失敗了。所以投資靠單一公司都是危險的，唯一能夠依靠的是什麼呢？這就是我們今天這封信的主題。

Nokia，莎呦娜拉 ~~

這不是只有在美國才會發生的事，看一下芬蘭的國寶諾基亞公司（Nokia），記得國內著名雜誌採訪團隊還專程去探訪了這家公司，當年 Nokia 手機市占率幾乎全球第一，你能夠想像這麼一個龐大的公司，轉瞬間就因為蘋果的智慧型手機興起，被瓦解不支倒地，Nokia 幾乎賣掉了通訊設備的相關事業體回到了原本的產業。

如果你以為智慧型手機的興起擊垮了 Nokia，智慧型手機就是萬無一失的護身符嗎？宏達電（HTC）當年是唯一台灣企業代表進入全球百大品牌的公司，風光不到幾年，但是新起的智慧手機公司又裂解分食了宏達電的市占。

如果你以為高科技股市如此，那就錯了。在不對的時間買貴了公司的股價，就算是其他產業下場一樣悲慘。1990 年代台灣金融龍頭公司國泰金控股價上千元，而今卻讓我們有一種回不去的感覺[1]。

我不認為這些公司是惡意，這些公司的衰敗以目前的資料顯示都不是有人蓄意掏空，而是市場上殘酷激烈的競爭。Nokia 退出歷史舞台時，在公布同意微軟收購 Nokia 的記者會上，執行長約瑪‧奧利拉（Jorma

---

1　截自 2019 年 8 月，國泰金（2882）股價約在 40 元區間。

Ollila）說：「我們並沒有做錯什麼，但不知為什麼，我們輸了。」這話令人感傷，說完許多高階主管也落淚。有沒有做錯什麼要看你怎麼解讀，計畫趕不上變化，這世界就是變化快，若不能快速正確的回應，這就是公司高階主管的最大錯誤，世界級一流的企業都如此，那就更不必說蓄意掏空那些的魔鬼了。

指數型基金 SPY、0050、VT

簡單地說，市場的競爭、產業的興替其實就像英特爾創辦人之一安迪·葛洛夫（Andy Grove）說的，成功的企業本身就存在被毀滅的因子，後起之秀的公司會不斷占取，直到你不支倒地為止，所以他有一句名言「唯偏執狂得以倖存」（Only the paranoid survive.），這種為了生存，競競業業、戒慎恐懼的危機感是極端強烈的。

上述這些企業在當時都堪稱為世界級一流企業，如果他們一不小心都可能失手墜入深淵。所以當我說投資是參與全球一流的企業時，還要更精準的指名和定義這項投資工具必須具有市場代表性，囊括一籃子的一流企業。例如：代表美國標普 500 家的 SPY，或代表台灣 50 大企業的 0050，或代表全球企業的 VT 等……。而隨著指數型基金不斷地擴充和推出，未來可能連挑指數型基金都是一門學問和困擾。我認為以簡馭繁，股票型部分可先以上述三項為代表，隨著投資者的需要和財經實力的增強，再來做一些微調和增減。

簡單的說，這些世界級一流的公司未必是退休金中唯一可以依靠的投資，他們現在可能堅若磐石，但不是永遠，唯一可以依靠的是掉下去不會破碎，而且一定可以彈回來的橡皮球，這就是今天的主題——具市場代表性的指數型基金 ETF。使用這工具累積和增長財富指日可待，就算碰到風暴，如果有足夠的時間依然可以浴火重生、復原再起。

一張圖，勝過千萬個理由

　　最近我看到一張圖表，雖然我對它熟悉，可是把時間放大來看，所造成的震撼依舊不少，希望這張圖表給你帶來第二個更深的領悟，在呈現之前問你一個問題，如果一個人車禍，被送到醫院急診室，全身只剩下 25％的功能，你認為這個人存活的機會大嗎？如果不是一次受到輾壓，而是兩次，那麼還有存活復原的機會嗎？

　　下表是美國那斯達克的指數曲線圖，在 2000 年 3 月 10 日達到第一次歷史新高點 5,048 點，高科技泡沫損失了 78％的價值，指數跌倒 2002 年 10 月 9 日的 1,114 點，接著逐步復原到 2007 年 10 月 31 日的 2,859 點，還沒有站穩，第二次風暴又來，緊隨著金融海嘯又被打到 2009 年 3 月 9 日的低點 1,268 點，這在許多人眼中應該都是絕望的了。

截自2019年7月19日的美股那斯達克指數

圖片來源：Yahoo！Finance

但是在那斯達克指數中，有你熟悉的許多公司例如：Google、微軟、人工智慧的輝達、亞馬遜和電動車的特斯拉、星巴克、高通、博通（Broadcom）等許多新興公司和老公司依舊活力盎然地持續營運發展和創新。截至 2019 年 7 月 19 日的指數已經到了 8,146 點，不僅是活過來了，而且活得很好。

　　但相對看看幾家世界級龍頭公司已經灰飛煙滅：柯達影片、奇異公司、芬蘭國寶 Nokia，再看看台灣的國泰、宏達電和一切當年的股王、股后，這說明了什麼？你有什麼樣的體悟呢？

　　挑對了上天堂，挑錯了下地獄，這樣的個股投資方式自然不能普及全民，也並非「參與整個經濟發展」的退休金投資原意。所以，安全的退休金水庫應該擁有代表市場的指數型基金，這就像永不破損的橡皮球，會掉落但不會破碎，也像浴火的鳳凰會重生，只需要給牠時間。

　　至於你關心的，即將退休的人是否可以承受橡皮球掉落，等待回彈的時間，你抓到問題核心了，所以退休金水庫第二個安全設計必須在策略上有所調整，這是接下來想談的議題：資產配置。

7-3

為什麼要做資產配置？
比例如何設定？

同樣年紀的人所得不同，投資目的不同，
風險承受力不同，需求也不同。
資產配置的特色是：因人而異，可量身訂做。

⌄

朝源兄：

你這幾年把做學問的方法也用在導遊上。組織、藍圖皆有，旅遊行程的設計還因對象而異，有一日逍遙遊，也有數日內登百岳。其實投資的資產配置也具備了「量身訂做」這樣的精神。

資產配置可以讓投資成功的原因

投資要成功，就要解決投資「IQ」和投資「EQ」的兩個挑戰，也就是**巴菲特強調要學好的兩門課：如何評估一家企業的價值和如何看待市場價格。**

第一門課「如何評估一家企業的價值」的解決之道，就是用具市場代表性的 ETF 如 SPY 或 0050，解決評估一家企業價值的困難。

第二道難題「如何看待股價的走勢」其實就是「投資心理學」。心理因素影響投資人的決策非常大，多數人投資失敗常常是因為股價的波動而不能堅持一個好的投資計畫，而資產配置正是降低整個投資組合波

動的良好戰術。**所以巴菲特多年前強調要學好的這兩門課，在「ETF」和「資產配置」這雙劍合璧之下有了突破，總算讓一般投資者，也能有專家等級的選股績效和穩定性水準這兩項優勢。**

資產配置成功的原因，大致可以歸納成以下原因：

一、穩定中求成長的投資組合

資產配置不會是績效最好的一種投資策略，但它兼具防守和成長性的資產，例如「公債」和「股票」，這個穩定性能讓許多人堅持設定的計畫，特別是在碰到股災來臨時。

二、能夠部分克服人性三個弱點：「貪、怕、沒有耐心」

因為波動度降低，所以可以減緩人性弱點中的「怕」。

三、因為有準備，所以可以攻守互換

許多人都朗朗上口巴菲特所謂的「危機入市」，例如「別人恐懼時你要貪婪，別人貪婪時你要恐懼」。但做不到的原因最起碼有兩項：心理素質和銀彈。先不討論心理素質，如果沒有事先準備，沒有防守性資產的銀彈，股災來臨時憑什麼可以危機入市貪婪一番？

資產配置是事先做了股災來臨的應對計畫，不能說是刀槍不入，但大致在預期之內，加上有防守性的資產，就有條件互換攻守。

四、資產配置是一個紀律性的操作

再完美的計畫如果不能堅持，也無法發揮效果；一個二流但可以被執行，堅持到底的投資計畫，勝於完美但無法被實現的鏡花水月。許多人困於追求最完美的投資計畫，以至於失去紀律，而資產配置可以降低這方面的糾結！投資老手都知道紀律是件重要的事，紀律也是應付股災、增強心理素質的重要特質，因為有紀律看到成果，又因為有成果再加強信心，便形成了正向循環，**資產配置就是正向循環的起點！**

為什麼資產配置適合多數人？

因人而異，可量身訂做是資產配置的另外一個重大特色；同樣年紀的人所得不同，投資目的不同，風險承受力不同，需求也不同，但這些都可以在投資組合中量身打造。

資產配置的缺點和限制

華爾街百年來的三個天敵：貪、怕、沒有耐心，這是投資者心理上要面臨的最大挑戰，但資產配置並不是萬能靈藥，無法解決這三個天敵帶來的所有問題。

在「怕」這方面，資產配置可降低帳戶波動程度，會改善恐懼的狀況，也有助於一般人提升耐心，但是要克服「貪」和「沒有耐心」，還是要回到投資哲學的信念上，才能正確看待、處理這三個天敵。

第二項限制是，資產配置一開始就有防守性資產的布局，優點是降低波動，缺點就是減少了投資成長的動能。長期而言，使用資產配置的總報酬，通常會低於全數投資在股市中的做法。巴菲特深知這個特性，所以在他的遺產管理上，就有90％放在股票，10％在現金上。巴菲特遺產的10％足夠幾代子孫度過股災來臨時的生活所需，但他還是盡量擺在100％參與股市，一般人沒有這個條件，所以應該避免這樣的設計。

這是使用資產配置戰術的人要有的認知，否則會變成冬天到了想夏天，夏天到了想冬天——股市好的時候想多擁有股票，一碰到股災反轉時又希望擁有較多的公債。這種追高殺低，「思念總在分手後」的遺憾，也失去了資產配置所應有的紀律。所以事先了解資產配置的能與不能，有助於完整執行這個計畫。

至於想要獲得較高的投資報酬，可以考慮彎道時超車，這個就留到超額報酬那一章來討論。

資產配置有成功的條件，同樣的處理不當也有失敗的潛因，了解它才可以避開它，以下是六個資產配置常犯的錯誤：

資產配置常犯的六個錯誤

一、沒有明確的投資目標

　　一艘航行大海的船，如果沒有目標，那麼任何方向吹來的風都是逆風。投資策略的設定也是如此，特別是有幾個因素要考慮：

a. 個人特定財務的目標和用途（購屋頭期款、退休基金）

b. 風險的承受力

c. 投資的時程長短

d. 其他目標的確認

這幾個因素會影響配置的比例。

二、必要性資產錯誤的比例分配

　　關鍵性資產的比例太低。隨著人生閱歷的增長，很多人都會發現凡事過與不及都不行，但什麼力度才是最恰當的？「力度」是比例或輕重上，也是一個關鍵和火候之處。投資也是如此，一旦目標設定下來，就有關鍵性資產比例高低的設定。**對一個即將退休的人而言，股票短期波動劇烈，比例應該要有所調降，但對年輕人而言，資產成長的重要性大於短期的價格波動，這時關鍵性股票比例就不應該太少。**

三、投資太聚焦在短期

　　短、中、長期投資目標不同，所需要的策略工具和看待投資的心態都不同。**短期投資要關注資金的穩健性，而長期投資要的是成長性。**俗話說，「有一好，沒兩好」，許多人把一個長期才要用的資金管理，卻聚焦在短期的穩定，結果有了穩定，卻失去了

未來的成長，等發現時已經時不我予，錯過了最好的黃金期成長期，這就有點像英國前首相溫斯頓・邱吉爾（Winston Churchill）的名言，也是人生的規畫體悟，「**我們若一直為『過去』而在『現在』糾纏不清，就可能失去『未來』。長期投資特別是退休金，別太聚焦在短期，以免失去未來。**

四、設定不切實際的投資報酬目標

資產配置提供了單一股票投資所相對的穩定性，也就是說資產配置因為加了防禦性的資產，而這個比例的高低也會影響投資結果。例如，以長期績效來說，會低於百分百股票組合的 ETF。巴菲特就很清楚他的目標跟期望值的設定，他的遺囑是告訴家人怎麼處理他身後的遺產投資：90% 在標普 500 的股票 ETF，10% 在現金。這個看似簡單設計，不適合多數人，但適用於巴菲特的情況，因為有足夠的現金可以應付短期波動和家人生活需求，但同時又不放棄追求長期股票的高成長報酬。

五、改變資產配置的比例太過頻繁

資產配置的投資精神和策略不像單一個股的投資，實在不需要頻頻回首去更動。太短視的交易動作都會扭曲長期一個好目標的設定。

六、資產配置的比例從未更動

資產比例跟風險承受力有關，風險承受力跟年紀、何時動用退休金也有關，適時調整有它的必要性，也就是回歸到風險承受力的適當範圍，這個動作稱為「再平衡」（rebalancing）。

以上這六個資產配置常犯的錯誤，絕對有理論上的依據，但我一直強調以簡馭繁才是功力，那麼在實務操作要如何簡單達到又能夠包含以上的理論呢？

如何設定資產配置比例？

我認為先確定防守性資產的比例，用最簡單的「估算法則」（rule of thumb），也就是老外說的用手指頭就可以做的簡算，以你現在的年紀做為防禦性資產的比例，例如四十歲的人，防禦性公債比例就是40％，其餘做為成長性資產。

以上做法是為了好記憶，但也有人是反過來計算，先算出成長性資產的比例，那就是成長性資產比例為100減掉「年齡」，這結果和上面的做法是相同的。

也有人是再進一步降低成長性資產，也就是提高防守性資產，這個簡算法「80-（年齡）＝股票／成長性資產比例」，以上這三種算法都殊途同歸，相差不大，我個人偏好「年齡＝公債／防守性資產比例」，一則方便記憶，至於風險承受力或高或低的人，都可以在這個基礎上下微調10％。

如何設定資產配置比例？
方法1：防禦性資產比例＝年紀
成長性資產比例＝100－年紀
方法2：風險性承受力較低者＝成長性資產不應低於 25％（相當於75歲投資者的組合）

和這個概念類似的是基金管理公司推出以退休到期日的時程長短來做規畫，英文稱之為「目標日（target date）資產配置戰術」。簡單有效，未來應該是國人退休金安全自選簡單有效的選項和設計。

有了這些概念之後，我想用一個實例來囊括「資產配置常犯的六個錯誤」所提到的理論，這就留待〈8-1 退休金安全自選的策略〉一節再討論了。

第 8 章

———

勞退金自選，
如何設計才安全？

8-1

退休金安全自選的策略：
如何避開波動、虧損的風險？

再保守的投資者，也要擁有 25% 的股票這種成長型的工具，
才有辦法對付通貨膨脹。
另外 75% 資產可以放在防守型公債。

⌄

淑泰：

　　第一次碰面是電話訪談，真正碰面已是三年後，當時的咖啡和蛋糕味已無記憶，星巴克店裡的聲浪此起彼落，聽起來喧囂熱鬧，但話題卻有落花時節又逢君的惆悵。我們這一代見證了台灣力爭上游成為亞洲四小龍之首，又看著台灣由盛轉衰，這個過程挺難受的。

　　在異國的天空打拚多年，每每看到別人好的制度時，總會興起這樣的好奇和疑問，為什麼別人能，我們不能？有些差距是幾十年甚至上百年，社會文化教育的累積，這只能慢慢追趕，但有一些僅僅就是觀念的幾個小盲點，我們卻不停的在原地打轉，勞退金自選就是如此。聽你那天講完某次訪談的經驗，部分主事的高階官員擔心若退休金自選造成虧損，這失利的風險應該誰來承擔？他們認為，這個議題最好別提！

　　這是個好問題。怕波動和虧損，可以說是國家理財、個人理財都關心的議題，但也是政府退休金自選決策者的思考盲點，一如台灣許多家庭從不敢接觸股市，都還未踏出和一流企業共同成長和獲利的第一步。多數人理財失敗就是走不出這一個陰影，這個有方法。

我曾提過，我父親學習太極拳數十年，這為他帶來極大的受益，練習加上閱讀後的開悟，他不只一次告訴我「假傳一本書，真傳一句話」，這讓我每次閱完一本書，都在思考書中最關鍵的那句話。

25% 股票 +75% 公債

如果要找出一句話，給許多不敢進入股市投資的家庭，以及國家退休金投資工具平台設計者的最關鍵一句話，我覺得可以用巴菲特老師葛拉漢終其一生的投資經驗智慧：「再保守的投資者，也要擁有 25％的股票這種成長型的工具，才有辦法對付通貨膨脹。另外 75％資產可以放在防守型公債。」

如果以資產配置的精神而言，這相當於一個七十五歲的人的投資組合，是相當保守的設計，其好處是穩定度高，缺點是長期帳戶金額會少於積極型的投資。但是對現在多數人而言，帳戶如果波動度低，比較不會在股災來臨時，因驚慌而在谷底殺出，**一個就算是二流但能夠被完成堅持的計畫，比一個一流但是卻無法執行的計畫還好。**

實際看這樣的投資組合，你覺得是不是可以解決這類保守投資者的盲點——怕波動、怕虧損。我覺得最好的測試期就是 2000 年開始的十年期間，這十年來發生了百年罕見的兩次股災。

第 250 頁圖表把這本書所有講到的理論，做了一個最簡潔有力的闡述和運用。這張表不僅勝過千言萬語，也是巴菲特老師葛拉漢投資智慧的體現，雖然不適用於每個人，但適合對股市恐懼、怕波動、怕虧損的這群朋友。

此計算需調整兩個假設條件：

一、台灣 50 的 0050 和美債指數基金 IEF 都是在 2003 年之後才成立，但為了驗證這個投資組合是否禁得起 2000 年高科技泡沫股災的衝

擊，所以從 2000 年到 2003 年之間，選用連動性極為密切的台灣加權指數，和美國十年期公債的投報率來代替，所差不會太遠，已達到方向決策可判斷性的功能。

二、每年依股債比例 25：75 再平衡，也就是不管股債的賺賠，下一年再回到「25% 股票、75% 公債」的組合。

實踐是檢驗真理的唯一標準，以下的結果可能會顛覆許多人原先的想法，這也就是我說的對知識的深化和內化，才會改變原先陳舊的認知，不再誤以為股市投資很危險。

特別是金融海嘯期間，美股標普 500 下跌 37％，台股更嚴重，別人住院，我們卻加進入了加護病房，台股 2008 年不含股利跌幅 46％，多數主事者可能都沒有興趣或膽識去推動這退休金自選方案，但個人一定深入了解，因為自己就可以決定退休金帳戶是成長或衰退。

提問 1：2000 年高科技泡沫，逆勢上漲 6.3%

第一個提問，在 2000 年高科技泡沫期間，台股下跌 44％，這個投資組合（25% 台股，75% 美債）下挫多少，是一般保守型投資者可以承受的？

我所接觸多數保守型的人，可以承受在 10％ 以內的虧損，也有部分人要求更嚴格，只能承受 5％ 以內的虧損。現在我要揭曉答案，這個巴菲特老師的保守型投資組合，高科技泡沫期間不但沒有虧損，還獲利 1.5％，不但如此，高科技泡沫的尾巴 2002 年台股下跌 20％，這投資組合逆勢上漲 6.3％，你覺得如何？第一次股災來臨，不但沒有虧損還上漲，我想這出乎很多人的意料之外，這也就是資產配置中「股債共舞」的美妙之處。

提問 2：2008 年金融海嘯，逆勢上漲 2.8%

第二個提問，2008 年的金融海嘯來得突然也很兇猛，許多人都記憶猶存，這次多數人都躲不過，請你再猜一下，**2008 年金融海嘯這段期間，保守型的投資者可以接受這個投資組合下跌多少？**

金融海嘯台股下跌 46%，這個投資組合再度逆勢上漲 2.8%，第二次股災也過關。

提問 3：10 年期年均投報率 7%

第三個提問，投資股市的人都有印象，2000 年開始的這十年在台股、美股都失落的十年，因為兩次百年罕見的股災，**2000 年至 2010 年這十當中，這投資組合的年均投報是多少？一般保守投資者可以接受多少的投報率？**

正確的答案是，這個投資組合這十年來幾乎上漲 1 倍，由期初的 1 百萬元上漲到 191 萬元，年均報酬大約 7%，試想如果多數人的退休帳戶成績如此優異，我想多數人都敢於消費，國內的經濟活動、消費動能都會大不同。

近 20 年期，年均報酬 6%

第 4 個提問，這個投資組合，在過去近 20 年中有沒有虧損過呢？當然有，因為公債和股票有時兩者之間是負相關，有時股票上漲，公債反而下跌。這個保守型投資組合一共有三年虧損，分別在 2013 年、2015 年和 2018 年，最大的虧損是 2013 年的 -1.7%，最大的虧損連 2% 都不到，相信 98% 以上的人都可以承受。但是十九年半下來，1 百萬元的資金成長到 315 萬元，年均報酬約 6%，而且不要忘了，這個保守型投資組合做

到了非常低的波動度，就像技藝高超而且貼心的駕駛員連踩煞車都讓乘客沒有感覺。

這個績效和安全度有沒有顛覆你的想法？下次和政府勞退基金自選的決策者訪談時，不必多言，就讓他看下面這張圖表。我只要想到一個決策可以讓國家經濟動能萎縮如此厲害，不得不感觸我們這二十年由成長走向衰退，不是天災，絕對是人禍！

但是我還是強調這是保守型的投資組合，不見得適用每個人，雖然過去二十年資金成長到 315 萬元，高於全部資金放在台股的 204 萬元，許多人會誤以為「保守型投資」優於「積極型」和「穩健型」。這樣的理解不見得完整，主要是「保守型投資」在股災期間表現會相對優異，但是在太平盛世股市上漲期間，「保守型投資組合」落後於「穩健型」和「成長型」，這是合理的。

	含兩次股災期間的表現 （2000-2019年） 帳戶金額	股災後的成長期表現 （2009-2019年） 帳戶金額
全股：100% 0050 台股帳戶金額	2,040,139	3,322,323
全債：100% 7-10年期 （IEF）美債帳戶金額	2,922,847	1,431,073
保守型帳戶金額 （每年再平衡）	3,155,651	1,870,577

股災期間，保守型組合績效較優，股災後的成長期，積極型績效較優。單位：新台幣

上圖就可以明顯看出來，從 2009 年開始股災過後的投資報酬，100％ 的台股 0050 在這十年半當中，從 1 百萬元可以成長到 332 萬元，而保守型只有上漲到 187 萬元，績效是不錯，這個成績優於 100％ 的美國中長期公債的 143 萬元。

保守型投資組合，簡單、安全、有績效

這個保守型投資組合「25％台股、75％美債」，做到了「簡單、安全、有績效」的三個要求，讓多數保守型家庭可以參與台灣經濟成長。投資的本質就是和一流企業的獲利掛勾，退休金也是需要這樣的元素，如果還願意考慮國外企業的獲利能力，成果會更好，這也是翻轉台灣經濟的重要一步。

「假傳一本書，真傳一句話」，讀完了所有的理論和巴菲特老師葛拉漢最保守的投資方案，其實就是解決台灣勞退基金制度其中一個翻轉目前許多錯誤決策的重要思維。這一陣子政府大力積極鼓勵每個人要學習理財，因為我們政府的退休金資源不夠。我常常覺得要上理財觀念課的應該是這些高階官員，如果他們都不懂理財，有觀念上的盲點，又怎麼可能制定一個好的理財政策？

近20年期（2000年-2019年7月）含兩次股災期間績效／帳戶金額比較表

年度	年度報酬			帳戶金額	
	台股加權（不含股利）+0050（含股利）年度報酬	美債7-10年期（IEF）年度報酬	25%台股+75%美債保守型年度報酬	全股：100%0050台股帳戶金額	
				1,000,000	
2000	-43.91%	16.66%	1.51%	560,900	
2001	17.14%	5.57%	8.46%	657,038	
2002	-19.79%	15.12%	6.39%	527,010	
2003	32.20%	1.02%	8.82%	696,708	
2004	5.62%	4.43%	4.73%	735,863	
2005	9.58%	2.27%	4.10%	806,358	
2006	20.13%	2.65%	7.02%	968,678	
2007	10.44%	10.21%	10.27%	1,069,808	
2008	-42.60%	18.03%	2.87%	614,070	
2009	73.91%	-6.37%	13.70%	1,067,929	
2010	12.79%	9.29%	10.17%	1,204,517	
2011	-15.45%	15.46%	7.73%	1,018,419	
2012	11.55%	4.06%	5.93%	1,136,047	
2013	11.51%	-6.12%	-1.71%	1,266,806	
2014	16.33%	8.92%	10.77%	1,473,675	
2015	-6.11%	1.55%	-0.36%	1,383,634	
2016	19.48%	1.00%	5.62%	1,653,165	
2017	17.45%	2.47%	6.22%	1,941,643	
2018	-4.54%	0.82%	-0.52%	1,853,492	
2019(6月)	10.07%	7.43%	8.09%	(3)2,040,139	

説明：

1. 台灣50（代碼0050）在2003年才推出，所以2000年到2003年這三年使用的是台灣加權指數的投報來取代0050，之後使用大家可以買到的指數型基金0050；

	帳戶金額	帳戶金額（每年再平衡）		單位：新台幣
	全債：100% 7-10 年期（IEF） 美債帳戶金額	25% 0050 台股帳戶金額 （每年再平衡））	75% 美債帳戶金額 （每年再平衡）	保守型帳戶金額 （每年再平衡）
	1,000,000	250,000	750,000	1,000,000
	1,166,553	140,225	874,915	1,015,140
	1,231,555	297,284	803,779	1,101,062
	1,417,722	220,791	950,627	1,171,418
	1,432,183	387,154	887,525	1,274,678
	1,495,628	336,579	998,360	1,334,939
	1,529,579	365,707	1,023,932	1,389,638
	1,570,113	417,343	1,069,848	1,487,191
	1,730,421	410,613	1,229,275	1,639,888
	2,042,416	235,324	1,451,670	1,686,994
	1,912,315	733,463	1,184,649	1,918,112
	2,089,969	540,860	1,572,228	2,113,088
	2,413,078	446,654	1,829,828	2,276,482
	2,511,049	634,854	1,776,681	2,411,535
	2,357,373	672,276	1,697,962	2,370,237
	2,567,650	689,324	1,936,247	2,625,571
	2,607,449	616,287	1,999,700	2,615,988
	2,633,523	781,396	1,981,611	2,763,006
	2,698,571	811,288	2,123,439	2,934,727
	2,720,700	700,373	2,219,094	2,919,466
	(2)2,922,847	803,364	2,352,287	(1)3,155,651

2. 公債部分，許多人關注的是十年期美國政府公債，我選用的是可以在市場上購買的七年到十年美國政府公債指數型基金。（代碼 IEF）它也是在 2003 年才推出，所以 2000年到 2003 年這三年使用的是十年期美國政府公債投報來取代 IEF。

8-2

如何設計退休金安全自選的
「管理階段」?

選擇三檔「保守、穩健、積極型」投資組合
＋一檔「生命週期型」基金,就能涵蓋所有資產配置的理論。

∨

正弘兄:

衡陽街春酒餐敘是我們第一次見面,那天聽你分享令媛學馬術的經歷,你這麼一提,我好像發現馬匹真的跟女性特別有感覺,這也像你這財經從業人員對退休金制度特有的敏銳。之後看到您在雜誌上談國家退休金制度的盲點:為什麼這麼多年來退休金自選沒有辦法落實?

有位知名雜誌社長告訴我,他曾在財經論壇場合向政府高層建議退休金自願提撥(非勞保部分)。這是民眾的錢應該比照國外制度開放自選管理,而非交由目前績效不彰的政府勞退基金操作。這位院長級以上的高層說「這是個好建議,帶回去研究」。這一晃十幾年過去了,看著社長那副「心已死」神情,果然民之所欲,「藏」在我心。勞退基金自選管理是一個攸關全民福利、非常重要的議題,應該公開討論,喚起全民的關切,怎麼會是周杰倫電影《不能說的祕密》呢?

退休金自選退回再審的主因

國家退休金制度的設計所犯的盲點，和個人退休金的管理的迷失大致相同。據國發會人力發展處專員賴宜櫻的研究[1]和新聞報導指出，退休金自選 2015 年被行政院退回勞動部再審議的三個主因：（1）自負投資失利風險，（2）國人對投資的矛盾心態，（3）實務操作細節。

在諸多撰文和報導中，連媒體和記者都看得出其實只有一個關鍵：具有投資失利風險，這是主事者和立法委員都不敢碰觸的。

事實上，以（3）實務操作細節來說有解。依巴菲特老師葛拉漢建議的「保守型投資組合設計」，過去二十年來最高跌幅只有 2%，高科技泡沫、金融海嘯，都沒有造成這個投資組合的虧損。就算是從勞退基金 2005 年開始至 2016 年這十二年期間，保守型投資組合「淨」成長是 139%，多於勞退基金的 29%。這保守型投資組合的設計波動度極低，風險小，投資報酬卻遠高於國內的退休金績效。這就是專業知識之美，也是資產配置適用退休金操作的原因之一，如果主事者看不到這個專業，全民的退休金就只好原地打轉，跟著受苦。

其實另外兩個：（1）自負投資失利風險，（2）國人對投資的矛盾心態，都是觀念問題。為什麼前面要花那麼多的時間討論「投資的本質」、「投資的哲學」、「投資的迷思」，其目的就是在建立一個完整的投資概念，有了這一個完整的系統基礎，上述的這兩項觀念就可以迎刃而解。觀念不通、方向不明，將會永遠停留在原地和枝節上糾結。

慶幸的是，目前金管會積極推廣退休金自選現仍處實驗階段。希望藉成果說服勞動部的疑慮，針對目前實驗階段的幾個項目和賴宜櫻專員的看法，我也提出退休金自選和個人理財應執行的架構和做法。

1　資料來源：賴宜櫻（2017）。我國推動勞工退休金自選投資之研究退休金開放勞工自選方案。國家發展委員會 106 年度研究發展作品－產業及人力政策類甲等獎。

退休金自選管理，安全嗎？

前國科會主委朱敬一認為，國內決策者常忙於行政瑣事和立院的質詢，難得靜下心來看上幾本書，如果沒有辦法充分吸收論點予以內化，就很難形成執政的優先次序和推動的決心。這就像**投資者若沒有投資哲學，就不會有應對的投資策略一樣**。

再則，台灣過去多數散戶投資失敗的經驗，讓推動政策的主事者多一層顧慮。這也合理，但環境已改變而且時代也在進步，退休金自選可以有非常安全的設計，還可達到「簡單、安全、有績效」三個訴求。

為什麼退休金自選可能成功？

以往台灣的散戶投資失敗最主要的原因，其實就是巴菲特所說的兩門功課沒學好[2]，多數人沒有評估一家企業價值的能力，就算是挑選共同基金，要從上千檔基金中挑選出基金來投資本身就是一個難題，所以要先解決「挑選」這個問題。大方向上，**退休金自選想成功必須先解決下面這兩個問題：第一，找出全民可以信任、一定不會破產的投資工具；第二，在一個合理的時間，例如三到五年之內一定可以獲利的投資策略**。有這麼好的事嗎？當然有，以下用西元 2000 年開始發生過兩次百年罕見股災，過去二十年的數據和統計來證明。

解決之道

解決 1：

2　引述巴菲特的原文：「學習投資的人只需要學好兩門課：如何評估一家企業的價值，以及如何看待市場價格。」摘自《巴菲特寫給股東的信》一書。

在工具上，用這些年來興起的股票型指數基金完全避開挑選的障礙，達到前面所說「和強大的企業獲利引擎掛勾」，回到和企業成長的投資本質。

解決 2：

在投資策略上，選擇**資產配置中 3+1=4 檔基金**，分別是三檔「**保守、穩健、積極型**」**投資組合 ＋ 一檔**「**生命週期型**」**基金** [3]，例如只要知道年齡和距離退休還有多少年，就可以設計出適合的股票公債比例。簡單的說，只要買一檔退休到期日基金，就能涵蓋所有資產配置的理論。

產品簡單，不代表績效簡單

許多人投資失敗是因為資訊過多，又欠缺好的決策。工匠精神的極致來自於一招練成絕招，但是有太多散戶每一招都想學，卻每一招都無法盡情地得該得的分，拿到該拿的獲利。

美國 401k 退休帳戶最大的困擾，就是如何從數十檔基金中挑出適合自己的？而台灣有近 3 成的人從未接觸股票，多數人不具備這樣的理財知識，多了造成反效果，若要對國內也沒有經驗的投資者推動剛開始的退休金自選。我認為可以先選擇簡單，但績效不差，又不容易出錯和容易執行的上述四種投資組合產品。初學者可以從「保守型基金」開始感受市場的溫度和波動，一旦開始有成果，建立信心，再循序漸進。

3　生命週期型基金：以目標退休到期日為設計的投資組合。

分成三階段開放

在開放勞退自選的設計裡，我建議分成三個階段：管制、半開放、全開放（也適合個人理財，特別是沒有經驗或初學的投資者）。

第一階段「三到五年適應管制期」：

以資產配置的策略，工具則使用台股的 0050 和美債（台灣若有類似美債績效的產品亦可），全部使用上述的四檔基金：保守、穩健、積極型，加上退休到期日的「生命週期型基金」。3+1=4 檔基金而已，如果沒有選擇何種類型基金，則視同選擇生命週期基金，這樣的歸類完全符合以年紀為考量的風險承受，沒有亂點鴛鴦譜，反而是最恰當的安置。

第二階段「半開放期」：

三到五年有成效之後，可以從原先第一階段的兩種資產「股票和公債」，擴大成五種資產，仿效美國常春藤盟校校務基金管理方式，多加入另外三項資產：房地產信託、商品和現金。之前的股票部分，除了原先的台股 0050 之外，可以考慮加入下列如全球基金、新興國家基金、海外基金。

但是一樣是四種類型：「保守、穩健、積極、生命週期基金」，所以選項依然簡單，但是投資組合裡面的資產內容豐富，風險更分散，資產配置的精神更完整了。

第三階段「全開放期」：

若想追求超額報酬、投資海外基金和其他指數型基金，可以經過特定的課程取得認證，證明有一定的知識和能力承受虧損。此時可以提撥 20％資金比例進入到個人衛星帳戶。

衛星帳戶只佔 20％的資金，可以選擇多樣式的指數型基金，想賺超

額報酬或價差的人都可以在這個衛星帳戶進行。簡單的說，80％資金放在「保守，穩健，積極和生命週期」四種類型基金屬於核心持有，目的是簡單、安全、有績效。另外20％衛星持有給特定符合認證的人，追求超額報酬。至於是否比照美國開放投資個股，可依屆時成效再評估。畢竟退休基金以「安全、有一定績效」為主要考量，想追求超額報酬的投資者可以自行到個別帳戶進行。

防災設計

在前面兩個階段試辦期間，為了安全起見，退休前五年資產比例可以再更保守一點，例如法定六十五歲退休，那麼年紀一進入到六十歲時，投資類別就自動轉入「保守型」，也就是持有75％公債的「防守型投資」，除非個人經過理財課程的鑑定，或退休帳戶資產已達到新台幣3千萬元以上，可以放寬限制。

如果經過上面所敘述並不複雜的方式，稍加管理，可以把安全性提高到相當的程度。

全體金融機構參與

或許基於實驗階段，目前金管會只選擇三家投信公司來操盤，這樣的做法很難全面普及，而且績效有差異。第一階段可以考慮全面摒除主動投資，先以0050為台股投資標的。使用被動投資的資產配置，再加上指數型基金的工具，完全避開人為舞弊和基金經理人誤判的可能。這個階段有一定合理的利潤誘因，重點先擺在安全參與、全面普及和一流企業掛勾、與台灣經濟共成長，讓每一家金融機構都能參與。

等到第三階段開放衛星持有時，因為使用了指數型基金以及資產配

置，其安全性已經被控管之後，任何一家證券行和投顧投信都可以在衛星基金 20％部分去設計特色，台灣的金融管理將會起飛，這是一個循序漸進完整有效的全面設計。

再加強理財教育

根據分析資料顯示，國內私立大學的退休金自選是不錯的成功範例，但是也發現早期有將近 9 成的參與者，選用與自己財務狀況不合宜的保守型投資組合。這源自國人普遍欠缺理財教育，多數人誤以為「保守型」的 2.5％投報率和「穩健型」的 5.5％所差不遠，但只要懂得「72 法則」的人，都深知這個差異實在太大了，用 72 除以 2.5％的投資報酬率為二十八‧八年，這意味著經過長達二十八‧八年的時間，資產才能翻倍。

同樣的用 72 除以 5.5％投資報酬，資產大約十三年翻倍；如果以平均壽命八十二歲為例，多數人都有超過三十年以上的投資時間。例如一位四十歲的老師，能有四十二年的投資期，若是擁有 2.5％投資報酬的人，四十二年下來大約只能翻 3 倍，而 5.5％投資報酬，四十二年下來應該有 10 倍。

多年的經驗顯示，一旦投資者了解這麼大的差異，多數人就會開始換上有錢人的腦袋，接受承受適度的風險，這就是知識的力量。

目前選擇保守型基金的私校老師已經從 9 成下降到 6 成，但比例還是偏高。要改變必須從理財教育開始，但是誰來扮演這個角色呢？

國內有許多上進肯學的人力素質，可惜政府從來不懂得好好借重。若是能懂得運用，目前推行不利的所有推廣教育都可以迎刃而解，這個話題我們下次聊。

政府的勞退金操盤績效不佳，又沒有開放退休金自選，除了高所得

	2000-2019年 累計總報酬 （含高科技泡沫 & 金融海嘯期間）	2009-2019年 累計總報酬 （股災過後的成長期）
保守型年度報酬 （25% 台股 +75% 美債）	216%	87%
穩健型年度報酬 （50% 台股 +50% 美債）	208%	134%
積極型年度報酬 （75% 台股 +25% 美債）	168%	183%
台股加權（不含股利） +0050（含股利）	104%	232%
美債7-10年期 （IEF）年度報酬	192%	43%

附上三種不同類型的投資績效比較表。沒有一種類型，面對股災需要超過三年恢復的，這個績效遠超過我們國內的退休基金管理。要注意的是，上圖呈現了兩種不同時期的績效表現，2000年至2019年期間，碰到兩次世界股災，在高科技泡沫及金融海嘯期間，保守型投資組合報酬較高，占優勢；2009年至2019年期間，是股災過後的成長期，這時積極型投資組合較占優勢。

族群之外，勞工自行提撥的比例並不高，自行提撥人數甚至低於一成。其解決之道就是參考以上所述的「保守、穩健、積極和生命週期」四種類型基金，它有三種特色「簡單、安全、有績效」。看完以上的解說，我想起了你的論點，開車有車禍的可能，但不是因此而不買車或不開車，要學的是安全的駕駛。相同的，退休金的自選不是因為參與股市而不安全，而是有無安全的設計。你同意嗎？

第 9 章

沉睡的校務基金

四月的雨，帶來五月的花，
頂尖大學如何賺錢、如何用錢？

美國大學的財務校務基金吸引人才、培育人才，
進而人才回饋的良性循環；
先花小錢，後賺大錢的整個管理機制和做法，
可以讓台灣校務基金和慈善基金參考。

$$\vee$$

周景揚校長：

　　當年劉文正的那首「三月的小雨，淅瀝嘩啦下個不停」，三月到貴校演講也是一個飄雨的日子。兩場演講空檔之間，在管理學院院長許秉瑜、呂俊德系主任和張東生教授陪同下，我有了短暫的請益機會，我們坐定閒聊時，看到您打開檔案夾，有篇我的專欄文章被撕了下來，看來您對訪客都做了點功課，時間管理真的不錯，這是我第一個印象。

　　順著那篇專欄話題延伸談了許多，也觸及了校務基金的操作。印象中校長提及中央大學部分可動用的校務基金，也開始進場台灣 0050，初期進場尚未獲利，不過仍秉持紀律繼續投資，這是正確的做法，看來連校務基金的管理您也做了功課，這是我第二個深刻印象。

　　大學校務基金的投資管理和策略，這是另外一個有趣的議題，今天想藉這封信和您談一下沉睡的大學校務基金。這個現象同時也包含了許多公益團體和宗教的慈善基金，這當中一定有些迷失，造成了資源使用效能不彰。

　　我也做了點功課，看了些您的相關報導，您上任首次和同學們暢談

的人生經驗，演講主題是「擴大舒適圈，超越自己」，題目很棒，幾乎也是點出了我國校務基金的問題。

名校的群聚效應

離開舒適圈，其實是一個漸進的學習和適應過程，您的那場演講應該也精彩，這主要是來自生活豐富的歷練，所謂「有錢難買少年窮」，球賽中特別精彩的常是持外卡一路闖關挺進決賽的球員。您來自宜蘭山區，小學上課要跑步三十分鐘才到校，在台北唸建中時為了節省開支，和室友們擠在狹小的空間，連自助餐吃顆蛋兩塊錢都要再三盤算。看到這一段，想起了我在台東的牙醫，某次在看診時閒聊，才知道他也是建中學生，來自南投，當年為了省一張公車票，早上四點半起床走路到校。

為何離鄉背井也要進建中？因為建中人才濟濟夠優秀，才有人才聚集的磁吸效應，一如老外常說的「Bees with honey」，蜜蜂會找尋蜜場，就如同美國著名的公私立大學吸引全球的人才。您當年任職的貝爾實驗室，能夠吸引您帶著球傷，拄著拐杖忍痛前往面試，這加入的動機和期望，不就是有相同的群聚效應嗎？

建中是台灣頂尖的國立高中，可以吸引國內的優秀學子，那為什麼僅止於國內，而不能擴大到國際，如同美國頂尖大學一般呢？

想必原因諸多，我談一個中美兩地不同的差異，這也是走向良性循環或原地踏步的關鍵點，就是「財源的開拓和使用」觀念。簡單的說，就是**美台頂尖大學如何賺錢、如何用錢的思維差異！**

就先從您的碩博士全額獎學金說起吧！母校伊利諾大學（University of Illinois），有「公立常春藤」美譽，創校 1867 年，在校學生四萬餘名，截至 2018 年校友及教授研究人員共有三十位獲得諾貝爾獎。

不過我倒是對貴校可以容納七萬人的紀念體育場有點好奇。當年我

留美時，念的是新澤西州立大學在紐瓦克的法商校區，離紐約二十五分鐘車程。這個城市當年是普天壽保險公司的總部，但校區恐怕只有十分鐘就可繞完。跟留美前在照片上看到美國大學廣闊的校區大不相同，心裡總有一些不平衡。當時我還刻意到總校區修了幾門課，拍下校區裡的高爾夫球場，那座可以容納兩三萬人的體育館絕對是寄回台灣的照片之一。

在 95 號州際公路 9 號出口，往右十分鐘到校區，直走了二十分鐘經過嬌生公司的總部到達普林斯頓大學，往左轉進入另外一條花園州際公路，約二十分鐘左右就能到達您以前的辦公室——世界著名的貝爾實驗室，這個地區也有人才的群聚效應，全美的醫藥公司總部多數在新澤西的中部。

美國校園之大，這是當學生時的第一個感受，而美國的校務基金財力之雄厚，這是現在的感觸。全世界源源不斷提供給美國的資金，讓美國有充裕的財力水庫買遍全世界一流的公司，而美國大學的財務校務基金則發揮了吸引人才、培育人才，進而人才回饋的良性循環；這當中「先花小錢，後賺大錢」的整個管理機制和做法，可以讓台灣校務基金參考。

美國公私立大學都有自己的 EFC（Expected Family Contribution），就是所謂家庭預期能支付學費的財務計算，依家庭能支付的財務狀況做學雜費是否減免的依據和調整，只能付一半學費的家庭，學校考慮支付另一半，國際學生的學費是 3 倍，這是我們當年的痛。

舉個實例，來自台灣宜蘭偏鄉的周景揚，從建中到台大電機學業優秀，這是學校看好的潛力人才，學雜費予以全免，您就是這樣的例子。但如果發現您是周杰倫的近親，或是比爾·蓋茲慈善基金會的董監事成員，那麼還請你捐贈 5 百萬美元。你的母校伊利諾大學四個校區都列了捐贈募款目標，目標欲達到 31 億美元，目前已募得 17 億 5 千萬美元，約新台幣 550 億元，達標 56.4%。去年支出的費用 5 千 3 百萬美元，您

當年的全額獎學金可能就是從這地方來的。

昔日的窮學生，今日的 CEO

不要小看這個「先花錢，先付出」的強大功能。第一、向全球徵求人才：就算有人被哈佛大學錄取，評估後了解碩博士的學費可能是耗盡許多家庭一輩子的儲蓄，這時如果有一流頂尖的公立大學提供全額獎學金，這能有吸引人才的效益；第二、多年後能收到人才的感恩回饋；我曾經看過新聞報導，有一位著名的體育教練，捐贈了上千萬美元給他的母校，他說沒有當年學校的全額獎學金，他可能就流落街頭，沒有今日的他。

前一陣子企圖併吞美國高通大廠的博通公司執行長陳福陽（Hock-Eeng Tan），這位來自馬來西亞貧民窟的小孩，十八歲時靠著獎學金來到美國，在麻省理工學院（MIT）拿下機械工程學士以及碩士學位，後來更進入哈佛大學（Harvard University）攻讀 MBA。陳福陽的兩個小孩受自閉症所擾，他最近還捐獻了 2 千萬美元給母校 MIT 做為研究自閉症的資金，希望從自身經驗出發，能夠幫忙為這項疾病找到新的治療方案。

妻子 Lisa Yang 是來自新加坡的移民，也曾捐給她的母校康乃爾大學1 千萬美元，成立專門的慈善機構專門幫助身障人士找工作。

陳福陽的父母當年根本無力供他上大學，在一籌莫展之際申請到了麻省理工學院的獎學金，給他的人生帶來了巨大轉折。千萬捐款對比十幾萬的學費，你說這個校務基金發揮了多大的效益。

其實讓多數人驚訝的是，回饋捐助大學的捐贈基金是許多受益學子畢業之後，給自己訂的一個努力和衡量是否成功的指標。四月的雨，帶來五月的花，美國大學一旦形成如此優良文化，全世界其他大學如何能夠競爭？

伊利諾州立大學還有州政府的財源，所以動支的部分比例較少，不到3%，私立常春藤盟校動用校務捐贈基金的比例較高，大約在5%。哈佛大學的捐贈基金，已經高達370多億美元，相當於新台幣1兆元，每年5%的提撥費用大約負擔了36%整個學校的行政開支，耶魯大學大約有40%必須仰靠校務基金。兩相對比之下，美台兩國大學校務基金的運用態度和做法迥然大異；台灣長期習慣仰賴預算來做事情，美國不管公私立大學，都不停地籌措財源以及加強投資管理。他們既能花錢，也懂得賺錢；簡單的說，台灣的校務基金長期待在舒適圈太久了。

台灣的校務基金

四年前我出第一本書的時候，有位國立大學財經所同學和我聊到，他攻讀財經研究所是希望能學到理論以外的實務操作經驗，但他後來發現，學校校務基金竟是放在郵局定存，他大失所望的說，那我還能學到什麼呢？

您期勉同學們脫離舒適圈，超越自己的諄諄教誨適用於大人的世界嗎？為什麼美國大學的校務基金既敢花錢，又會賺錢？您覺得關鍵的差異在哪裡？

我認為首要問題還是在專業和觀念。第一個怕虧損，沒有人願意或敢承擔這個責任。我分享一個經驗，我曾經在某個大學的校務會議上，介紹了資產配置的投資策略，與會的二十幾位主管聽完之後多數人都可以接受在股市裡的投資，因為波動控制在可以接受的範圍。我記得其中一位主管聽完後，當場問主計處為什麼一點都不投資股市呢？主計處回應說，之前是你們不願意投資的啊！

如何改善校務基金的使用方法？

一旦開啟觀念、打開視野之後會有不一樣的抉擇，如果您看過我在〈8-1 退休金安全自選的策略〉，提到巴菲特老師葛拉漢的「25％股票、75％公債」保守型投資組合，績效約年均 6％，它的波動度極低，這個績效也和伊利諾大學的績效相近，雖然輸給常春藤盟校，但這個獲利遠超過目前台灣的銀行 1％定存，而且過去二十年成長了 3 倍。

每個大學校務基金的金額不一，若統一以 20 億元為參考值，每年如果有 6％投報率，一年就有 1 億 2 千萬元的收入可供利用，什麼樣的獎學金可以吸收亞洲優秀的學子？什麼樣的禮遇可以讓伊利諾大學 30 位諾貝爾得主每個季度都在中央大學短暫指導，引領風範？就算諾貝爾得主的邀請不可行，人是英雄，錢是膽，優厚的獎學金一定能帶來吸引人才的群聚效應。

再說貴校有財經系所，而且是國內兩家經過國際財務分析師（CFA）認證的大學，就算抽出其中的 5 千萬元，做為三家系所校際的基金管理競賽本金，例如財經研究所、物理系和數學系。美國許多私募基金的人才不見得是商學院，反而來自於工學院，只要競賽和目標及安全規則訂好，例如：為求穩定，波動不得低於不得超過 10％和 15％的「避險型」操作競賽組，或者「被動型資產配置」競賽組，和一般「主動型」操作競賽組。

在酬勞上的設計也可以給予誘因，可以比照私募基金或者巴菲特當年的管理費，例如：超過兩年定存的部分，可以給予 20％到 25％的利潤分享。如果能帶動競賽風潮，同學們理論和實務的結合經驗，將在國內獨樹一格。

就算這些校務基金有些許的虧損，也符合您給同學們所定的期許，一個人的目標和企圖心一定要大，更何況學校正是同學們可以犯錯學習的好地方，而事實上只要規則訂得好，是可以控制虧損的。

當然也可以參考美國一般常春藤盟校的做法，「校內管理」和「校方委託」雙軌並行，國內的校務基金投入的比例和積極度，可以參考國外的校務基金操作模式，國外大學的校務基金除了有積極募資，更注重基金成長操作的思維。因為有開源，所以有資源，吸引了全球的人才，而未來人才的回饋，又形成了良性循環。您在美國多年的理論和實務經驗，特別是看過一流公司的操作，美國校務基金的優良典範和實質效益，希望早日能看到從中央大學開始。若能引領風騷，「中央」突破，四周擴大，中央之名美矣！

如何提高校務基金的投資報酬？
耶魯校務基金給我的啓示

美國校務基金的成功，不只是在投資操作的努力，
每一年吸引捐款持續投入，
也發揮了逢低補進，下降平均成本和掌握機會的優勢。

⌄

陳教務長：

　　謝謝那天你帶主計處的同事，來聽我的演講，你為校務基金創造較好的投資報酬，這個為學校資源創造福利的謀事之誠，我看在眼裡，很有感受，也希望能夠提供一點在投資領域多年的觀察和經驗。

　　科斯托蘭尼在《一個投機者的告白之證券心理學》提到，「匈牙利有一句俗語，『最好的警察出身於賊』，因此政治人物、財政部長或央行總裁，身邊應該有當過投資人的顧問，這些人可以向他們提供幫助。」現在名單中恐怕要加上慈善信託或學校的投資決策者。

　　我個人觀察是，國內大學的校務基金沉睡已久，是該甦醒發揮活力的時候了。所謂「用進廢退」，不停地鍛鍊和磨練就會持續進步。反之，荒廢已久就自然退步，校務基金的管理我認為也是如此。美國大學在校務基金管理這方面領先全球，他們會找錢、會賺錢、會花錢，所以美國頂尖大學在全球一直保有競爭優勢，今天這封信我們聊聊「如何提高校務基金的投資報酬」。

　　先了解一下，多少投資報酬是符合貴校的期望？能接受多大的波動

度？不少校務基金停泊在銀行定存，報酬大概只有1％，勞退基金大約2.8％，台灣0050成立以來約年均7％左右，但這個上下波動度曾高達45％的震盪，就是在金融海嘯那一年，多數人恐怕無法承受。那麼我在〈8-1退休金安全自選的策略〉裡，提出巴菲特老師葛拉漢建議的保守型投資組合，年均報酬約5％到6％，但是波動度低。以過去二十年發生的兩次股災來看，最大的虧損不會超過4％，報酬率略低於台灣的股市，如果貴校參與負責的人手較少、經驗度不足或是無法和全校師生凝聚建立共識，那麼「保守型投資組合」操作手法，應該夠用。

耶魯大學校務基金操盤手的超高績效

如果想讓績效更上層樓，那麼耶魯大學校務基金操盤手大衛・史雲生（David Swensen）的經驗和思維就值得參考。美國頂尖大學花起錢來不手軟，耶魯大學約40％學校開支必須仰靠校務基金，相對的也要求基金操盤手能夠跟上腳步，賺錢的績效必須在水準之上。

哈佛大學基金管理人曾經提到哈佛大學已有四百年，還要再走下一個四百年的永續經營，以及支付學校每年增加的龐大開銷，大約有8％投資報酬才能夠對抗通貨膨脹和所需。

從這段話就可看出，美國校務基金經理人的思維和台灣校務基金管理者的差異極大。若不想承受太多波動，不管是個人、國家退休金、校務基金或慈善基金，第一級的期望年均報酬5％到6％，那麼保守型投資組合中「25％股票、75％美債」就有機會達成。

股債各半的穩健型投資

7％到8％的年均報酬是第二級的挑戰，那就必須提高股票的持有比

例，大約是股債各半（50％股、50％債）的「穩健型投資」，我們用西元 2000 年開始的兩次股災來做壓力測試，可以得知以下的結論：

- **兩次股災，績效略輸「保守型」**：在股災來臨時，這種投資方式的績效會略輸保守型（25% 股票、75% 公債）的操作模式，但是非常的接近，期初 1 百萬元投資，二十年（2000 年至 2019 年）之後都有接近 3 百萬元的水準。

- **一次股災，績效略高「保守型」**：但是如果考慮只有一次股災的衝擊，而不是前述的兩次股災，也就是 2003 年到 2019 年，這時股債各半的總帳戶金額，也就是「穩健型」的 3 百萬元對上「保守型」的 250 萬元，加高股票比例，在股市上漲期間或長期這兩種情況下，都會產生應有的優勢。

當然這個「穩健型」投資組合的波動度，會比「保守型」投資組合來得高，特別是股災來臨時：分別是 2000 年高科技泡沫、2008 年金融海嘯，都接近 12％跟 13.63％的虧損，而「保守型」組合在這段期間最多虧損 2％。

第三級積極型投資組合要想再提高投資報酬，往年均 10％的挑戰。那麼耶魯大學著名操盤手史雲生的操作模型和思維就值得關注了。他在 2005 年出了第二本書《非傳統型成功之道》（*Unconventional success*），這本書提了至少三個建議：

一、必須每年「再平衡」回歸到原先設定的比重，例如「保守型」25% 股票、「穩健型」50% 股票等。

二、使用低成本的指數基金，以上這兩件事本書都一再強調，對一般以簡馭繁的投資者而言，本書只做股債共舞的搭配，應該足以滿足投資報酬的目標。

三、他的投資組合包含了六種核心資產，分別是股票、公債、海外成

熟市場、海外新興市場、不動產信託（REITs）。根據過去資料分析顯示，加入房地產信託會讓資產配置的投資組合產生微妙的化學變化，波動度下降，投資報酬還提高，我們也看到了耶魯捐贈基金，在房地產信託操作上也有將近 15% 到 20% 不算低的比例配置。

如何降低投資組合波動？

或許你會產生疑惑，美股過去九十二年投資期的年均報酬 10%，這個績效最高，勝過多數的操作管理模型，何不百分百投入美股，不須這麼大費周章地討論。我曾提過，這關鍵原因就是波動度的問題，這當中最少有四次 50% 的下挫，而且 2000 年到 2009 年美股投資還賠了 10%，長期投資的個人或許可以，但我想多數的校務基金無法承受，這就是我們必須繞圈子，大費周章來降低投資組合波動的主因。

耶魯捐贈基金過去二十年能有將近 13% 的年均報酬，算是相當高的第四級挑戰，這當中一定有他的學問，不會只有上述的六種資產，史雲生所使用的配置是「5：3：2」，分別是「股票 5 成：公債 3 成：房地產 2 成」，但不會只有混搭設計，就可以達到 12% 以上的投報。各種資產在什麼時間擁有什麼比例，依不同時間的轉換，就像元帥的調兵遣將，不同的兵力部署在哪，有不同的效果。

這個「調度」，就是其中關鍵。

投資要能夠擊敗大盤所使用的策略裡，至少有：資產配置、選股、交易時機等三種策略。「交易時機」牽涉到關鍵時間，做出關鍵的動作，這個我們留待第 11 章超額報酬部分可以來討論。至於「選股」，許多投資大師已有很精彩的論述，國內的投資達人也多有心得的書籍，先不在本書討論範圍之列。

史雲生 1985 年接管耶魯大學捐贈基金時只有 14 億美元，隨著每年的募款和股票投資的成長，截至 2018 年 6 月 30 日會計年度已經達到 294 億美元，成長 12.3％。僅次於超級學霸哈佛大學的 392 億美元（成長 10％）。哈佛大學校友的捐款少有他校能比，是過去幾十年來唯一霸主，但耶魯的操作績效如果可以持續保持 2％的領先幅度，兩者的距離將越來越接近，哈佛應該已經感受到耶魯在後的跑步聲。這也說明，資產大不是唯一的領先因素，好的管理績效可以讓錢滾錢的效益發揮得淋漓盡致。

　　總結來說，依每個慈善基金或校務基金投資的目標設定和所能承受的波動度，大約可以繪出簡單藍圖。以台股和美債混搭為例，持有 25％股票比重的第一級保守型，年均報酬約 5 到 6％；持有 50％股票比重的第二級穩健型，平均報酬有希望達到 6 到 7％的目標；持有 75％股票比重的第三級積極型，年均報酬目標有希望 7 到 8％。

台股和美債混搭的資產配置

資產配置類別	持有股票比重	年均報酬	說明
第1級「保守型」	25%	5-6%	葛拉漢提出的「保守型投資組合」。
第2級「穩健型」	50%	6-7%	股債各半，是「穩健型投資」。
第3級「積極型」	75%	7-8%	例如巴菲特遺囑要求的9成股票，1成現金。
第4級「超額報酬」	50-80%	10-12%	美股耶魯操盤手史雲生的布局，報酬高且波動低，包含絕對投資報酬的避險操作。

若希望達到耶魯大學校務基金亮麗的績效，必須了解的是：

一、它不是短時間的成績，從金融海嘯前一年高點 2007 年算到 2017
　　年，耶魯校務基金的年均績效也不過 7%，過去長達二十年的績效
　　才有機會突破 12%。

二、這當中對某項資產的特質跟價值評估都必須有一定認識，所以在
　　實際的轉換和調配上也扮演重要的角色，這個部分需要專業人員
　　參與協助才有比較好的效果。

三、耶魯校務基金以美股為主，過去二、三十年美股的成長動能優於
　　台股，沒有投資國界限制的人，應該酌量考慮納入美股。

這三個不同等級年均報酬從 4% 到 10%，功力好又運氣不錯，能超
過 10% 年均投報的畢竟還是少數。每一項資產配置之間縱使只有 2% 的
差異，但長期複利之下，結果都會非常驚人。

美國校務基金的成功不只是在投資操作的努力，每一年吸引的捐款
持續投入也發揮了逢低補進，下降平均成本和掌握機會的優勢。上述所
有校務基金的操作，也適用個人理財，那就是（1）**資產配置的系統方
法**，（2）**紀律性的再平衡**，（3）**每年持續地投入新金額**，還有（4）**足
夠的分散性**，保持這四項原則，績效將指日可待。

9-3

絕對投資報酬，有多絕對？

絕對投資報酬不論在好時光、壞時機，都要追求正報酬，
希望能在「賺多賠少」的情況下穩定地緩步前進。

東生教授：

　　謝謝你三月時邀請我到貴校演講，到訪期間我們聊到了台灣的教授
較少參與校務基金的管理。您提到了教授萬一失手，連進教室都不知道
怎麼面對同學。

　　2014 年路透社（*Reuters*）訪問我時，下的標題是「擊敗華爾街的無
名小子」，我看這兩年要改成「被華爾街擊敗的無名小子」了。2017 年
在台大演講時有同學提問「如何成為股市操盤手？」我說：「你可能要
先從學習『被盤操』開始！」這話引來同學們的笑聲。

　　做主動投資管理很難一點都不失手，防守性資產或避險部分如何設
計是個重點。前面提到幾種模式，（1）巴菲特的七種資產組合，（2）
最簡單，一般投資大眾都可以使用的「資產配置」，（3）機構法人如耶
魯大學所採用的不同資產者和不同操作模式的組合，例如「絕對投資保
酬」的操作就是其一。這幾年從他們校務基金的財報可以看出來機構法
人用的比例不輕，不過這應該是委外的專業操作，所以教授們也是可以
做協調和運籌帷幄的校務基金管理。

什麼是「絕對投資報酬」？

　　投資者看的是中長期趨勢，較少有操盤一說。「操盤」有掌控的意味，如同玩風帆隨時移動和調整，市場上現多以「絕對投資報酬的多空操作」來指稱。

　　絕對投資報酬的操作這幾年較常出現在法人機構，例如：諾貝爾基金會、長春藤盟校的校務基金，而且比例不少。

耶魯大學校務基金資產配置比例

資產配置 會計年度6月	2019 目標配置	2018	2017	2016	2015	2014	2013
絕對報酬	26.0%	26.1%	25.1%	22.1%	20.5%	17.4%	17.8%
國內股票	3.0%	3.5%	3.9%	4.0%	3.9%	3.9%	5.9%
固定收益	4.5%	4.2%	4.6%	4.9%	4.9%	4.9%	4.9%
國外股票	15.5%	15.3%	15.2%	14.9%	14.7%	11.5%	9.8%
槓桿併購	15.0%	14.1%	14.2%	14.7%	16.2%	19.3%	21.9%
自然能源	6.5%	7.0%	7.8%	7.9%	6.7%	8.2%	7.9%
房地產	9.5%	10.3%	10.9%	13.0%	14.0%	17.6%	20.2%
創投基金	18.0%	19.0%	17.1%	16.2%	16.3%	13.7%	10.0%
現金	2.0%	0.5%	1.2%	2.3%	2.8%	3.5%	1.6%

資料來源，The Yale Endowment

　　論績效，彼得‧林區和巴菲特這種「買個股，抱趨勢」固執投資者的做法成績最好。但是論控制波動度，絕對投資報酬不論在好時光、壞時機，都要追求正報酬的做法，對於不想有太大波動度的法人機構來說，「絕對投資報酬」是被青睞的選項之一。

　　但是共同基金要找到好的「絕對投資報酬」操作不易，大多偏向私

募基金。這種操作有預期會上漲的，也有希望能下跌的放空操作，希望
能在「賺多賠少」的情況下穩定地緩步前進。

解說半天，不如一張圖表來得清楚，請見下圖：

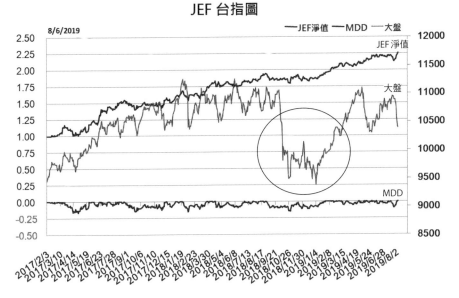

資料來源：Jeff 提供

Jeff 是國立大學數學研究所畢業的高材生，我們因投資交流而認識，
上圖是這兩年的絕對投資報酬的操作績效，以實際的金錢管理，不過因
為沒有經過會計師簽證報告，視為模擬操作的假錢也無妨，重點是希望
讀者藉此大概了解絕對報酬的操作。

從 2017 年 2 月到 2019 年 8 月，Jeff 長達兩年的絕對投資報酬操作淨
成長 125％。相比台股同期指數起點約是 9,455 點，終點收盤在 10,549
點，台股大盤漲幅約 12％。

絕對投資報酬的重點表現在於 2018 年 10 月台股大跌（圓圈處），
但絕對投資報酬的圖形幾乎穩住，其主要原因是看漲、看跌兩邊都有布
局形成一個平衡。績效緩步穩定上漲。

但 2019 年年初，台股快速上揚，JEF 的投資組合並沒有呈現台股大盤相同快速仰攻的陡升走勢，原因就是有放空的避險操作，可以說大跌時穩健是因為有了避險，大漲時不易，也是因為有部分的避險如放空持有，絕對報酬要的是緩步的「絕對」成長。

這個績效比一般絕對投資報酬要來得高，還有另外一個原因，是下跌幅度的放寬。在 JEF 的投資組合中最高跌幅允許 30 ％，但從上圖 MDD（Max Draw Down）下檔風險看出，JEF 程式設定上，雖然設定 30% 的最大下跌，但實際發生時只大約下跌在 22%，控管執行得很好。一般法人機構可能只允許 10%。波動度放寬，績效當然也會跟著好，如果設定 10% 最大跌幅，績效可能就要從過去兩年的 125 ％變成 40 ％左右，當然還是非常優異。

以上是 Jeff 台股絕對投資報酬的操作，我曾經要求 Jeff 研發美國的部分，避免單一國家市場，不過還沒等到他完成，我就摔跤了。

巴菲特也避險，但他不用這種方式。一般投資者如果可以承受一些波動，十個不同各領域的投資，就可以分散系統的風險，但是一旦遇到股災還是會跟著下挫。絕對投資報酬同時都想能避開系統風險跟非系統風險。

資產配置、巴菲特的操作、絕對投資報酬，以上這三者都有規避風險、降低波動的效果，不過在這三者中，資產配置的概念最簡單，適用每個人。

要了解巴菲特的操作，不能只看他上市公司股票的部分，他的資產配置分布在七種資產以上，必須整體來看才能夠一窺他的布局。

絕對投資報酬是交易者的天下，但做得好的人不多，機構法人比較有這個條件，能夠僱用交易者操作。國內有這樣的人才，這也是我建議校務基金培訓校內有興趣的數學、物理、理工人才，假以時日可管理自己國家的主權基金或退休基金，就不必完全仰賴他國人才了。

第 10 章

年輕人的致富之道

10-1

再論「第一桶金來自何方?」

有了第一桶金,你會覺得人生是彩色的,
連承受挫折的能力也多了幾分。

∨

艾蜜莉:

　　我回台後收到你去年聖誕夜簽名的贈書了。2018 年美國聖誕夜股市狂跌,歷年來少見,你還記得每年平安夜的心情嗎?去年我是關了燈在席琳狄翁(Celine Dion)的美妙歌聲中,讓自己的心情和聖誕歌曲在黑夜漸層中融合。

　　股市在平安夜都不見得平靜,這是股市的波動特質。幾天後美股開始反彈,看似又回到了常態,這個穩定永遠是短期的。股市彷彿永遠是個過動兒,「動」是他的本質,在動態中往上迂迴前進。

　　我原以為你的書在談如何選股,一看原來是分享家庭財務規畫最初階的心得,家庭財務規畫是最基礎、最重要的第一層,整合了五大領域:保險、稅務、投資、退休、遺產的整體規畫。

　　但在進行家庭財務規畫之前,許多的年輕朋友連儲蓄、理債都有困難,以致於根本沒有正向現金流。多數的財務規畫師不見得會指導第一層最初階部分,你分享過來人的成功經驗,彌補了許多財務規畫師沒有完成的第一部分,這是美事一樁。

你這些努力，都是希望年輕朋友、一些家庭能夠快速地累積第一桶金。這本書從儲蓄、理債、婚禮、育兒、保險、退休、投資，涵蓋面相當廣，雖然有些內容只有點到，例如提到保險的部分，但已經抓到幾個重點，可為讀者往下的閱讀打基礎。

我看到你婚禮的花費只花了不到 5 萬元，我會心一笑，這是你理財可以成功的個人特質。成功的投資者都具備開源節流並重的概念，因為務實，所以錢花在刀口上，但是婚禮一樣隆重。

第一桶金的重要

我們都同意第一桶金對小資族來說很重要。我曾在第一本書發表了〈幫助年輕人脫離「薪貧族」的 10 封信〉，第一封信就是〈第一桶金來自何方？〉當時《今周刊》轉載這篇文章，有將近三千多個分享，可見年輕朋友們十分關心此議題。

我常在很多演講場合提醒年輕朋友「第一桶金的重要」，獲取第一桶金過程中需要很多犧牲。沒有充分認知這個事實，就很難為達成目標而努力。

相信許多人都聽過我說的例子，這是我念台北工專打工時的經驗。俗話說，「上班老闆盯，回家蚊子叮，摩托車陣裡是廢氣熏」，特別是台北秋冬經常飄雨，摩托車停在紅燈前，有時雨水打下來，若那天工作特別委屈，都分不清楚是雨水還是淚水。有些人確實能享受工作的樂趣，但工作有目標和要求，有時碰到挫折，心情難免低落。

如果有了第一桶金，雖然還不算加入有錢人的俱樂部，但你的奮鬥路上開始不孤單。飄雨的晚上在星巴克喝咖啡，同樣是下雨，外頭煙雨朦朧是如此的詩情畫意。有了第一桶金，你會覺得人生是彩色的，連承受挫折的能力也多了幾分，雖然不是鼓勵年輕人動不動炒老闆魷魚，但

是你會心想最壞時，還有一桶金暫時養著你，多少降低了一些不安和委屈，面對挑戰的心情也不一樣。就像老外說的：「每片烏雲總有透露的銀光（Every cloud has a silver lining.）。」重要的是，擁有第一桶金彷彿就像有一個無形的人在幫助你。

金兒子值不值得養一個？

如果每個月強迫自己存 2 萬 5 千元，每年 30 萬元，八年 240 萬元再加上每年 6% 的獲利，有希望到達 3 百萬元，接下來想辦法獲得 8% 的投資報酬，一年 24 萬元免稅，也相當一位大學畢業生一整年不吃不喝，所賺得的薪水全部奉獻交給你。

剛開始養他，你要犧牲，然而八年後，相當於才小學二年級，就可出外打工了。他不吃不喝，也不交男朋友，不交女朋友，賺的錢全部交到你手上。你或許會好奇地問，他願意這樣養你多久呢？他的答案是「永遠！ forever ！」，我問多數的聽眾，這樣的金兒子值不值得養一個，多數人都說「值得！」

四月份我在中央大學演講，為了讓大學部的同學們能夠聽到比較切身的內容，我把講題改為「第一桶金來自何方？」有一位在台北醫院上班的護理師請假來參加，聽完她特別到休息室向我致意，她說現在有信心可以拿下第一桶金了。以往她從不認為自己做得到，一旦她了解這重要性的認知後，接下來追求第一桶金期間碰到的辛苦，就會甘之若飴地奉獻犧牲。

加速存第一桶金的四個方向

我同意你說「認知的重要性」，有充分了解第一桶金的重要性，才

能轉換成行動。如何加速獲得？你書上提到的記帳方式、錢包的管理、領到薪水後將一定的比例，例如 25％ 到 30％ 之間，直接轉到儲蓄帳戶進入投資，斷了花錢的念頭，都是想辦法做到儲蓄上的紀律管理。這些當然都有用。

我曾經提到加速**第一桶金有四個方向：專業、創業、副業、勤儉。**

一、專業

投資自己的專業，附加價值應該會最高，會有一定的成就感，也比較容易啟動良性循環，這個一定要擺在第一個優先順位來考量。諾貝爾經濟學獎得主賀伯·賽門（Herbert Simon）和威廉·蔡司（William Chase）曾提出**「十年定律」，一個人要在專業上有所成就，十年是一個合理的時間。**

二、創業

創業一旦成功報酬極高。但這與個性有很大的關係，機會來臨時，時機有時比經驗重要。微軟的比爾·蓋茲、Google 兩位創辦人佩吉和布林、臉書執行長祖克柏……，雖然他們大學都還沒畢業就開始創業，但其實他們在專業上已經有了一定的實力，加上美國有各個專業團體的組合支援，一旦被創投看上都有一整套完整的發展模式。

台灣不見得有相同環境和機會，有興趣創業的人先培養自己的專業和人脈，再循序漸進地水到渠成也是一個方式。我常說創業成功不是存一桶金，而是挖一座金山。創業需要關注的事項極多，就不是這本書所能含括概論的了。

三、副業

大多數人可以隨時進行，就算是有自己的專業也可以撥一些時間來發展有興趣的副業，兩者並不衝突。只要在時間允許下，也可以跟自己的專業做結合，就算是大學生都可以一邊準備課業一邊進行。

我在第一本書內談到二房東的故事。當年在師大浦城街一排學生宿

舍裡，我住的那棟樓就有一位國立大學研究生扮演學生宿舍的管理員，住宿免費還有薪水。這個工作量多數學生都可以應付，也因為觀察到這個例子，我在準備出國留學時，就選擇當職業二房東，不僅解決了住的問題，還有一份上班族的薪水可拿。

我在演講時提到了跟你一樣的觀察，不論是工作或兼職副業，都應該找自己有興趣的，兼差也要兼有興趣的差。我跟同學們說，每一個人都有這樣的能力和興趣，只要願意就可以跟興趣結合，進而從副業中有一份收入，同學們半信半疑，演講現場我們就實際演練了起來。

企管系的 A 同學提問說，他的興趣是吃鹽酥雞，引來同學們一陣笑。這個提問好像是來踢館的，吃鹽酥雞也能搞成賺錢副業嗎？我說當然可以。米其林是靠什麼賺錢的？美食的權威。我告訴 A 同學，把中央大學附近同學們可以買到鹽酥雞的店面和攤販，做一份鹽酥雞的權威報告，寫出哪一家好吃又衛生，有口感、有何特色。

你也可以在校園辦一次中大鹽酥雞競賽邀請這些商家參加，在你的臉書或部落格，發表「中大鹽酥雞米其林排名」，一個禮拜輪一家，並事先跟商家講好你抽成 20％，等到累積一定的聲量之後，你就有了團購的購買力。必要時，你可以再抽出 5％，額外從量販店買一些豆腐豆干，這個部分請老闆將豆腐豆干一起下鍋，這時同學們委託你代買的鹽酥雞不僅好吃，加量又不加價，你這個團購就有特色了。

坐在中間的瘦瘦高高 B 同學，他的興趣是騎公路車，我說他適合送外賣啊！運動兼工作，而且還可以跟 A 同學剛好湊成一組，一個人接單一個人負責外送。

同學們笑完之後我告訴大家，我念台北工專二年級的時候和五個不同校的同學一起單車環島。同學吳文欽告訴我，他的環島費用是早上送報紙送了半年存起來的，我當時還找了三重埔一家做外銷變速越野車的店家，揪同學一起團購爭取到價錢便宜的單車。本來我們還想要拉台灣

兩家汽水商的廣告或者贊助運動衣，可惜準備時間不足，只停留在構想階段。

我告訴 B 同學，你一定可以找到志同道合的人，就把你們騎公路車的時間當做行銷廣告的時間，用一樣的制服、醒目標語，幾個人一組絕對引人側目，到時候什麼廣告你們都可以接。

我講得很認真，同學們開始當一回事了，我說有些女孩子喜歡寵物，如果在外面住宿，可以打造讓寵物舒服溫馨的小小空間「寵物計時旅館」開始接案，如果生意好，也可以聘請其他工讀生。因為喜歡、有興趣、有熱情，做起這樣的兼職來，賺到錢也有樂趣。

四、勤儉

我在阿甘投資法提到，每年存下 5 千美元（相當於新台幣 15 萬元）投入標普 500，二十年下來運氣差，有兩桶金以上，運氣好，甚至高達五桶金，約 50 萬美元（詳細計算說明，請參見第一本書）。要達到這個目標，一個月大概需要存下新台幣 1 萬 3 千元，大學生如果有心一定可以靠副業跟勤儉賺到。

我半開玩笑地說，中餐、晚餐到自己喜歡的餐廳洗碗盤，兩個小時大概就能賺 3 百元[1]，兩餐吃餐廳的員工供餐，至少又省了 150 元，若老闆同意，也可以打包回家，早餐又省了 50 元。就算週休二日忙其他事，一個月只工作二十天，這樣算起來將近有 1 萬元的收入和節餘，其他再跟自己有興趣的項目結合，例如幫房東做一些管理、打掃，再多賺個 3 千元並不是件難事。

---

1 以行政院公布的 2019 年基本工資時薪 150 元來計算，兩小時的時薪為新台幣 3 百元。

試算如下：
- 一天打工2小時，時薪150元，一天可賺：150×2=300
- 打包午餐、晚餐，一天可省兩餐餐費：75×2=150
- 打包早餐，一天可省早餐費：50元
- 小計：一天可存300+150+50=500元

一個月打工20天
則一個月可存下：500×20=10,000元

這就像你書上所說的，以前的老闆告訴你不要認為不可能，先想出一百種方法再說。每個月給自己的副業找出1萬5千元並不困難，重點就在於要不要、有沒有心而已。

你在理財路上的摸索和成功的經驗，再加上親切感和助人的心，這背景非常具有說服力，希望你能夠繼續為小資族扮演觀念和教育的開啟者，這是你一生中很有意義的工作。

看你提到這幾年健康略有違和，健康比銀行存款後面多幾個零還重要。要追求事業但不能損及健康，還請你多加注意身體，最後祝你工作忙得興致盎然，健康平安又喜樂！

10-2

延遲享樂，紀律存股，
就算世界級股災也不怕！

有了不「敗」教主的認知、渴望、紀律、行動和堅持，
就算再來幾次股災，別人滅頂，你還是會活得好好的。

$\vee$

重銘兄：

　　去年暑假你在我的全食咖啡店講課的盛況，我腦海中的印象依舊鮮明，聽眾不但塞爆而且還滿到戶外去。能有這麼高的人氣，我想一則是你的人生理財故事精彩，高職老師每年有數百萬的股利收入，對全台的公職人員來說都是絕佳的學習範例。再則《Money 錢》雜誌社長李美虹幫你取的書名《6 年存到 300 張股票》取得真好，讓接下來的《300 張》系列書籍本本暢銷。

成功人士的個性特質

　　上課時我提醒同學們，六年存到三百張股票的成績很吸引人，但亮麗成績的背後更應關注陳老師的個性特質。**多數理財成功的人，都是靠勤儉存下第一桶金，再接下來利用錢滾錢，參與一流企業和經濟的成長擴大資產。**成功絕不是偶然，你書的內容值得許多人借鏡，但大多數人只看到三百張的績效，而我特別注意到這成功的種子其實緣自於你過去

二十年的努力。

　　理財成功的人其實都有相似之處，你 2014 年才開始使用智慧型手機，之前使用的是不能上網的「智障型手機」，看到這一段文字不禁莞爾，原來我們有如此相近的生活經歷。

「游泳、騎車、泡圖書館」，靠這三招養孩子

　　台灣少子化的國安問題，有「〇到六歲國家幫你養」的政策論述，而你靠的竟然是「游泳、騎車、泡圖書館」三招節流養三個小孩，四個人游泳池門票僅花兩百元，就能消磨一下午，既健身又能在緊急時刻救自己一命；去圖書館跟書店不但能享有免費冷氣，還可以養成閱讀好習慣。

　　除了兒子寄養在書店，你不買車子靠 BMW 也是一絕（Bus 巴士、MRT 捷運、Walk 走路）。你談到曾在基隆當過五年夜間部代課老師，晚上下課後搭車回到台北時已經是半夜十二點，再轉車回家常是凌晨一點，可以想見颱風下雨、寒流來襲時，半夜在公車亭候車的滋味。好像有一次下大雨，你心裡掙扎著要不要搭計程車，最後還是忍了下來。你說買車當然可以不必那麼辛苦，但是你對買車的精算想必也讓許多人嚇一跳，你預估四十年大概要換四輛車，這一來大概需要花掉 1 千萬元，同樣的資金投入四十年，可以產生 4,397 萬元的資產，屆時再用資產的股利來買車。

富人和窮人，只差在花錢順序

　　這個概念看似簡單，但多數人卻做不到。我們一再強調「延遲享受」，並不代表不享受，而且還可以調整一下，不需要拖到四十年後，

只要大概二十年就應該有一定的實力消費。也因為不急著吃棉花糖，這樣所產生的投資效益，更有延長享受的條件和實力。忘了是誰說的，**「富人和窮人的差別，只是在花錢順序的不同」**。一翻開你的書，竟然是書上的小標，我有感地註記，有位企業家說，「如果知道而做不到，那和不知道也沒什麼差別，所以付諸行動，養成習慣，形成紀律也是富人和窮人的差別。」

你是學機械專業的，2000 年時曾迷上了刀友們心中的神刀，每把刀售價兩萬元，你設定股票資產到 1 千萬元時買一把犒賞自己，事隔八年後你達到了。這樣設定的挑戰和激勵自己，許多企業家也常使用，他們永遠開次一級的車款，設定達到某個目標之後再進階買進想要的車款或奢侈品，**永遠給自己保留一個物質生活還可以再進步的激勵空間。這些人不是買不起，而是不讓物質慾望控制了自己的生活。**比爾・蓋茲開的車，也是許多美國人開的凌志（Lexus），一台全新凌志約 5 萬美元。許多人還看到臉書執行長祖克柏開的是本田（Honda）的車。

紀律存股

為什麼聊這一段？多數人買書都是看作者如何操盤的技巧，我一直提醒應該看作者成功背後的本質。當我看到你利用假日進修取得教師證，晚上到夜間部兼課，寒暑假寫書賺版稅，拚命存錢學習用錢賺錢的知識。白天、假日、晚上、寒暑假，這樣不斷持續了二十年。你換了六個工作，唯一沒變的就是持續買了二十年的股票。這五年的代課期間，收入不穩定，加上三個小孩出生，有時一個月只能存幾千塊錢，存上兩、三個月才能買上一張股票，你還是樂此不疲，這才是成功的重點。

2017 年你參加了我第三本書的新書發表會，演講中我問你，投資生涯中目前獲利最豐碩的是哪一檔股票？我原本以為會是你這幾本書所談

的金融股，但你的回答是「台積電」，我當時沒有細問，看了你的書，才了解這個近似苦行僧的買股計畫，已堅持了二十年，這是你最強大的投資心法，讀者如果沒有領悟，只關注你買什麼股票，將會失去學習的最佳典範。

你的書上有段話寫得貼切，值得理財尚未成功或者無法儲蓄有正向現金流的人借鏡，「**窮人則是習慣，只尋求眼前的小滿足，一直買進『負債』這些小確幸，結果就沒有錢幫自己累積資產，只能一輩子辛苦工作賺錢。**」

我以為你偏好金融股，其實不然，原來這幾年的金融股是你靠以前的根基「台積電」所產生的股利轉投資做風險分散。**學生和讀者應該注意「不敗（buy）教主」封號的由來，拚命存錢，持續透過股票買進一流企業資產，產生的股利再轉投資，形成正向的善循環，這個看似簡單卻是最大的利器。**有這樣的精神和方法，只要不買雞蛋水餃股，買什麼股票都可以成功獲利！

有這樣的認知、渴望、紀律、行動和堅持，就算再來幾次股災，別人滅頂，你還是會活得好好的。別人關注的是你那三百張股票，但我關注的卻是你的內功。所謂「傳道不傳技」，「道」可以是成功之道，也可以是方法，更可以是心法。

對的時間，做對的事情

不認識的人只看你的書，可能以為你這個不敗教主是守財奴，我那天在臉書寫了一篇「對的時間，做對的事情」肯定了你一番。有感於年輕朋友在第一桶金的觀念薄弱，所以去年為年輕朋友開了「第一桶金來自何方」課程。可能有人找不到位置，竟然搭計程車直接在店門口下車，其實這家咖啡店就在捷運附近，這讓我大呼心疼，還沒有賺到第一

桶金的人，花起錢來卻像擁有好幾桶金般的闊氣。

那天感謝你的盛情參與，演講鐘點費比照上市公司給我的演講費用，應該不會太失禮。第二天上課時看到你傳給我的訊息，是你把酬勞全數捐出去的收據，我當場告訴同學們，你是「在對的時間做對的事情」，有著前面近乎苛刻的節儉，拚命的投資，才有現在支配金錢的大方氣度。

美國石油大王洛克菲勒（John Rockefeller）說（我在第一本書誤植為比爾・蓋茲）：**「如果把我全身扒光了，丟在沙漠裡，只要有一行駝隊經過，我就可以東山再起。」**一旦掌握了理財的本質，接下來的軌跡和變化，其實都可以應付得了。

看來你已經得到洛克菲勒的真傳啦，我們一起組成的「明日要更好基金會」群組，致力推廣四種教育：人文教育、預防醫學教育、理財教育、慈善信託推廣教育。明日會不會更好，不會因口號而改變，但是會因為行動而進步。你已是一個成功實踐的見證者，回台之後要好好借重你在這方面的精神，讓更多人因為你的故事和做法，得以向成功的理財贏家行列靠近！

10-3

該買房還是租房？
讓第一桶金成為你的左右護法

想買房隨時都可以買，只要具備三個條件：
準備好頭期款和不動用到第一桶金，
同時考慮合理的價位。

$\vee$

岐原：

　　得知你的報導屢獲獎項，預祝你更上層樓的才情發揮。遙想那天初見面，我們聊了現在年輕人沒有意願，沒能力進入股市投資，而且投資環境對年輕人也不友善的議題。意願低應該是來自低薪，和沒有足夠的理財教育了解投資的重要性。我每次上完課，從他們的眼神就可看出渴望改變和追求的意願。當然能不能堅持紀律，那是第二個挑戰，所以這是可以透過教育改變的。

　　臉書上偶爾看到你秀拿手菜，我們的共同朋友說，你是居家型的好男人，看來你應該是很享受家居生活的溫馨。老美說的「家，甜蜜的家」（Home, sweet home.）沒有人不渴望提早擁有房子，但美國 2018 年的國民平均所得 5 萬 5 千美元，對比美國房價來說相對合理，不過租金卻顯得貴了。

　　所以美國年輕人面對買房或租房的思維，和台灣的年輕朋友應該有些不同。以下聊聊年輕朋友該買房還是租房的困惑。

　　你認為在擁有第一桶金之後該注意什麼事呢？有些年輕朋友還不會

運用，一不小心可能就把男人給「結紮」了。在中央大學演講完的第二天，有一位上班族朋友告訴我，她很高興請假來聽這場演講，也幸好來了，因為夫妻倆最近即將做重要決定——他們正為了買房的問題而困惑著。

摒除價值觀、個人情感和特殊偏好，如果就財務規畫和投資的角度而言，全力擁有第一桶金是首要之務，而且它的重要性，就像保護家庭財務的左右護法一樣，必須隨時左右在側。也就是說，就算要買房的頭期款也不應該動用到第一桶金，這是一個專屬的財庫，它是家庭理財的尚方寶劍，有其特殊用途。

我先分析「第一桶金為什麼重要到不能輕易動用？」，再談「要買房還是租房？」。許多年輕夫婦存到第一桶金就興高采烈地買房了，假設 1 千 3 百萬元的房子，頭期款動用到了 10 萬美元（折合約新台幣 3 百萬元）的第一桶金，貸款還有 1 千萬元，每個月分期付款大約是 5 萬元。如果這對夫婦合起來月收入只有 10 萬元，這 5 萬元的分期付款就占了 50％的收入，比重偏高，這個家庭便開始有了亞歷山大（壓力真大）進駐。

年輕夫妻在職場上難免遇到一些挑戰和挫折，房貸這種隱性壓力還真是折磨人，可能埋下夫妻生活中的許多引爆點。有些家庭會因為房貸帶來的無形壓力，再加上工作疲勞，連小孩都生不出來。

我記得國內有位政壇名人的夫人說，當年她都懷不了孕，剛好趁換工作時，夫妻兩人到了國外度了假，夫人就在那時懷孕了。原來做人要輕鬆是這個道理，可見「亞歷山大」的威力。

如果不買房？

再來看一下，如果不輕易動用左右護法的第一桶金，持續進行投

資。等到夫妻倆存到頭期款後再來買房，會產生什麼樣的不同結果？

　　一樣是 1 千萬元的貸款，因為沒有動用到第一桶金，所以第一桶金可以持續照原訂計畫進行投資，每年如果是 7% 的投資報酬（大約是台股 0050 的績效），如果需要，盡可能動用在 4% 以內，3 百萬元第一桶金的 4% 大約有 12 萬元，約可支付 3 百萬元的房貸，特殊狀況就算動用 7%，約 21 萬元，可支付 4 百多萬元的房貸，心情上就會大大不同了，因為你知道有尚方寶劍可依靠。

　　如果不動用它，會發現奇妙的事情發生了！第一桶金是會生小崽子的，依前面所說的「72 法則」，7% 的投報率十年就能翻一倍，一旦有了第二桶金新台幣 6 百萬元產生的 7% 投報率，相當於 42 萬元，可以支付 8 百萬元的房貸，房貸此刻對你來講已不是壓力。**隨著第一桶金的成長，房貸壓力會越來越輕**，你完全有這個實力償還，只是眼前還有更重要的用途。這時候你已經擁有錢人的腦袋，有平和的心境和篤定的未來，夫妻做人也容易成功，可能還是雙胞胎，而且吃苦及工作的耐壓力也會一併提高。這時亞歷山大已離開，改換愛神丘比特悄然進駐。

　　要存下第一桶金最難，國人喜歡用新台幣 1 百萬元做為第一桶金，這有一點挑戰，但不是不可能。上一篇說了每個月存下 2 萬 5 千元，就算兼副業也要賺到，八年後就能擁有一個金兒子，這一輩子不吃不喝，終身守在你旁邊，為你無怨無悔奉獻效勞。

　　第二階段，穩健地使用 ETF 和資產配置，以每年 7% 的投資報酬，只要十年左右就會誕生第二桶金，如果這段期間還能再投入額外儲蓄，那麼第二桶金就會加速到來。

　　有第二桶金之後，累積財富的速度就會越來越快。第一桶金的 3 百萬元到第二桶金的 6 百萬元，這是 100% 的增長。但是從第二桶金的 6 百萬元到第三桶金的 9 百萬元，這個漲幅只是 6 百萬元的 50%，接下來就是「輕舟已過萬重山」，漸入佳境了。

如果沒有「第一桶金如此重要」的認知，你永遠只是窮人思維，永遠要面臨處理不完的財務壓力，因為錯過了最能夠創造財富的黃金時期。財經作家班・史坦說：「**未來年老的你，必須靠現在的你、年輕的你來養。**」而存下第一桶金再和一流的企業掛勾，第一桶金便會開始進行無性、但有機的生殖。

我在過去三十年從事投資管理工作，實際操作的經驗讓我擁有非常篤定的信念。在〈超額報酬〉這章中的〈11-6 被遺忘的 10 萬美元——我的實務操盤舉例〉就有個實例可印證。

回到本文一開頭，來上課的這位學員最大的收穫是解答了困惑。他們夫婦倆的積蓄超過頭期款所需，他們思考是不是應該「用較多的頭期款減少房貸？」這對有錢的人來說沒問題，但對資金還不是那麼充裕的年輕夫婦來說，更要把第一桶金這樣的左右護法留在身邊。因為：

一、第一桶金有創造性、增值性，台股 7% 的長期增長性，這個投報遠高於目前台灣房屋貸款的 2%，哪裡有為了下降 2% 成本，卻用 7% 成長性來交換的道理？

二、投資在房地產固然也有增值的空間，但畢竟房地產只是投資在台灣某城市裡，但第一桶金卻可投資在台灣 0050、美國標普500 和全球指數基金，它的面向是全球成長性企業，何者比較有潛力已經很清楚了。

有了以上這樣的認知，再回來看是買房？還是租房？這就不是一個議題了。為什麼可以不買車？因為大眾捷運相對方便，想買房的人也可以考慮替代性的租房，而且也可以租非常高級的房子。

買房前先具備三個條件

　　所以問題不是「要不要買房」，**想買房隨時都可以買，只要具備三個條件：準備好頭期款和不動用到第一桶金，同時考慮合理的價位。**之所以保留第一桶金是因為它的成長產值高於房貸利息，只有在外部投資股市，靠著投資的成長才可以多少解決爾後的財務需求和壓力，穩住第一桶金和第二桶金之後，再來的評估就是房價是否合理了。若房價不合理但還是購買，看起來這已經有自身價值觀和特殊的考量，那就不在這次的財務評估之列了。

　　多少的房價才合理？不精準的手指頭算法（rule of thumb）如下：買房後的出租投報率低於投報 4% 值得你多考慮一下，可能不值得你購買，因為台股股利已達 3% 到 4%。就算用來自住，也可以用這個數值來估算：例如以 5 百萬元購買房子，每個月租金 1 萬 8 千元，以十一個月（留一個月空檔放為各種支出花費）來算，一年將近有 20 萬元的租金，除以 5 百萬元的屋款大約 4%，在 4% 左右的投報可以考慮。但若依你對房子需求和偏好，若是低於 3% 的投報，你也喜歡，那麼一定有你個人的特殊考量，若是資金寬裕買個喜歡也無不可。巴菲特不是說了嗎，「**如果錢不能為你帶來快樂，那表示你還沒有擁有財富！**」

　　年輕的巴菲特當年也曾問過太太，他投資獲利的錢現在就可以買房，但如果願意再等一陣子，可以買更大的房子，他想聽聽太太的意見。這裡就有價值觀偏好的選擇考量。

買房可以防老嗎？

　　至於有人認為，害怕年老時租不到房子的問題，我鼓勵買房解決，但是不要因為買房反而把自己的生活品質全被房貸給綁架了。要做適合自己，並符合自己人生觀、價值觀的財務規畫。買房是許多人一生中的

重大投資，既然是投資，就必須從投資獲利的實務面來分析、探討。

我自己是進入職場十年後，大約是四十歲才開始買房，比一般在美華人晚了一些。美國的房價通常只要工作五年到七年就可以買下。我之所以會較晚買房就是不想動用投資股市的本金。

當四十五歲到五十五歲時，手邊已經有好幾桶金資產，那時怎麼會買不到房子呢？光用全球一流企業每年為你產生的股利就可以輕鬆付房貸，完全無須擔憂年老沒人租房子給你。先讓第一桶金跑個二十年，到那時他既是不離身的左右護法，又是驍勇善戰、為你清除財務障礙的趙子龍。有資金在手上，你隨時可以等待合理的價位到來，買你喜歡的房子，而不是勉強為買房而買房。

我比較擔心的是，年輕朋友現在勉強買進負荷過大、房價過高的房子，資金若全進了房產，挪占了資源，失去第一桶金在股市投資上開疆闢土的機會，那麼這房貸可能讓你娶的是亞歷山大，而不是美嬌娘。

每個地區該買房、租房的財務分析都不盡相同，台灣某些地區房價已高，但房租便宜，房貸利率相對低，但台股的殖利率又相對高，所以此時應該善用第一桶金這把尚方寶劍，此刻慧劍不斬情絲，只對付房貸的「亞歷山大」。

希望能解答多數年輕夫婦該買房還是租房的困惑後，勇敢做人，為台灣的少子化出生率，貢獻幾個百分點的成長，那麼這封信就有了意義，餘後敘。

第 11 章

超額報酬

11-1

簡單的阿甘投資法
+適度的危機入市

初入門投資者第一種投資方法可以先從最簡單的「阿甘投資法」，
再加上彼得‧林區的紀律投資，危機入市，可有一定的超額報酬。

⌄

淡如：

　　四月下旬在美國半閉關狀態寫書，接到朋友傳給我一篇有關你的報
導，好奇點開，這新聞寫道「吳淡如是在兩位牧師朋友接待下，在約旦
河進行洗禮。吳淡如提到，『年輕的時候，常常覺得很多事都是因為自
己很棒、很努力，所以做得到。慢慢地發現原來所有的幸運並非我自己
一人能力能夠達成……』一字一句透露出對生命新的體會。」

　　作家王鼎鈞先生是虔誠的基督徒，他說「凡事謝恩，基督徒感謝的
對象是神，神的旨意是藉人的手完成，我們也感謝人。……我們榮耀
神，但是不虧待人，虧待人就不能榮耀神。」以上是他和基督徒的對
話，但他也說，中國文化裡有感恩的哲學，他不一定信教，可是他知道
謝天、謝人、謝以前的人，也謝眼前的人。

　　人生每一個階段都有不同層次的領悟，例如先鋒基金創辦人伯格，
他成立追蹤標普 500 的指數基金，你猜猜，他現在看起來稀鬆平常的領
悟代價是多少？

指數基金之父——約翰・伯格

　　那天我看了報導[1]才知道代價竟高達 15 億美元，這相當於四十五年前（1975 年）新台幣 5 百億元。原來他當年管理的「威靈頓基金」，而且還是均衡型基金，這種股市和債券各半的穩健型操作在當時並不受客戶的喜愛，因為 1960 年代美國市場流行所謂的飆股，也就是風行高本益比成長股的「俏麗 50」[2]（Nifty Fifty）。為了生存以及績效，他採用投機的操作策略企圖超越大盤，但 1973 到 1974 年的石油危機，股市崩盤 50%，他的基金也虧損了近 75% 以上。

　　他這樣的經驗，像不像我們國內許多的散戶投資者共同的特質——短線、投機，無法堅持自己的投資哲學？經過這番領悟，他更堅定了**「基金應該追蹤市場，而不是試圖戰勝市場。」**

　　俗話說：「福禍相依」。我在你節目中提到，台灣企業家許文龍說，他小時候跌倒摔跤，不會馬上站起來，會看看四周有沒有可以撿到 2 毛 5，這個小故事寓意是：反正跤都已經摔了，看看能不能從錯誤中學到經驗。

　　我記得你當時的回應，是笑了兩聲說，這恐怕要四十歲以後的人，比較能感受得到。是的，伯格經過一場股市的無情折騰，但他一生中最壞的際遇，卻也開啟了他最好的事業。伯格在 1975 年成立了第一指數投資信託，現在改名為「先鋒 500 指數基金」（Vanguard 500 Index Fund），追蹤美國標普 500 強公司股價，後來陸陸續續成立各式指數基金，截至 2019 年 7 月底，光是先鋒公司「Vanguard 標普 500 指數 ETF」（Vanguard S&P 500 ETF；代號 VOO）這一檔追蹤標普 500 的基金，規模已高達 4,831 億美元（約新台幣 15 兆元），如果累積兩檔指數基金，

1　資料來源：https://money.udn.com/money/story/5599/3554060
2　俏麗 50（Nifty Fifty），指本益比高達 50 的股票。

相當於某些國家的證券市場總值。

　　我最近看到他這故事，也在期勉自己處谷底而不喪志，希望也能跟許文龍一樣在附近找到兩毛五。處谷底和低潮時的心情是不易的，這個以後再來分享了。

　　獲得超額報酬是每一個人都想得到，但並不容易的事。**事實上，無須超額報酬，只要穩健獲利依然可以致富。**這個前面已著墨許多，但如果機會真的來臨時，觀念相通，也建構良好投資心理素質，輔以紀律，可以利用簡單的方法獲得超額報酬。我一直希望投資也能大道至簡，但這番領悟還真不是年輕時能夠獲得。年輕時想要複雜絢麗，而且不是「絢」麗，是「眩」才夠看，目不轉睛，天旋地轉才「眩」。

　　想獲得超額報酬，不同的成功者有不同的投資心法，我觀察到兩大類「被動投資」和「主動投資」和幾種不同做法。。

被動投資

　　被動投資屬於穩健型操作，要能超越大盤績效不是「不容易」，是「相當不容易」，所以一定要加上特殊的元素讓它產生化學變化，這當中可以有四個做法：

一、我曾在第一本書提過的「阿甘投資法」，加上適度的危機入市，加強這個力道再出擊！

二、資產配置中，攻守轉換位的神龍擺尾，詳見本章第三篇〈資產配置的神龍擺尾投資法〉。

三、耶魯大學校務基金操盤手史雲生使用的「非傳統型成功之道」的投資策略，詳見〈9-2 如何提高校務基金的投資報酬？耶魯校務基金給我的啟示〉。

四、其他成功被動投資者的祕方。

主動投資

　　主動投資強調「選股」和「擇時」。這是百花爭鳴，五彩繽紛的做法。主動投資包含了：價值學派、成長學派、動能學派及其他學派……。所使用的投資戰術可以有基本分析、技術分析，或者兩者混搭，就更多工具了。從股票、公債、基金、外匯，還有期貨期權，還有不計其數的獨門暗器。多數台灣投資者可能都是飆股的追求者，不知道激情過後，美鈔有沒有留下來？

　　我是主動投資者，有成功的實戰，但最近這兩年也有失手的敗績。主動投資者好壞差異度很大，難度也較高，加上大師級論述已經很多，國內也有許多投資達人的心得分享，所以主動投資先不在討論之列。

　　初入門投資者第一種投資方法可以先從最簡單的「阿甘投資法」，加上適度的危機入市。我曾提過，做過這模型測試的人不是一般投資者，而是主動投資界的佼佼者 —— 成長學派的大師彼得・林區，他於1977年至1990年這十三年間管理的富達麥哲倫基金創下達29.2%年均複利紀錄。這麼一個優秀投資管理者，他所提出來的方法，絕對有他的觀察、經驗跟道理。問題是，方法一說出來，投資者又覺得太簡單了，這其中的對比實在很有意思。

　　先說彼得・林區的做法、績效，再來提問。他的做法是：

一、1940年1月30日，只放1千美元在美國標普500的指數，而且只有一次，五十二年後會成長到33萬美元。

二、如果能夠養成紀律，不管每年股市的漲跌，固定在1月30日再投資1千美元，這五十二年一共5萬2千美元的投資本金，會變成355萬美元。更驚人的是變化接續進行。

三、如果有良好的心理素質，也正確的看待股市的波動，學會巴菲特一再強調的危機入市，在股市下跌10%時，再加碼一次。這五十二年中有31次機會，總投資額變成了8萬3千元，但帳戶總資產

變成了 629 萬元。危機入市不是沒有道理，就像法國印象派畫家雷諾瓦（Pierre-Auguste Renoir）所說的：「痛苦會過去，美麗會留下來。」因為願意承受股市下跌一時的痛苦，這個美麗的投資成果和美元果然都留下來了！

其實彼得‧林區的做法可以引伸三個有趣的提問：

一、這個做法適用所有的基金嗎？

二、為什麼下跌 10% 就加碼，有時股市跌幅曾高達 20% 到 40%，10% 下跌就進場會不會太早？

三、若彼得‧林區的做法想要成功，還需要認知什麼其他狀況？

若能充分了解以上這幾個簡單問題，投資成功機率會大大增加、投資功力更上層樓。其實，普通常識並不普通。

問題 1：這個做法適用所有的基金嗎？

首先，這方法並不適用「所有」基金或指數基金，有幾個成功要件：（1）要有一個市場代表性的基金，基本上各國家所推出的指數基金都符合。（2）要有一定成長性的，比較能顯現好效果，台股、日股近三十年來都還未突破當年高點。台股 1990 年 12,682 高點時，美股道瓊指數約是 2,700 點，然而三十年過去美股現在已經來到 27,000 點。這三十年來選錯市場，投資的差異性也很大，現在的美股也已經相對不便宜了。該往哪一個方向移動？不想為此費神傷腦筋的話，最簡單的方法就是使用全球指數基金。

問題 2：為什麼下跌 10% 就加碼？會不會太早？

第二，的確股市下跌 10%，有時正是股災的開端而已，為什麼不等到股底再進場加碼呢？

我當時也好奇，為什麼彼得‧林區做的這個模型是下跌 10%，而不是下跌 20% 的測試呢？把過去的統計數字做個分析，就會同意，想要找到最低點進場，反而會錯過更多機會。將在〈11-2 投資的甜蜜點〉討論，並整理出統計數字。

以實例來說，金融海嘯後 2009 年開始復甦，這過去十年可能出現兩次機會，分別是在 2011 年、2015 年 8 月美股下挫超過 10%，2018 年 10 月短期接近 20% 的修正，隔月立即瞬間反彈，台股亦是。所以如果要等 20% 修正才進場，可能這十年連一次機會都沒抓到，變成「萬家烤肉，只能聞香」。追求「完美」，可能連「非常好」都達不到。

所以彼得‧林區提出「每年紀律性的投資，不貪心，下跌 10% 就加碼，積小勝為大勝」的投資法。只要投資時間夠長，股市的波動度不會造成困擾，這是一個絕對獲利的方法，至於下跌 20% 或更多，若手邊還有餘錢，就是更好的機會。

問題 3：若彼得‧林區的做法想要成功，還需要認知什麼其他狀況？

第三，上述的投資成果很吸引人，但它是經過許多火焰關卡考驗的，為什麼上述的方法可以成功？這個做法有什麼盲點？或是一般人做不到，需要了解的？

凡事有一好沒兩好。長期而言，股票的投資報酬優於其他的投資工具，例如公債。而彼得‧林區這個投資成果時間長達五十二年，無論是股災帶來的重挫、劇烈震盪都已過去。這個投資法呈現的是美好結果，

但是對投資期太短的人而言，就不宜只想到高獲利，避免股災來臨時，還沒看到轉向，投資者就已放棄。請別誤解，不是股市不能獲利，而是計畫不適合。大盤十年沒有獲利的情形絕對存在，若想追求超額報酬，必須有所了解，有所準備。

對想準備退休金，但投資時程少於五十年的人而言，依然可以發揮效益，更何況一般人就算是五十歲開始，以正常人平均壽命八十二歲來計算，也都還有三十二年以上的投資期。這對一個三十歲的年輕人而言，一生中確實有五十二年的投資期。

但誠如巴菲特所說的：「在股市裡不能承受 50％震盪的人，不要進來攪和」。股市劇烈震盪的過程和不適，可能被很多人忽略，如果沒有這個心理素質，要追求超額報酬的難度就加大了。所以對波動度承受度低，投資時程較短的人，就不適用「阿甘投資法」了，若要投資就必須搭配「資產配置」的做法。

上面的做法可能是我認為獲取超額報酬最簡單的一種做法，但多數人未必做得到，為什麼呢？財經作家班·史坦算是有經驗的，套一句他的話：「這套方法，沒人笨到學不會，但有人聰明到學不會。」很有意思的論述，你的觀察呢？

11-2

投資的甜蜜點

懂得甜蜜點的人可以知道何時進場，
在關鍵時刻做出重要決定。

⌄

凱廸：

　　我很喜歡陳之藩先生在《旅美小簡》裡那篇談哲學家皇帝的文章，它提供了我年少時吃苦的的精神鴉片，例如「從高傲的眉毛裡淌下汗珠賺取自己的衣食。」我和你一樣都是鄉下長大的小孩，在生活中常被迫多了一些歷練和學習，不同的生活背景、不同的學習領域、人生觀、價值觀，金錢觀各有不一。看待事情一有不同的態度，也就有不同的解讀。股市裡頭極端的鐘擺現象，多數的投資者都是負面的解讀，而懂股市語言的投資者，反而充滿著興奮和期待——因為機會來了！巴菲特也有相同的論調，下次面對股市極端現象時，莫驚慌，這恰好是個了解它的機會。

　　人生許多事情不會都是一帆風順、一路平坦。信仰如此，做學問如此，成就事業如此，投資亦復如此。股市投資裡「超買」與「超賣」（over bought and over sold）讓許多人都在這裡失去了他的方向和判斷，主要的原因之一，超買或超賣它不是一個點，而是一個區間範圍。可是不管範圍多長，超過了一個極限或一個臨界點，那個反轉點、關鍵點、

那個甜蜜點就已經開始浮現了。懂得的人會堅定信仰，在那個關鍵點、關鍵的時刻做出關鍵決定，不懂的人因為沒有足夠的知識做背景，所以沒有堅定的信念，在關鍵的時刻看不清楚問題，自然在關鍵點上轉彎，進而遠離了甜蜜點，走向了沮喪。

什麼是投資甜蜜點？

G 點（Gräfenberg spot 或 G-spot），有時稱為格雷芬貝格點。是女性被認定為性感帶的區域。

人類身體的每個器官都有其功能和重要性，無須羞怯，反而更需要探索，健康幸福從了解身體結構開始，有人說人類的性愛是件奇怪的事，性行為時的興奮激情，但在那之後，有人好像會有一點點的失落或沮喪，這是一個極大的落差。

為什麼聊這段，因為投資也有甜蜜 G 點，但過程相反，先沮喪後興奮。了解投資的性感帶有助於在重要時刻賣力演出，這是獲得超額報酬的關鍵時刻，而結果也竟然不差。投資的甜蜜 G 點要比生理上的 G 點，看起來更有跡可循。

回顧過去美股一百年歷史，不管甜蜜點發生的時間是長是短，有些理財書籍談到用時間來區隔，我覺得不夠周延，用跌幅比例大小來做判斷會比較精準。例如 1973 年到 1974 這兩年跌幅累計為 41.13%、2000 年至 2002 三年跌幅累計達 43.09%，2008 年跌幅 37%，這三次美股重大下挫，分別在一年、兩年、三年完成，但這些跌幅都超過了 38%，這樣的機會在美股一百年當中出現的次數並不多，當下事件當中累計會超過跌幅 30% 的並不多，不超過 6 次。

可以說一旦當時事件累計跌幅超過 37%，例如 1973 年至 1974 年石油危機、2000 年高科技泡沫、2008 年金融海嘯，所以超過 37% 的跌幅時

幾乎就是一個關鍵點也是甜蜜點的浮現，那為什麼不用「37」這個數字而選擇「38」呢？這是為了方便好記，知道南韓和北韓的分界線嗎？就是緯度 38，就像棋盤裡的楚河漢界是重要的分界線，如果不那麼嚴肅，換個通俗的說法，我們形容一個人不太正經，可以說是三八，當一個正經和不正經的分界線用 38 來區分也很貼切。股市裡的超買和超賣都是一個不正常的表現，當它跨進 38 這分界點時，我們知道不正經也應該到了一個極點，開始應該要轉向了。

生命的意義，在宇宙繼起之生命，而股市生命的循環起於，在絕望中誕生，在不知不覺、半信半疑中成長，在滿懷期望中墜落！

這個絕望點也可以是興奮點，透過一百年的數據你可以發現股市的激情是所有人的創作，所以股市有它的甜蜜點，以美國經濟這麼成熟國家來講，38％的美股累積跌幅是我個人認定美股的甜蜜點。不同的投資者，可以依文末我整理出美國近百年每年的投資報酬常態分配圖，進一步探索自己覺得最可能的甜蜜點位置。

台灣跟中國的股市規模都還無法與美國相比，相對來說是「淺碟型」股市，再加上美股幾乎是專業與法人機構的對決，理性和專業度稍微高一點。台灣和中國股市在沒有管道疏通下，對於股市的激情和憂鬱都特別明顯，所以 38％的跌幅可能還不足以觸及甜蜜點，甜蜜點的數字可能更大，台股曾出現一年超過 80％的跌幅。所以不同的股市應該有不同的甜蜜點，你若想在心愛的市場有所表現，應該對甜蜜點做個探討，統計數字未必能夠提供確切數字，但還是能提供參考的範圍值。

愈是新興國家，愈活力四射。以台股自 1987 年開始一共三十二年的統計數字概算下來，台股大概要下挫 45％才可能觸及投資的甜蜜點。為了以簡馭繁，並考慮年底除夕夜的時間點調整，是以年度成績的跌幅累積計算，而不是當年高低點的差距，例如 1990 年台股高點 12,682，最低是在 2,485 點，高低點的落差是 80％，但以當年度的收盤價跌幅是近

53％，但我認為這是特例。若以 2000 年高科技泡沫的跌幅 44％和 2008 年金融海嘯的跌幅 46％這兩次股災，來做台股投資甜蜜點的探索比較有意義。

且慢，我這個說法可有不周延之處？當然有，投資甜蜜點可不會固定不動。當環境在改變，也要與時俱進。做決策也要審時度勢，如果台灣哪一天機構法人的比例越高，理性投資程度提升時，重大股災的跌幅不需要高達 45％，就可能已經踩煞車了。可以說每個國家的股市投資甜蜜點也會移動，只是這個變化沒那麼快而已。

為什麼用跌幅「38%」做為甜蜜點？

這個 38％你有沒有注意是如何計算的呢？是根據什麼計算基礎？第一這是美股，第二以當時事件的發生點，例如高科技泡沫，而不是以年份，這三件事情分別涵蓋一年到三年的時間不等，第三如果你注意到了，就表示你有相當程度的細心。

這計算是以每一年的年度報酬做一個基準，什麼意思呢？例如 2000 年的高科技泡沫，達到股市的最高點約莫是 3 月，如果從最高點起算，當年標普 500 跌幅超過了 10％，如果從 1 月 1 日起算到 12 月 31 日年度的報酬是 -9.11％。整個高科技泡沫從 2000 年 3 月到 2002 年 9 月，從最高點到最低點的跌幅接近 48％，而我們用標普 500 三個年度的累計數字計算差不多 42％查證，如果用複利概念計算跌幅只有約 37％。

這樣的計算標準，為了讓大家容易記憶，我們都避開了複利，用加減的方式，三年的報酬用加總超過 38％，就足以代表當時事件的嚴重性和甜蜜點浮現。

如果有實戰經驗的人，可能更會發現美國標普 500 是美國五百強公司，橫跨了幾乎上百家產業，它像一艘龐大配有核子動力的航空母艦，

要被撼動、摧毀都不是件容易的事。當它晃動跌幅超過 38％，股市內其他個股都已經東倒西歪。以 2008 年的金融海嘯為例，星巴克跌幅超過 65％，而標普 500 跌幅才 37％；蘋果公司從最高 200 元下跌到 75 元，下跌幅度也將近 62％。這樣的統計數字給你什麼觀感？可以說，如果標普 500 跌幅超過有 37％ 以上時，已是發生全球嚴重事件了。

在我看來，這個 38％ 跌幅就等於美股出現甜蜜點，我用標普 500 年度報酬做累計，但如果是以高到低點計算，1973 年至 1974 年的石油危機跌幅都遠高於 38％，有些個股跌幅都已超過 70％ 至 80％，以星巴克、蘋果等世界級公司跌幅都超過 65％，**所以對個股來講，跌幅超過 38％ 不是甜蜜點的到來，很可能是另外一個沮喪點的開始，這個 38％ 並不適用於個股，使用不同的投資工具還是要注意其中差別。**

對投資甜蜜點，也就是股市跌深之後的反轉點，有了初步認識，那麼接下來才可能運用「神龍擺尾投資法」。一旦了解巴菲特危機入市的參考點，那麼危機可能就沒有你想像中的危險了，相反地，可能還出現進場機會。我常對同學說，當老虎拔掉牙齒時，請當寵物來養！

下頁是美股年度報酬的分布圖，每一個數字代表年分，下方 X 軸刻度代表年度報酬。從此圖中可看出致富的密碼，跌幅超過 30％ 至 40％ 只有兩次，分別是 1937 年以及 2008 年金融海嘯。可明顯看出，年度跌幅 38％ 幾乎已達歷史谷底的反轉甜蜜點。

台股與美股也有類似之處，但台股的波動幅度比美股來得更高。但隨著法人機構持有比例日增，未來台股要能再發生像圖表右側漲幅超過 80％ 的三個年分：1987 年、1988 年、1989 年並不容易。

下跌的反轉甜蜜點一樣與美股類似，跌幅在 38％ 附近也只有兩年，分別是 2000 年高科技泡沫與 2008 年金融海嘯。掌握了這個 38％ 的致富密碼，你就知道何時可以像巴菲特一樣縱慾了。

11-3

資產配置的「神龍擺尾投資法」

如果透過財務的知識、經驗，以及適度膽識，
一個神龍擺尾就可以打好手上的爛牌。

$$\vee$$

安納金：

　　用對投資方法，「安」心的笑「納」美「金」，你這筆名，還真不錯。二次世界大戰名將麥克·阿瑟將軍（Douglas MacArthur）〈為子祈禱文〉（*A Father Prayer*）文中提到：「真實偉大的樸實無華，真實智慧的虛懷若谷，真實力量的溫和蘊藉。」沒有相當閱歷的人，可能無法感受麥帥的這三句話。戰場如此殘酷，戰場上講究的永遠是硬實力。久經生死搏鬥的麥帥，卻祈禱兒子具備文中提到的軟實力，這當中必然有他的人生感悟和體會。

逆轉勝的戰役和實力

　　軟實力是實力嗎？星雲大師也曾說：「給人歡喜，給人信心，給人希望，給人方便」。這裡有哪一句話是強硬的？上述作為會沒有力量嗎？平常的柔軟可以風吹柳而不折枝，保存實力，如果懂得在關鍵時刻做關鍵性決定，這神龍擺尾絕對有力量，投資亦是如此。

什麼時候是關鍵時刻？我用了過去近一百年美股和台股三十二年的走勢，抓出了重大股災時投資甜蜜點的相對可能範圍，相信這就是一個反轉的關鍵點。如果更保守，可以選擇比我認定的甜蜜點——年度跌幅累計達 38％更大的比例時再發動。不過有這樣考慮的朋友，應該再多次閱讀，確保此做法不會錯失機會。

溫和地使用資產配置，也就是「股票公債混合」或多樣資產混合的投資策略，在開始布局就考量到防守。到了關鍵時刻，原本這些保有實力的溫和做法，可以適時、適度、適量地比平常再激進一點，這樣說可能你感覺不深，先介紹神龍擺尾的規則，再以實際例子試算說明：

如何「神龍擺尾」？

步驟 1：

甜蜜點發生時，也就是**「年度報酬累積」連續跌幅達 38％（不是由高到低的跌幅計算）**，開始布局由防守轉攻擊，資金將會由公債移到股票，準備神龍擺尾。由於台股是淺碟型的市場，這個甜蜜點要做些調整，以台股過去三十二年的紀錄來看，可能要再加幾個百分點，大約是累計跌幅 45％。（詳細推論請見〈11-2 投資的甜蜜點〉）

步驟 2：

神龍擺尾移動的幅度依每個人的風險承受力和感覺調整，在股 70％、債 30％的這個例子裡公債由 30％比例移出 20％去，幅度不算小。

步驟 3：

接下來股票反彈幅度，連續累計超過 50％時，攻擊結束，回到攻守兼具的原先布局。資金再由股票回復到原先公債比例，這個例子就是公債回到原先 30％。（如果你原先公債設定的持有比例是 40％，那麼就回到原先的 40％比例）

步驟 4：

每年年底資金做「再平衡」，也就是股票和公債的部分相加後的總金額，再以各自的比例分配，這個例子中，股票部分將會分得 70％總資金，公債分得 30％比例。每年按此比例，除非碰到下跌 38％的甜蜜點。

以本金 25 萬元的神龍擺尾擺一次來舉例，讓你更加了解。

25 萬投資的神龍擺尾-擺1次

年份	70% 標普 500			30% 公債報酬			帳戶		
	報酬	比例	帳戶金額	報酬	比例	帳戶金額	年底金額	取出金額	餘額
1999		70%	175,000		30%	75,000			250,000
2000	-9.11%	70%	159,058	11.63%	30%	83,723	242,780	12,000	230,780
2001	-11.89%	70%	142,338	8.44%	30%	75,077	217,416	12,000	205,416
2002	-22.10%	70%	112,013	10.26%	30%	67,947	179,960	12,000	167,960
2003	28.68%	90%	194,518	4.10%	10%	17,485	212,003	12,000	200,003
2004	10.88%	90%	199,587	4.34%	10%	20,868	220,455	12,000	208,455
2005	4.91%	90%	196,821	2.43%	10%	21,352	218,174	12,000	206,174
2006	15.79%	90%	214,855	4.33%	10%	21,510	236,366	12,000	224,366
2007	5.49%	70%	165,678	6.97%	30%	72,001	237,679	12,000	225,679
2008	-37.00%	70%	99,525	5.24%	30%	71,252	170,776	12,000	158,776
2009	26.46%	70%	140,552	5.93%	30%	50,457	191,009	12,000	179,009
2010	15.06%	70%	144,178	6.54%	30%	57,215	201,393	12,000	189,393
2011	2.11%	70%	135,372	7.84%	30%	61,272	196,644	12,000	184,644
2012	16.00%	70%	149,931	4.21%	30%	57,725	207,657	12,000	195,657
2013	32.39%	70%	181,321	-2.02%	30%	57,511	238,832	12,000	226,832
2014	13.69%	70%	180,520	5.97%	30%	72,112	252,632	12,000	240,632
2015	1.38%	70%	170,767	0.55%	30%	72,587	243,354	12,000	**231,354**
提款合計								192,000	
總資產									**423,354**

只做一次神龍擺尾的範例，選用「70％股票、30％公債」的混合，但請注意時間點，是在2002年底也就是你看完跨年煙火，每年1月2日股市開市前所需要的三分鐘功課。在2002年12月31日高科技泡沫的股災進入第三年，這三年累計跌幅已達43％（2000年至2003年標普500分別下跌了9.1％、11.9％、22.1％），股市下跌連續累計38％，也就是我們認為股市即將展開的甜蜜點，所以在2003年1月2日，將會做一次「神龍擺尾」，也就是將股票的資金，不是按照原本30％的比例再平衡而已，而是做一次更大幅度的轉移。

　　這次神龍擺尾幅度多大呢？從持有30％公債，多轉移了20％的公債到股票，也就是說還保留了10％的公債，如果你覺得這個力道太大，可以酌量調整，例如：保持20％的公債或更多，但如果你想要全力一擊，把公債全部轉移到股票，比較不建議這樣做，除非經得起誤判。

　　來看這次神龍擺尾的調整結果，也就是從公債移轉出3萬3千美元到股票（約20％資產），這意味著攻守異位，股票從開始的17萬5千美元，由於下跌加上每年的提領，使股票帳戶已下降到112,013美元，但預期股災已到尾聲，這時由公債增援過來的3萬3千美元加入後，使奄奄一息股票帳戶大獲甘霖，資產上漲到14萬6千美元。這場「由防守轉為攻擊」的布局，很幸運（不知是夠幸運，還是百年的統計數字發揮了功效，讓我們找到了甜蜜點），2003年的標普果然很配合地強勁上漲了29.68％，而公債只有上漲4.1％，這一次的神龍擺尾元氣大增！

　　依照神龍擺尾的規則，股票如果連續反彈超過50％時（股票的資金也要居高思維，資金將會回到公債原先的比例設定），但也可依個人的偏好、風險承受，設定回防的時機點，例如：由谷底反彈75％或100％才回防亦可。在這例子中設定由谷底50％上漲後，立即回防到公債原先的設定30％比例，這個比例相對保守，好處是預留了股市若有下挫可以再度出擊的機會，但也沒有趁勝追擊，讓攻擊力道適度收兵。這個做法

各有利弊，取捨全看個人的風險管理偏好。

如果想要反彈75％幅度才回防，那會躲不過2008年的金融海嘯，但2009年後的十年大多頭，也不會提早收兵，有趁勝追擊的成果，所以有一好沒兩好。但十年發生兩次重大股災畢竟百年罕見，神龍擺尾的幅度大小和回防的比例調整，可依自己的風險控管力做調整。

至於什麼時候鳴金收兵，回到攻守兼俱的狀態？

以這個例子的設定是由谷底反彈50％，時間落在2006年底（標普2003年29.68％ +2004年10.88％ +2005年4.91％ +2006年15.79％ =61.26％）。同樣的，在你看完跨年煙火（股票帳戶持續獲利，這次你可能在歐洲某個小鎮），但必須在2007年1月2日開市之前，透過旅館的網路調整，這一來，股票回到原先設定的比例，在這個例子是回到原先設定的70％股票持有比例，相當於4萬3千元的股票金額移回公債部分。

2006年底股票帳戶有214,855美元，（你還記得股票帳戶在2002年曾摔到11萬2千美元的數字嗎？經過輸血之後再加上反彈，現在股票帳戶已經累計到214,855美元），現在則必須照原先設定的策略，將資金送回公債，等待下一次機會。

2007年西線無戰事，股票和公債大概只有個位數的成長，2008年少有人預期的金融海嘯忽然而至，2008年標普500重挫37％，距離甜蜜點的38％跌幅只差1％。在這個一次擺尾的例子中就不做神龍擺尾，但是年底依然有資產再平衡，所以2009年底標普500反彈26.46％，股票部分在平衡加反彈的情況下，也恢復不少元氣，截至2015年這期間一共領出19萬2千美元，同時帳戶總金額有22萬8千美元，累計金額達到42萬多美元，相當於這段期間總獲利約17萬美元。

細心的你或許已經發現，我曾在《你沒有學到的巴菲特》書裡給老胡做過壓力測試時「70％股票、30％公債」是所有壓力測試中表現最差的一組，原因是過去十六年兩次重大股災再加上又是公債牛市，所以股

票比例高的資產配置，在這段期間表現相對要來得差。

六十歲的老胡理論上應該是 60％公債比較恰當，但他特別喜歡標普 500 這個概念，因此投資股票的比例過高，一碰到了 2008 年的金融海嘯就承受不住了。但如果他懂得利用投資甜蜜點這個關鍵點的反擊，那麼本篇提到的神龍擺尾投資法有機會讓他逆轉勝。

原本表現最差的「70％股票、30％公債」的這組，只要掌握關鍵點的調整，這個神龍擺尾使該帳戶資產從最差的變成最好的，見第 321 頁圖。

美國前總統艾森豪（Dwight Eisenhower）小時候打橋牌，拿到不好的牌就放棄不打了。他的母親告訴他，「**人生最重要的不是因為拿到好牌才能打，而是把你手上的牌打好**」。「70％股票、30％公債」的資產配置，一開始不適合老胡的資產配置比例，更何況碰到了兩次百年罕見的股災，但如果透過財務的知識、經驗以及適度膽識，一個「神龍擺尾」就可打好手上的爛牌，**知識是力量，若懂得運用更是財富**。

審時度勢的必要性和重要性

過去百年股災中，美股標普 500 從 1929 年至 1932 年的股災跌幅近 80％（1929 年道瓊指數收盤在 311 點，最高為 381 點，1932 年股災結束時，道瓊收盤在 64.6 點），年度連續累計跌幅超過 70％；1973 年至 1974 股災跌幅也達到 41％；2000 年至 2002 年也達到甜蜜點標準，連續三年累計跌幅 43.1％，這三次重大股災的跌幅都已超過 40％，2008 年跌幅 37％（由高點到低點跌幅超過 50％）。事實上這只是一個範圍點，連續跌幅達到 35％也值得神龍擺尾。所以 38％只是參考的範圍點，若懂得運用這概念，懂得審時度勢，那 2008 年就應再做一次神龍擺尾。

兩次神龍擺尾的動作將比一次擺尾大約多出 1 萬 9 千美元，也就是第二次擺尾的動作在 2008 年會從帳戶金額的 158,808 美元當中，多撥出

20％的金額，大約是 3 萬 2 千美元到股票帳戶來發動攻擊（158,808 x20％ = 31,761.6），獲利 50％後回防。所以大約因此而增加了 1 萬 9 千美元的獲利，花三分鐘多出 1 萬 9 千美元可以做很多的事，這款項所投入的消費，有許多家庭因而受惠。

25萬投資的神龍擺尾-擺2次

年分	70% 標普 500			30% 公債報酬			帳戶		餘額
	報酬	比例	帳戶金額	報酬	比例	帳戶金額	年底金額	取出金額	
1999		70%	175,000		30%	75,000			250,000
2000	-9.11%	70%	159,058	11.63%	30%	83,723	242,780	12,000	230,780
2001	-11.89%	70%	142,338	8.44%	30%	75,077	217,416	12,000	205,416
2002	-22.10%	70%	112,013	10.26%	30%	67,947	179,960	12,000	167,960
2003	28.68%	90%	194,518	4.10%	10%	17,485	212,003	12,000	200,003
2004	10.88%	90%	199,587	4.34%	10%	20,868	220,455	12,000	208,455
2005	4.91%	90%	196,821	2.43%	10%	21,352	218,174	12,000	206,174
2006	15.79%	90%	214,855	4.33%	10%	21,510	236,366	12,000	224,366
2007	5.49%	70%	165,678	6.97%	30%	72,001	237,679	12,000	225,679
2008	-37.00%	70%	99,525	5.24%	30%	71,252	170,776	12,000	158,776
2009	26.46%	90%	180,709	5.93%	10%	16,819	197,529	12,000	185,529
2010	15.06%	90%	192,122	6.54%	10%	19,766	211,889	12,000	199,889
2011	2.11%	90%	183,696	7.84%	10%	21,556	205,252	12,000	193,252
2012	16.00%	90%	201,755	4.21%	10%	20,139	221,893	12,000	209,893
2013	32.39%	70%	194,514	-2.02%	30%	61,696	256,211	12,000	244,211
2014	13.69%	70%	194,350	5.97%	30%	77,637	271,987	12,000	259,987
2015	1.38%	70%	184,502	0.55%	30%	78,425	262,927	12,000	**250,927**
提款合計								192,000	
總資產									442,927

11-4

既防守又進攻的
「神龍擺尾之 2」投資法

資產配置的好處在於能有一份資金處在安全狀態，
持續擁有「神龍擺尾」的條件。
這說明了，資產配置並不是「只有防守，不會攻擊」。

⌄

鳳馨小姐：

　　去年教師節上了你的節目，當我得知你想談論的書時，還困惑了一下。甚至我打電話詢問能不能換本書談？主要是作者哈利・鄧特二世（Harry S. Dent, Jr.）對「股市崩潰」的看法和我大不相同。除了 2013 年諾貝爾經濟學獎得主，耶魯大學教授羅伯特・席勒（Robert Shiller）提出的「席勒本益比」確實出現警訊以外，我覺得其他的預測已近玄學。

　　崩盤與否，當然還有其他的偶然因素碰撞，但主要還是股價是否有合理價值的支撐。記得節目中你問「美股是否出現泡沫化？」我回答，「有，但不至於崩盤」。

　　我記得當時還提到，若運氣好應該在 25% 下挫之內，而不會是作者鄧特二世所認為的「崩盤重開機」。美股 2018 年的聖誕夜低點接近 20% 的瞬間修正，我猜得還算對。但未來三年必須不崩盤，才能夠擺脫鄧特二世的魔咒。說是猜，其實背後多少會有一些估算，修正幅度多少？這個不好估，但是跌多少是接近谷底？這倒是有將近百年的歷史數據可以參考。

這神龍擺尾的操作雖然算是有點膽識的藝術，但我覺得 9 成已近科學，對你這位數字控的主持人而言，應該分享一二。

巴菲特也會縱慾嗎？會！而且是老手！他在 1974 年熊市底部告訴《富比士》雜誌，市場價格還很便宜。「我覺得自己像個縱慾過度的人，進場時間已來臨。」(I feel like an oversexed guy in a harem. This is the time to start investing.)

巴菲特在對的時間，偶爾享受物美價廉的購買放縱，不但沒有事，還可以讓他盆滿缽滿，大賺一筆。

股票市場有時因為股市狂飆，並沒有太多股票處在合理價位。相信很多人都有記憶，1969 年巴菲特因為找不到好的投資標的，結束了他的巴菲特有限合夥基金，把錢退還給股東。四年後 1973 年美股發生 50% 的重挫，這時候到處都有值得投資的好股票，投資者卻因為股市正處在谷底而不敢進場。巴菲特說這句話的 1974 年股市時空背景就是如此。

1973 年時候到了，巴菲特以 1 千萬美元擁有 9% 比例的《華盛頓郵報》（Washington Post），在十七年之後的 1989 年看來，這項投資價值 4 億 8 千萬美元！能擁有如此高的獲利，股東們應該樂見巴菲特當年狂買便宜股票的縱慾吧。

巴菲特有超乎常人評估一家企業價值的能力，但不是每個人都有巴菲特的能力，如果不投資個股而是使用指數基金，那又如何判斷何時可以「縱慾」呢？

前面幾篇已經教你如何判斷投資甜蜜點，巴菲特在 1974 年進場的時間，也在我們甜蜜點出現的名單之列。事實上多數的散戶，碰到股災來臨時不但不敢縱慾，而且還守身如玉咧！

溜冰講求速度，也有花式溜冰，這個「花式」代表了變化。資產配置不是只有分散投資如此單純，多數人討論資產配置，談到「再平衡」的重要性，但是如何再平衡，多大的比例再平衡，這個部分彷彿沒有太

多著墨，有運用之妙存乎一心，簡單的說就是「你看著辦」。

而我對「再平衡」的看法是，要多一點科學數據、比較系統化的管理模式，讓不是投資專家的一般人也能有方向和標準來操作，以 2000 年開始的股災來測試。

投資者永遠犯的三個錯誤

2014 年 9 月 23 日《華爾街日報》（*The Wall Street Journal*）提到「投資者永遠繼續犯的三個錯誤」，提到了市場充滿非預測性，而人是情緒性的動物，這兩項結合導致了投資行為的偏差，進而讓投資人一而再、再而三的悔恨。

投資者永遠繼續犯的第一個錯誤是：不能正確地預測自己未來的投資情緒，也就是高估了自己對情緒的掌控；第二個錯誤是：無法正確預測股市的正確的波動，也就是低估了股票市場的波動；第三個錯誤：投資人會嘗試預測股市的下一個走勢。

或許你會問，前幾篇做神龍擺尾時不是也在預測嗎？對，但是基礎點不一樣，有以下不同之處：（1）神龍擺尾建立在過去一百年美股的行為統計數據之上，跟一般人出現「貪、怕」的情緒完全不一樣，（2）市場不管是超漲或超跌，終究要回到一個長期平衡發展的主軸線，本書對甜蜜點範圍的探討和找尋，其實就是在找尋那超跌的區域，進而找到安全攻擊的發起點。

當發生甜蜜點的 38％跌幅時，由於使用的是年度連續累積的跌幅，其實已經意味著當時的股市從高點到低點已經達到 50％的下挫，這麼重的跌幅，通常意味著已消化完畢多數的超漲泡沫，這時發動甜蜜點攻擊，或是巴菲特所說的「縱慾」，要相對來得安全。雖然不是在谷底，但應該就在不遠處了。

這是根據市場一百年的統計數據，以及從財務面合理股價範圍來分析，以這兩大基礎點所做的預測會相對安全得多。

要如何逆轉勝？

那麼下次碰到股災時要如何應變？就算手上拿到爛牌，透過財務的知識和了解市場行為之後的膽識，這兩者結合就可以發揮神龍擺尾逆轉勝的效果。以壓力測試時最不理想的「70％股票、30％公債」的第一號測試來驗證，當時由於兩次股災加上公債的牛市，其實「股票70％、公債30％」的混合是所有配置中最差的一組，要如何逆轉勝呢？

可以執行下面四個步驟：

1. 停止扣款：

如果你每一年度定期從帳戶扣款取錢出來，例如：保險帳戶、定存，若不急著動用這筆帳戶的話，可以停止取款。理由是：病人已經在失血狀態，如果沒有補充新血給予輸血的膽識，最起碼別再從病人身上抽血，讓病人有一點時間恢復元氣。

特別是股市的短期波動大，碰到股災來臨時已經來不及撤出，很有可能殺在低點。除非你在第一時間撤離，那就另當別論了。

2. 減少扣款：

如果每年別無選擇非得要從帳戶取款，那麼短期間內請降低取款比例和金額。也就是說，就算要抽血也請少抽一點。一旦恢復元氣了，你就可以再把原先要抽離的資金再補回，我們前述已經提到這樣的案例，可以發現確實有效。

3. 轉折點，反守為攻 ── 利用原有防守性資產：在甜蜜點時搭配神龍擺尾投資法。只要你一開始有做好資產配置，有一部分資金放在公債，這時或多或少有實力和資金做神龍擺尾。

這也是我們之所以一再強調「資產配置」的原因，這種股債共舞適用於多數人，股災時的防守可轉換成主動攻擊，製造得勝的機會。

4. **轉折點──另找資產**：如果已經全數投入股票，完全沒有持有公債，但又碰到股災，這時就要另找資產執行「神龍擺尾」投資法。這時候正值關鍵時刻，值得做有勇、有謀、有膽識的決定。不過為了安全起見，神龍擺尾的力道不必傾盡全力，可以給自己預留一些空間，做為股市超過預期狀況的心理準備。

如果怎麼樣也擠不出資產做神龍擺尾動作時，那就要評估這個跌幅距離甜蜜點還有多遠，如果跌勢是一開始發動，可以考慮有一部分資金先撤離股市到公債，接近甜蜜點時再送回股市。但如果跌幅已經接近甜蜜點，就稍安勿躁，因為已經錯過出手的時間點，這時已經不是防守而是要展開攻擊了。

再多的文字說明趕不上表格陳述，請參見下表的實例說明：

實際操作「不提款」的「神龍擺尾」投資法

不提款-25萬美元投資的神龍擺尾-擺2次

年分	70% 標普500			30%公債報酬			年底金額	帳戶	餘額
	報酬	比例	帳戶金額	報酬	比例	帳戶金額		取出金額	
1999		70%	175,000		30%	75,000			250,000
2000	-9.11%	70%	159,058	11.63%	30%	83,723	242,780	0	242,780
2001	-11.89%	70%	149,739	8.44%	30%	78,981	228,721	0	228,721
2002	-22.10%	70%	124,721	10.26%	30%	75,656	200,378	0	200,378
2003	28.68%	90%	232,061	4.10%	10%	20,859	252,921	0	252,921
2004	10.88%	90%	252,394	4.34%	10%	26,390	278,784	0	278,784
2005	4.91%	90%	263,225	2.43%	10%	28,556	291,781	0	291,781
2006	15.79%	90%	304,068	4.33%	10%	30,442	334,510	0	334,510
2007	5.49%	70%	247,012	6.97%	30%	107,347	354,359	0	354,359
2008	-37.00%	70%	156,272	5.24%	30%	111,878	268,151	0	268,151
2009	26.46%	90%	305,193	5.93%	10%	28,405	333,598	0	333,598
2010	15.06%	90%	345,454	6.54%	10%	35,542	380,996	0	380,996
2011	2.11%	90%	350,132	7.84%	10%	41,087	391,218	0	391,218
2012	16.00%	90%	408,432	4.21%	10%	40,769	449,201	0	449,201
2013	32.39%	70%	416,288	-2.02%	30%	132,038	548,326	0	548,326
2014	13.69%	70%	436,374	5.97%	30%	174,318	610,692	0	610,692
2015	1.38%	70%	433,384	0.55%	30%	184,215	617,599	0	**617,599**
提款合計								0	
總資產									**617,599**

2003年-2006年是第一次擺尾期，2009-2012年是第二次擺尾期。

股債混搭，「取款」，每年做平衡（2000年-2015年）

比例	不做神龍擺尾	神龍擺尾1次	神龍擺尾2次
70%標普500，30%公債	387,722	420,925	432,343
60%標普500，40%公債	412,663	466,087	485,634
50%標普500，50%公債	434,902	510,732	540,101
40%標普500，60%公債	454,265	554,455	595,370

股債混搭，「不取款」，每年做平衡（2000年-2015年）

比例	不做神龍擺尾	神龍擺尾1次	神龍擺尾2次
（1）70%標普500，30%公債	（A）536,175	（B）582,654	（C）617,599
（2）60%標普500，40%公債	552,318	586,190	650,546
（3）50%標普500，50%公債	565,101	612,274	704,098
（4）40%標普500，60%公債	（A）574,444	（B）696,639	（C）757,800

　　老胡六十歲一開始選了三十歲年輕人的「70％股票、30％公債」比例（經過壓力測試，老胡最理想的股債比例是40％股票60％公債，因為這樣才有辦法處理這麼嚴重的股災，但這就是事後諸葛了），如果當時你發現這是個錯誤選項，就以上述的原則改變做法，馬上停止取款1萬2千美元，那麼在股災期間，第一次跌幅最壞的期間發生在2002年底，損失20％的資產，但一旦達到甜蜜點之後，股市就開始走向興奮點、復甦的坦途。就算第二次2008年金融海嘯期間有一個8萬美元的跌幅，但依然可以守住本金。經過十六年之後的2015年，資產變成53萬6千美元（1）（A）（不做擺尾），歷經兩次重大股災還可以獲利23萬美元，坦

白來說成績並不差，但重點是撐不住 2008 年的海嘯波動而離場。

　　如果再照上述原則，把 2008 年的跌幅 37％也視同甜蜜點，再做一次神龍擺尾，資產金額又會多出 4 萬美元，總金額達到 61 萬 7 千美元。這金額比老胡理想中的比例再平衡，在相同情況下：（1）不取款，（2）同樣每年做平衡，原本老胡覺得最不適用 70％股票 30％公債的混合（不取款），兩次神龍擺尾之後，產生了 61 萬 7 千美元的投資報酬（1）（C），會比老胡原先最理想的資產配置，也就是「60％公債、40％股票」產生了 57 萬 4 千美元（4）（A）。這副爛牌在歷經兩次神龍擺尾之後，會比不做神龍擺尾多出 4 萬 3 千美元。不但脫困，而且還逆轉勝！

　　這就是所謂的「智者不惑」，這個「智」不只有知識，再加上巴菲特所說的「關鍵時刻配上膽識，就是一個完美的傑作。」

　　誰都無法預期股災，但還是有方法可以找到蛛絲馬跡。預測股市的合理價格永遠能幫助投資者避免在「超買」中進場。但若是不幸碰到股災也有方法應對。這是知識之美也是發揮膽識的時刻。

　　以上的神龍擺尾操作步驟並不是跟著感覺走，容我再強調一遍，它是一個有勇有謀的判斷，你必須很清楚神龍擺尾是根據什麼？如果還不清楚，請再重新閱讀。一旦你同意預測它的兩個基礎點，你就可以建立自信，膽識就是這樣培養起來的。

　　總結來說，不管是不是資產配置，碰到股災時都有一些應變方式。資產配置的好處在於能有一份資金處在安全狀態，擁有「神龍擺尾」的條件。這一篇的舉例充分說明了資產配置並不是「只有防守，不會攻擊」。

　　會不會發動攻擊，在於會不會運用以及對股市有多少了解。

11-5

追求「超額報酬」的代價

自認萬無一失,重磅加碼連巴菲特也看好的以色列第一大公司 TEVA,但卻是一場百年罕見的風暴。又因錯看台灣某檔股票,而再次失手。這是華爾街操盤手在 2018 年失手的忠實告白……

⌄

沁宜小姐:

　　日前參加你的節目錄影時,在化妝室小聊,聊到為何我這兩年基金績效落後?這是許多人關心但不太好意思問的事。藉著談「超額報酬」,聊一下我為了獲得超額報酬的教訓和代價。

　　巴菲特是在台灣獲得投資者關注最多的知名投資家,投資者既喜歡也羨慕巴菲特。羨慕巴菲特什麼?我也很想知道你的答案,先說我的吧!

　　我羨慕他能擁有良師益友。巴菲特這一生投資很少犯大錯,彷彿和恩師共事的那兩年裡頭都將老師犯過的錯印在腦海,巴菲特得以避免重蹈覆轍;查理・蒙格是協助巴菲特更上層樓的益友,他說:「**如果你知道死在哪裡,只要不經過那條路就行了**」。話雖如此,人生和投資的變化,有時真是計畫趕不上變化,巴菲特有非凡的定力,可排除變化,堅持計畫!

　　我的投資管理分三個部分:公募基金、私募基金、全權委託管理。公募基金是唯一成績對外公布的部分,大約占了 30% 資金。由於金融海

嘯後布局成功，成績不錯。在 2014 年接受了《路透社》採訪，也在 2016 年巴菲特第一次購買蘋果股票時，接受了《紐約時報》採訪，標題是〈巴菲特的持股，說明蘋果已成熟〉（Warren Buffett stake suggests Apple is all grown up.）。

當時的時空背景是巴菲特第一次購買蘋果股票引起媒體高度關注，再加上蘋果股價從 132 元下跌 95 美元，記者好奇「蘋果值得購買嗎？」我用反問的方式讓他了解，當投資標的價值浮現時，股價的下跌是遠離風險。我列了幾點觀察說明蘋果值得購買。很幸運的，判斷對了。蘋果的股價從 2016 年 95 元大漲到 2019 年 9 月 11 日 223 元，在寫信給你的當下，蘋果還是我共同基金的第二大持股。照理基金成績應該不差，但因為一個重壓誤判，造成完全相反的結果。

「主動投資」和「被動投資」都有機會獲得超額報酬，被動投資使用相對穩定的指數型基金，我大力推薦多數投資者應該優先使用，而我採取的是以投資個股為主的主動投資。在節目中我提到，以金融海嘯為分界點，金融海嘯之前有八檔股票，金融海嘯之後有七檔股票有 10 倍以上成長，蘋果公司的績效還更好，因為我幾乎參與了 iPhone 整個歷史發展，它現在還是我的重要持有部位。換言之，過去這三十年的投資操作中，大約有十五檔股票獲利在 10 倍以上，就算是最近的失手，個股的投資和操作還是為我帶來了超額報酬。

同樣列為大師級的米勒基金管理者比爾·米勒（Bill Miller）過去十五年績效擊敗標普 500，是大家看好接棒彼得·林區的人選之一。他曾在亞馬遜股價 65 元時購入，就算跌到 6 元他也沒出場，甚至大量加碼。現在亞馬遜已高達 1,700 美元。不只如此，還有如戴爾電腦和其他公司在股價起飛前都曾成為他的囊中之物，但金融海嘯時他也因為誤判，持續加碼金融股，不過當年金融海嘯的慘烈超乎他的想像，那一次出擊也成了出局。

我的基金在 2016 年過去八年績效年均複利 17％，持續領先標普 500，表面看起來我處在「攻擊」階段，其實不然。從 2014 年開始，我持有現金約 20％ 到 30％ 的高比例，我其實是在防守。若以蒙格上述的那句話來做比喻，**如果我會因股市修正而受傷，那麼我就要提早離場。如果我可能因為溺水而亡，那麼我連游泳池都不靠近。**

以色列第一大公司 TEVA 藥廠

連續四年持有高比例現金，美股從未有大修正，而我依然堅持不追高。幸運的是，即使持有高比例現金，我依然領先標普 500，但是也要想辦法為現金找收益。為了避免受傷，投資的標準是：（1）公司股價不得低於 2008 年金融海嘯時最低點時還撐得住的樓板價，（2）從金融海嘯後的公司盈餘必須成長，（3）必須是防守性產業，例如：日常生活會用到的產業或醫藥產業。

這時我曾擁有的股票——以色列第一大公司 TEVA 藥廠，地位彷彿台灣的台積電。金融海嘯期間最低價 38 美元，海嘯後我以 50 美元獲利 1 倍賣出。這幾年營收和盈餘都成長了一倍，股價攀登到 71 美元，當它股價腰斬時，進入了我的雷達影幕。

我查證股價下跌的原因之一是因為公司獲利太多，為了後續的成長動能，合併了美國另一家大型學名藥公司，但買貴了，這是第一件好事變壞事。第二件好事變壞事的是，TEVA 有一支藥品「Copaxone」，藥效不錯有龐大需求，因而這幾年藥價上漲好幾倍，成為美國總統大選兩黨攻擊目標。藥價事件演變成政治議題。從美國食品檢驗局宣布開放競爭到批准對手的藥品，竟在短短幾天內就拍板定案。

2017 年上半年基金獲利近 28％，對比標普的 8％，取得相當比例的領先，並且持有現金近 25％。這當中我嘗試了以往沒有做過的操作，效

果不錯，但為避免純屬運氣、有思慮不周之虞，只有公募基金採取策略。8月回台時，基金漲幅達到35%，我心想如果衝到40%是不是該鳴金收兵？但想歸想，手感正好，感覺有趁勝追擊的機會，貪念一起，成績就在到達38%後，煞車反轉直下。

結果 TEVA 製藥廠一路持續下滑到11美元，巴菲特也在18美元左右進場了。現在股價在7美元左右。美股在牛市期間，竟然會有一檔以色列最好的股票，本益比從7下殺到現在的3，這檔以色列最大公司百年風暴我也深陷其中。

這讓我想起，巴菲特多年來很少碰醫藥股，並不是醫藥股不賺錢，而是不確定因素比生活產業股來得高，現在看來，巴菲特的堅持有他的道理。

醫藥股為基金帶來的傷害，其實不是最致命的。2017年12月初公募基金績效只是從領先到被追平而已。記得是8月上吳淡如節目，談到績效時，我說最近摔了一跤，從領先被追平，下了節目我走在松江路上提醒自己，要摒除面子問題，「攻擊得分，防守獲勝」，必須趕快回防。

再次跌跤

但「兩歲小孩知道的道理，八十歲老人做不到」，我還是敵不過心魔，想要追回領先成績，在年底發動一次攻擊，選了一檔從來沒有失手的股票，這檔台灣在美上市的奇景光電股票動量極強，當時看好其基本面。蘋果公司使用該公司部分零件的好消息一經報導，證券分析師紛紛提升目標價，由原先11元調高到18元。我設定的投機時間很短，只有十五天，結果動量突然消失，股價墜入深淵，幾乎不做投機的我，就這麼一次走夜路就碰上了。

持有高比例的現金長達四年，都沒有讓我放棄防守。正當滿口袋鈔

票時，卻遇上 TEVA 這檔醫藥股，接二連三發生所有認為機會極小的事件，雖是「百年罕見」卻終於「遇見」。

基金成立的第一個十年碰上兩次股災，金融海嘯後開始重新站起來，有了逆轉勝。眼看連續十年有個不錯成績的句點，卻又一個失手。我想起了許多戰爭名將關鍵一役卻失手的慘烈戰況，但是與他們相比，我多了逆轉勝的機會。福禍相依，希望為下一次的勝利找到很有價值的教訓。

我共同基金的前十大持有是：

（1）奇景光電，（2）蘋果公司，（3）台積電，（4）Lannett 藥廠，（5）慧榮科技，（6）艾柏維（Abbvie）生化製藥，（7）阿里巴巴，（8）米蘭製藥（Mylan），（9）梯瓦製藥（TEVA），（10）普拉格能源（Plug），另外再特別提一下，第 12 大持有是巴菲特也買的美國銀行（Bank of America），第 13 持股則是 Google。

這當中的蘋果公司、台積電、阿里巴巴、Google 都在創下歷史高點，表現並不差，但重壓自認萬無一失的 TEVA 和奇景光電，卻付出慘痛的代價。

百年罕見，終於遇見

犯這麼大的錯誤，總是有一些該牢記的教訓，以下是我的心得：

一、謹記風險管控

不管是主動和被動投資都不能偏離「風險分散」的準測，巴菲特判斷重壓籌碼的做法，並非適用於每個人。

許多名將和投資大師都是在覺得萬無一失的情況下，重力一擊，偏偏那一擊都還有疏漏之處。難以想像的萬分之一機率就是會發生，例如葛拉漢在 1930 年代經濟大蕭條時，也是誤判股市已跌

到谷底，在他認為萬無一下之下，重手出擊，結果狀況慘烈。那次股災道瓊指數從 1929 年高點 381，重跌到 1932 年最低點 41，高低跌幅達 89%，難以想像吧？葛拉漢經此教訓，提出「安全邊際」（margin of safety）理論，巴菲特終身奉行，而且徹底執行！

二、最大的敵人是自己，避開心魔

上述提到比爾‧米勒犯的錯誤，舉凡所有主動型操作基金多數都有這類潛在風險，能完美做到的人不多，巴菲特就是其一。

鑒於這麼多成功大師在最後一役還是會犯錯，我認為，國內退休金制度設計第一階段：只用「ETF 指數型工具」和「系統性資產配置」的被動投資方式，等全民都建立信心和績效之後，在第三階段再允許 20% 資金進入衛星持有組合，購買其他類型包含主動型操作的基金。讓第三階段有百花齊放，卻又不影響整個退休金穩健發展的方向。

三、充分了解規則的差異

巴菲特有限合夥十四年以來，分紅之前年均報酬 31.6%，分紅之後的年均報酬 25.3%，以上績效是私募基金的打法。在公募基金卻會因為法規限制，造成靈活度出問題。不同的球賽有不同的規則，在籃球場上用足球的踢法就是會出現問題。我的公募基金當然不能採用巴菲特私募基金的做法和思維，而我想模仿當年巴菲特買美國運通重壓 40% 的做法，讓我畫虎不成反類犬。

四、「福禍相依，盛極必衰」，依然適用投資世界

併購新公司，找到新成長的動能固然重要，但難度頗高。TEVA 藥廠就因為經營成功，才有這麼多資金。我早期的投資中，有幾家藥股公司被 TEVA 合併，為我帶來豐厚的獲利。TEVA 自以為已是箇中翹楚，胃口越併越大。老美俗諺說：「如果吞不下，就別咬那麼多。」（Don't bite off more than you can chew.）平常或許沒

事，若是後面有人推你一把，那你可就噎住了。

巴菲特曾說，公司經營遲早會落入笨蛋手裡。TEVA 這次合併近新台幣 1 兆 2 千億元，果然此話不假，一家百年的老店、以色列最驕傲的公司，在經營最成功之時突然墜落，三年來股價損失近 90%。這家公司處於最有防守性的醫藥產業、發生在美國最牛市的時間，不可能、從沒有發生的事，全部一次到齊，造就完美風暴。問題是，巴菲特也買了，他價錢比我買的還貴卻沒事，因為巴菲特的風險分散足夠。

這次的教訓當然不會只有這四項，有時間再整理。如果以後有機會逆轉，這一次烙在身上的刀疤，就更能增添人生的精彩了！

11-6

被遺忘的 10 萬美元，
我的實務操盤舉例

「時時勤擦拭，莫使惹塵埃。」身在股市裡，每天要看盤，
時常要進出，避免反轉被套牢。
「本來無一物，何處惹塵埃。」富人追趨勢，窮人追價差，
一段趨勢得走上好幾年，何必沒事去惹它。你偏好何者？

〉

竹軒：

　　初次見面是在金石堂城中店的新書發表會上，那棟古老建築頗有古樸味道，三樓邊間白色牆上留有數百位作者、講者的簽名，甚是壯觀。書店位於衡陽路一段與重慶南路交叉口，人聲鼎沸。外頭風聲、雨聲、車馬聲，屋內演講議題則是家事、國事、事事關心。可惜該書店現已歇業，原址被改建成商業旅館。時代變遷如此快速，一如這幾年興起的指數基金和被動投資。

　　我知道你是被動投資的擁護者，也為大眾捍衛投資資訊透明的權利。我上次說你像啄木鳥，這是一種肯定，但也是提醒你要小心，不能把所有主動投資者的績效全歸為不實的績效。畢竟在非正式統計的數據中，有 20% 的主動投資者可以贏過大盤。

　　我操作主動投資過去三十年來從中獲利很多。不過你也知道，我因為哈佛教授代操失利吃了很多苦頭，所以我深知主動投資不易，但若個性適合，用對了方法，這是獲得超額報酬的管道之一，但因為大多數人並不適合主動投資，所以這幾年下來我都向讀者推廣「被動投資」。

本來無一物，何處惹塵埃

說了那麼多被動投資的好處，我也說兩個主動投資的故事。先說禪宗六祖惠能悟道的典故，這內涵其實很接近主動投資和被動投資。

六祖惠能的師兄神秀禪師寫了個偈子給五祖弘忍大師：「身是菩提樹，心如明鏡台，時時勤擦拭，莫使惹塵埃」，就像是國內流行的投資操作方式，身在股市裡，每天要看盤，時常要進出，為了避免股市反轉被套牢。

惠能不識字，但有慧根，經過旁人轉述，他也唸出四句，請人寫在牆上「菩提本無樹，明鏡亦非台，本來無一物，何處惹塵埃」，這就是巴菲特價值投資派的投資觀念。投資企業並非一天就能看到成效，它需要經年累月，富人追趨勢，窮人追價差，一段趨勢得走上好幾年，何必沒事去惹它。「開悟」在梵文稱為「覺」，也就是「菩提」的意思，佛者亦是覺者，你說哪一個境界比較高？何者開悟了呢？

聖嚴法師對這兩首偈子有很好的闡述，他說「有人認為，為了明心見性必須時時將心擦拭乾淨，像鏡子一樣，能將之保持乾淨就是開悟，是智慧的表現。

但六祖惠能認為沒有開悟、智慧這些東西，一執著有智慧，本身就不是智慧；所以他說『本來無一物』。既沒有生死，也沒有涅槃；既沒有煩惱，也沒有智慧。愚癡的煩惱和菩提的智慧是相對的，生死的痛苦和覺悟的涅槃是相對的，心中有執著就沒有真正開悟。不要認為有像鏡子一般的自性，當心中什麼都擺下的時候才是真正的開悟，這就是心經所說的『無智亦無得』，這才能心無罣礙，無罣礙就是心中無一物，才是真正的悟境現前。」[3]

了解這其中涵義之後，我先說第一個故事：2017 年我參加某個媒體

3　資料來源：《聖嚴說禪》〈本來無一物〉篇。

的直播，主持人說他的投資績效不好，買什麼賠什麼，但他母親的績效就很棒。他的母親多年前買了台積電，就一直抱著不放。這個績效想必擊敗許多高手，我聽了會心一笑，你說兒子和媽媽哪一個是投資得道的高手？

被遺忘的 10 萬美元

　　第二個是我的故事。2013 年美國富達證券（Fidelity Investments）提供 10 萬美元開戶贈送 5 萬里程數，我剛好需要里程數，就存入 10 萬美元。因為帳戶至少要放半年，也不能只放活期存款，所以我就買了幾家還算穩健的公司，至少賺些股利，打算半年後拿到哩程數就賣掉，帳戶最後只剩下幾千美元零頭。

　　2018 年底美股急挫，我想整合一些帳戶，想起了那戶頭已經快五年沒有查看，連密碼都不記得了。總算找到密碼紀錄，進帳戶一看，第一個印象是資安系統怎麼做得那麼差，我怎麼跑到別人的戶頭去了呢？再定眼一看確實是我的名字，但金額怎麼是 15 萬美元呢？聖誕老公公什麼時候來拜訪過？我只好回去一年一年的下載月報表。

　　原來這五年來只做了一次交易，在 2015 年 7 月以 54 元賣出星巴克 400 股，原因是當時認為價位合理，也研判星巴克會有一到兩年的盤整時間，這資金應可挪到別的地方使用。但我根本忘了有這個帳號，再加上我是基金管理者，有任何交易必須向董事會報備，避免用基金哄抬我個人股票，沒想到就這麼給忘了。（運氣好我判斷對了，星巴克果然在那兩年價格上下盤整。但判斷對了，並不代表賺到了錢，因為我並沒有在起漲開始，將資金即時送回。）

　　巴菲特說，買股票前要想像接下來五年，你要到小島度假不能交易，你會注意什麼？買什麼樣的股票？這個比喻很好，讓你關注投資的

本質、企業基本面和中長期的經營策略。這個投資本質讓你不需要天天盯盤，不過這話雖然說得有道理，但是要投資者連續五年完全不看盤也是件難事。

1987 年我剛入行時，美國公視有個節目非常有名，叫《華爾街一週》（Wall Street Week）由路易斯·魯凱瑟（Louis Rukeyser）主持，在每年最後一個交易日，幾位投資名家一起檢討一年度的投資績效，同時推出明年的投資標的，這一年當中投資名單不能更動，很有挑戰性，我當年追蹤這些投資名家，每年年底一定錄影和花錢購買他們的談話紀錄。

我當時也很想試試，買下投資標的然後一年不看盤，沒想到這次陰錯陽差竟然在小島度假了五年，只賣了手上持有星巴克的 66%。這一覺醒來，成績和標普 500 大盤相較如何？我非常好奇也覺得有趣，口說無憑，文末附上過去五年 2014 年至 2018 年 12 月的月報表。

兩個原因：（1）這樣可以很清楚地呈現證據，（2）美國證券商的月報表，它的完整性和簡易值得國內參考，每年利息多少、股利多少、資本利得或虧損又是多少，一清二楚。這些資料不管是做為報稅、會計師查核、績效評估完全可以一表搞定。國內有些優秀的投資達人，不容易提供詳盡的記錄，我想可能是因為股票和資金分開管理的關係，美國則是兩者合一，相對容易取得數據管理的資料。

這個主動投資能不能擊敗標普 500 呢？這帳戶截至 2018 年底，過去五年績效是 53% 的淨成長對比標普的 49.81% 些微領先，但是我認為有 7 成機會可能可以擴大領先。為何？從文末 2015 年 7 月報表可看出，賣出星巴克後的現金佔了 32%，因為我忘了處理一直放著，相當於台灣的活存幾乎沒有利息。

以下幾個簡單做法都有擊敗大盤，拉大差距的機會，提供給有興趣的主動投資者參考：

第 1 種做法：

不同時期，占總資產 15% 至 32% 的現金進入公債型 ETF，過去五年 IEF 的年均報酬大約 2.5%，總累積報酬應該會多出 4 個以上百分點，這個領先就會擴大成 57%（53% +4%）對比標普 500 的 49.81%。

第 2 種做法：

購買標普 500，標普 500 這幾年的年均報酬也在 8.5% 以上，這個績效多領先 25%，因為有 25% 以上的現金，總累積報酬應該會多出 10 個以上百分點，這領先就會變成擴大成 63%（53% +10%）對比標普 500 的 49.81%。

第 3 種做法：

如果一直留著星巴克，2018 年 12 月 31 日的股價是 64 元，比我當初賣出的 54 元多出 20%，總累積報酬應該會多出 4 個以上百分點，2019 年這八個月以來的漲幅更是驚人的近 50%，完全不動的績效領先差距就更大了。

第 4 種做法：

買了別的股票價格下跌，那麼成績就比現在你看到的差。

上述四種做法有三種的做法可能成功，成功機率是四分之三，所以我說有 7 成的機率可以擴大領先。

記得二十年前在彼得・林區的書上看到一句話，我當時還沒領悟，半信半疑，雖然心嚮往之，但不知如何做得到？他說：「你只要把股票挑好，其他市場自然會把它照顧好」。沒想到五年不動的這個實驗，一不小心完成了，而且績效也還可以。寫這封信時，也收到了 2019 年 7 月份月報表，資金已經接近 17 萬美元，星巴克在 2019 年的漲幅極猛，現在已經達到 95 美元，我將其全數賣出，打算繼續找尋下一個星巴克。

我從不懷疑第一桶金會與時增長到第二桶金——20 萬美元。我常說

第一桶金要像左右護法一樣，隨侍在側，不可隨便動用做為其他消費，應該要備而不用蓄積實力，但需要用到的時候還是該用。當第一桶金投入在全球企業時，可以生出第二桶金。我在談到年輕夫婦房貸壓力時，特別舉了這個例子。若以上面的例子操作個五年半 10 萬美元（折合約新台幣 3 百萬元），現已成長到了 17 萬美元（約新台幣 5 百萬元），每年 7％的投報率可付 7 百萬元的房貸，我用這例子做了實際的印證，它不僅僅只是理論，也說明了主動投資有機會超越大盤。

年份	SP 500	又上	年底金額(美元)
2013年12月底			100,000
2014	13.52%	16.02%	116,017
2015	1.38%	2.25%	118,622
2016	11.77%	10.41%	130,975
2017	21.61%	24.91%	163,599
2018	-4.23%	-6.46%	153,028
累積報酬	149.81%	153.03%	

資料來源：作者

主動投資要注意的六件事

不過主動投資要注意以下事項：

一、一定要分散風險，我的公募基金因為大意和太自信，就付出了慘痛的代價。

二、一定要參與自己熟悉或認識的一流企業。

三、如果心理素質不強，加一點風險防禦性資產，例如：公債的 ETF。

四、進行主動投資之前一定要學好巴菲特說的兩門課：如何評估一家企業的價值以及如何看待市場價格。

五、學理上擁有十家不同產業的持股，可以分散風險（重大股災的非系統性風險不在此列），如果十檔股票超過一般投資者的追蹤能力，可以考慮搭配 ETF 減輕分析的工作。

六、如果個性適合想要嘗試主動投資的讀者，可以考慮核心、衛星兩個投資組合，較低比例金額持有衛星，學習超額投資，就算失敗也不會影響整個布局，也可以測試自己是否適合主動投資。

就像彼得・林區說的，如果你懂得在哪裡找股票，個人主動投資也有他的優勢。成績落後時，你有比別人更強的耐心，用不著像基金操盤手一樣得向客戶或主管機關報備，也沒有基金法規面的限制。看到好的股票時，雖然不必重壓，但是只要持有 10% 以上就能讓你攻擊更有力道。

主動投資？還是被動投資？

主動投資好，還是被動投資好？我沒有這麼涇渭分明，適合個性的投資方法才是最好的方法。不過統計數字說明了一個事實：有 80% 的散戶都賠錢。那就應該回到「ETF+ 資產配置」，這是比較安全、穩定又可以獲利的做法。目標就是參與經濟成長，其他的事股市自然會照顧，這也是「本來無一物，何處惹塵埃」的操作信念。主動投資的「時時勤擦拭」還不一定成功，個性不適，方法不對，有時候加速度會離目標更遠，這是主動投資者要注意的地方。

巴菲特和查理・蒙格，一個是民主黨，一個是共和黨，兩人各有其信仰，卻又相互尊重，主動投資和被動投資也可以被如此看待。

至於你擔心國內投資者可能被某些主動投資達人的績效矇騙，我上次的建議就是先做到（1）誠實揭露：推薦股票是否有酬勞，從哪裡得到好處？（2）自己現在是否擁有該支股票？（3）未來七十二個小時之內

是否會交易，先從這三件最基本的事開始。

回到「被遺忘的 10 萬美元」，這個投資組合並無過人之處，但著重在全球一流的企業台積電跟星巴克，多數投資者都可知輕易獲知他們的優勢所在，其他三家公司都並沒有成功，純屬我測試某些投資概念，但整體表現還是超越大盤的獲利。

再則，用對方法，第一桶金也可以是有機的成長，這個帳戶一旦增長有了第二桶金，我打算挪出一桶金，再將它變成種子基金，成立推廣理財教育的小小基金，幫助理財弱勢族群。我一直認為教育是**翻轉**人生的一個重要槓桿，這樣一來投資就變得更有意義了，屆時還要借助你的古道熱腸！

實務操盤銀行對帳單

∨

2013 年底 10 萬美元開戶，2014 年第一年底 116,017 美元，成績 16%

FIDELITY **PREFERRED** SERVICES℠

Investment Report

December 1, 2014 - December 31, 2014

Fidelity Account ℠ X8   84   CHIUEH - INDIVIDUAL

Account Summary	
Beginning value as of Dec 1	$116,269.74
Change in investment value	-252.39
Ending value as of Dec 31	$116,017.35
Accrued Interest (AI)	$0.00
Change in AI from last statement	$0.00
Account trades from Jan 2014 - Dec 2014	8

Income Summary	This Period	Year to Date
Taxable		
Dividends	$67.50	$2,081.83
Lt cap gain	0.00	0.79
Tax-exempt		
Dividends	0.11	2.23
Total	$67.61	$2,084.85

Realized Gain/Loss from Sales	This Period	Year to Date
Short-term gain	$0.00	$2,302.78

Holdings (Symbol) as of December 31, 2014	Performance December 31, 2014	Quantity December 31, 2014	Price per Unit December 31, 2014	Total Cost Basis	Total Value December 1, 2014	Total Value December 31, 2014
Stocks 88% of holdings						
COACH INC (COH)		200.000	$37.560	$10,043.95	$7,424.00	$7,512.00
EAI: $270.00, EY: 3.59%						
HIMAX TECHNOLOGIES INC SPONS ADR EA		1000.000	8.060	5,737.95	6,820.00	8,060.00
REPR 2 ORD SHS NPV (HIMX)						
EAI: $270.00, EY: 3.35%						
POTASH CORP OF SASKATCHEWAN COM NPV		500.000	35.320	17,047.90	17,380.00	17,660.00
ISIN #CA73755L1076 SEDOL #2696980 (POT)						
EAI: $700.00, EY: 3.96%						
STARBUCKS CORP (SBUX)		300.000	82.050	22,375.90	24,363.00	24,615.00
EAI: $384.00, EY: 1.56%						
TAIWAN SEMICONDUCTOR MANUFACTURING ADS		2000.000	22.380	35,477.95	46,940.00	44,760.00
EACH CNV INTO 5 ORD TWD10 (TSM)						
EAI: $998.91, EY: 2.23%						
Subtotal of Stocks					90,683.65	102,607.00
Core Account 12% of holdings						
FIDELITY MUNICIPAL MONEY MARKET (FTEXX)	7-day Yield: 0.01%	13410.350	1.000	not applicable	13,342.74	13,410.35
Subtotal of Core Account						13,410.35
Total				$ 90,683.65		$116,017.35

2015年底118,622美元，成績2.25%，現金部位37,810美元，占32%。

Account Value:	**$118,622.72**

Account # X8 ___ .84
CHIUEH - INDIVID _ AL

Change in Account Value   ▼ $1,012.18

	This Period	Year-to-Date
Beginning Account Value	$119,634.90	$116,017.35
Subtractions	-	-427.20
Transaction Costs, Fees & Charges	-	-26.31
Taxes Withheld	-	-400.89
Change in Investment Value *	-1,012.18	3,032.57
Ending Account Value	$118,622.72	$118,622.72
Accrued Interest (AI)	0.00	
Ending Account Value Incl. AI	$118,622.72	

Account Holdings

32% Core Account

68% Stocks

Core Account

Description	Quantity	Price Per Unit	Total Market Value	Total Cost Basis	Unrealized Gain/Loss	Est. Annual Income (EAI)	Est.Yield (EY)
FIDELITY MUNICIPAL MONEY MARKET (FTEXX)	37,810.720	$1.000	$37,810.72	not applicable	not applicable	-	-
--7-day yield: 0.01%							
Total Core Account (32% of account holdings)			$37,810.72	-		-	

Stocks

Description	Quantity	Price Per Unit	Total Market Value	Total Cost Basis	Unrealized Gain/Loss	Est. Annual Income (EAI)	Est.Yield (EY)
Common Stock							
COACH INC (COH)	200.000	$32.730	$6,546.00	$10,043.95	-$3,497.95	$270.00	4.120%
HIMAX TECHNOLOGIES INC SPONS ADR EA REPR 2 ORD SHS NPV (HIMX)	1,000.000	8.200	8,200.00	5,737.95	2,462.05	300.00	3.660
POTASH CORP OF SASKATCHEWAN COM NPV ISIN #CA73755L1076 SEDOL #2696980 (POT)	500.000	17.120	8,560.00	17,047.90	-8,487.90	760.00	8.880
STARBUCKS CORP (SBUX)	200.000	60.030	12,006.00	7,447.95	4,558.05	160.00	1.330
TAIWAN SEMICONDUCTOR MFG LTD SPONSORED ADR ISIN #US8740391003 SEDOL #2113382 (TSM)	2,000.000	22.750	45,500.00	35,477.95	10,022.05	1,445.70	3.180
Total Common Stock (68% of account holdings)			$80,812.00	$75,755.70	$5,056.30	$2,935.70	
Total Stocks (68% of account holdings)			$80,812.00	$75,755.70	$5,056.30	$2,935.70	
Total Holdings			$118,622.72	$75,755.70	$5,056.30	$2,935.70	

2016 年底 130,975 美元，成績 10.41%，現金部位 40,122 美元，占 31%。

Account Value:	**$130,975.97**

Account # X8   84
CHIUEH - INDIVIDUAL

Change in Account Value   ▼ $3,982.70

	This Period	Year-to-Date
Beginning Account Value	$134,958.67	$118,622.72
Subtractions	-	-459.28
Transaction Costs, Fees & Charges	-	-10.00
Taxes Withheld	-	-449.28
Change in Investment Value *	-3,982.70	12,812.53
Ending Account Value	$130,975.97	$130,975.97
Accrued Interest (AI)	0.00	
Ending Account Value Incl. AI	$130,975.97	

Account Holdings

31% Mutual Funds

69% Stocks

Mutual Funds

Description	Beginning Market Value Dec 1, 2016	Quantity Dec 31, 2016	Price Per Unit Dec 31, 2016	Ending Market Value Dec 31, 2016	Total Cost Basis	Unrealized Gain/Loss Dec 31, 2016	EAI ($) / EY (%)
Short-Term Funds							
FIDELITY MUNICIPAL MONEY MARKET (FTEXX)	$40,111.66	40,122.940	$1.0000	$40,122.94	not applicable	not applicable	$48.81
-- 7-day yield: 0.4%							0.120%
Total Short-Term Funds (31% of account holdings)	$40,111.66			$40,122.94			$48.81
Total Mutual Funds (31% of account holdings)	$40,111.66			$40,122.94			$48.81

Stocks

Description	Beginning Market Value Dec 1, 2016	Quantity Dec 31, 2016	Price Per Unit Dec 31, 2016	Ending Market Value Dec 31, 2016	Total Cost Basis	Unrealized Gain/Loss Dec 31, 2016	EAI ($) / EY (%)
Common Stock							
COACH INC (COH)	$7,278.00	200.000	$35.0200	$7,004.00	$10,043.95	-$3,039.95	$270.00
							3.850%
HIMAX TECHNOLOGIES INC SPONS ADR EA REPR 2 ORD SHS NPV (HIMX)	7,370.00	1,000.000	6.0400	6,040.00	5,737.95	302.05	130.00
							2.150
POTASH CORP OF SASKATCHEWAN COM NPV ISIN #CA73755L1076 SEDOL #2696980 (POT)	9,115.00	500.000	18.0900	9,045.00	17,047.90	-8,002.90	200.00
							2.210
STARBUCKS CORP COM USD0.001 (SBUX)	11,594.00	200.000	55.5200	11,104.00	7,447.95	3,656.05	200.00
							1.800
TAIWAN SEMICONDUCTOR MFG LTD SPONSORED ADR (TSM)	59,380.00	2,000.000	28.7500	57,500.00	35,477.95	22,022.05	1,878.88
							3.270
Total Common Stock (69% of account holdings)	$94,737.00			$90,693.00	$75,755.70	$14,937.30	$2,678.88
Total Stocks (69% of account holdings)	$94,737.00			$90,693.00	$75,755.70	$14,937.30	$2,678.88
Total Holdings				$130,975.97	$75,755.70	$14,937.30	$2,727.69

2017 年底 163,599 美元，成績 24.91%，現金部位 40,302 美元，占 32%。

FIDELITY PREFERRED SERVICES℠

Account Summary

Account Value:	$163,599.67

Account Holdings

2% Core Account ($2,891)

25% Mutual Funds ($40,331)

73% Stocks ($120,377)

Change in Account Value   ▼$2,189.20

	This Period	Year-to-Date
Beginning Account Value	$165,788.87	$130,975.97
Subtractions	-	-500.50
Transaction Costs, Fees & Charges	-	-10.00
Taxes Withheld	-	-490.50
Change in Investment Value *	-2,189.20	33,124.20
Ending Account Value	$163,599.67	$163,599.67

Top Holdings

Mutual Funds

Description	Beginning Market Value Dec 1, 2017	Quantity Dec 31, 2017	Price Per Unit Dec 31, 2017	Ending Market Value Dec 31, 2017	Total Cost Basis	Unrealized Gain/Loss Dec 31, 2017	EAI ($) / EY (%)
Short-Term Funds							
FIDELITY MUNICIPAL MONEY MARKET (FTEXX) -- 7-day yield: 1.06%	$40,302.53	40,331.300	$1.0000	$40,331.30	not applicable	not applicable	$191.50 0.470%
Total Short-Term Funds (25% of account holdings)	$40,302.53			$40,331.30			$191.50
Total Mutual Funds (25% of account holdings)	$40,302.53			$40,331.30			$191.50

Stocks

Description	Beginning Market Value Dec 1, 2017	Quantity Dec 31, 2017	Price Per Unit Dec 31, 2017	Ending Market Value Dec 31, 2017	Total Cost Basis	Unrealized Gain/Loss Dec 31, 2017	EAI ($) / EY (%)
Common Stock							
HIMAX TECHNOLOGIES INC SPONS ADR EA REPR 2 ORD SHS NPV (HIMX)	$13,730.00	1,000.000	$10.4200	$10,420.00	$5,737.95	$4,682.05	$230.00 2.210%
POTASH CORP OF SASKATCHEWAN COM NPV ISIN #CA73755L1076 SEDOL #2696980 (POT)	9,825.00	500.000	20.6500	10,325.00	17,047.90	-6,722.90	-
STARBUCKS CORP COM USD0.001 (SBUX)	11,564.00	200.000	57.4300	11,486.00	7,447.95	4,038.05	240.00 2.090
TAIWAN SEMICONDUCTOR MFG LTD SPONSORED ADR (TSM)	79,200.00	2,000.000	39.6500	79,300.00	35,477.95	43,822.05	1,841.98 2.320
TAPESTRY INC COM (TPR)	8,338.00	200.000	44.2300	8,846.00	10,043.95	-1,197.95	270.00 3.050
Total Common Stock (74% of account holdings)	$122,657.00			$120,377.00	$75,755.70	$44,621.30	$2,581.98
Total Stocks (74% of account holdings)	$122,657.00			$120,377.00	$75,755.70	$44,621.30	$2,581.98
Total Holdings				$163,599.67	$75,755.70	$44,621.30	$2,786.33

2018 年底 153,028 美元，成績 -6.46%，現金部位 40,781 美元，占 27%。

FIDELITY **PREFERRED** SERVICES℠

INVESTMENT REPORT
December 1, 2018 - December 31, 2018

Account Summary

Account # X8   84
CHIUEH - INDIVIDUAL

Account Value:	**$153,028.57**

Account Holdings

4% Core Account ($5,967)

27% Mutual Funds ($40,781)

69% Stocks ($106,280)

Change in Account Value   ▼ $4,386.94

	This Period	Year-to-Date
Beginning Account Value	$157,415.51	$163,599.67
Subtractions	-	-604.16
Transaction Costs, Fees & Charges	-	-10.00
Taxes Withheld	-	-594.16
Change in Investment Value *	-4,386.94	-9,966.94
Ending Account Value	$153,028.57	$153,028.57

Top Holdings

Mutual Funds

Description	Beginning Market Value Dec 1, 2018	Quantity Dec 31, 2018	Price Per Unit Dec 31, 2018	Ending Market Value Dec 31, 2018	Total Cost Basis	Unrealized Gain/Loss Dec 31, 2018	EAI ($) / EY (%)
Short-Term Funds							
FIDELITY MUNICIPAL MONEY MARKET (FTEXX) -- 7-day yield: 1.41%	$40,733.32	40,781.200	$1.0000	$40,781.20	not applicable	not applicable	$433.39 1.060%
Total Short-Term Funds (27% of account holdings)	$40,733.32			$40,781.20			$433.39
Total Mutual Funds (27% of account holdings)	$40,733.32			$40,781.20			$433.39

Stocks

Description	Beginning Market Value Dec 1, 2018	Quantity Dec 31, 2018	Price Per Unit Dec 31, 2018	Ending Market Value Dec 31, 2018	Total Cost Basis	Unrealized Gain/Loss Dec 31, 2018	EAI ($) / EY (%)
Common Stock							
HIMAX TECHNOLOGIES INC SPONS ADR EA REPR 2 ORD SHS NPV (HIMX)	$4,170.00	1,000.000	$3.4300	$3,430.00	$5,737.95	-$2,307.95	$90.00 2.620%
NUTRIEN LTD COM NPV ISIN #CA67077M1086 SEDOL #BDRJLN0 (NTR)	10,312.00	200.000	47.0000	9,400.00	17,047.90	-7,647.90	344.00 3.660
STARBUCKS CORP COM USD0.001 (SBUX)	13,344.00	200.000	64.4000	12,880.00	7,447.95	5,432.05	288.00 2.240
TAIWAN SEMICONDUCTOR MFG LTD SPONSORED ADR (TSM)	75,180.00	2,000.000	36.9100	73,820.00	35,477.95	38,342.05	2,071.52 2.810
TAPESTRY INC COM (TPR)	7,786.00	200.000	33.7500	6,750.00	10,043.95	-3,293.95	270.00 4.000
Total Common Stock (69% of account holdings)	$110,792.00			$106,280.00	$75,755.70	$30,524.30	$3,063.52
Total Stocks (69% of account holdings)	$110,792.00			$106,280.00	$75,755.70	$30,524.30	$3,063.52
Total Holdings				$153,028.57	$75,755.70	$30,524.30	$3,578.72

2014年進場分別持有：
- COACH（之後公司改名TAPESTRY）200股
- HIMAX 1000股
- POTASH 500股
- 星巴克STARBUCKS 300股
- 台積電2000股

1. 以上五檔組合截至2018年12月31號有五年期間沒有動，其中星巴克在2015年4月9號，一股分成兩股，股數變成600股，
2. 2015年7月8號、7月16號，共賣出星巴克400股，賣價54美元和55美元，由於一股變兩股，相當於84元的買價，與108美元、110美元賣出。
3. 2015年賣出400股星巴克之後，忘了有這個帳號，高達32%的現金比例長達3年半沒有應用，在活期存款利息是0.01%。由於股價的上漲，總資產增長，使得2017年、2018年底現金持有比例變成為27%。
4. 2018年1月農業肥料公司POTSH和新公司合併，名稱改為Nutrien，新公司股數變成200股。
5. 個資保護的關係，只出現帳號前後各二碼。
6. 為節省篇幅，持股頁面由兩頁剪輯成一頁。

2015年7月，五年中唯一一次的交易，賣出星巴克400股。

Investment Report

July 1, 2015 - July 31, 2015

Fidelity Account sm **X8   84**   CHIUEH - INDIVIDUAL

Core Account - Fidelity Municipal Money Market

Description	Amount	Balance	Description	Amount	Balance
Beginning		$14,048.27	Subtotal of Investment Activity	$23,401.99	
Investment Activity			*Cash Management Activity*		
Securities sold	$21,783.69		Account fees and charges	-10.00	
Other disbursements	-317.64		Subtotal of Cash Management Activity	- $10.00	
Core account income	0.24		Ending		$37,440.26
Income	1,935.70				

Investment Activity

Settlement Date	Security	Description	Quantity	Price per Unit	Cost Basis of Close	Transaction Amount
7/08	HIMAX TECHNOLOGIES INC SPONS ADR EA REPR 2 ORD SHS NPV	Dividend received				$300.00
7/08	HIMAX TECHNOLOGIES INC SPONS ADR EA REPR 2 ORD SHS NPV	Fee charged				-10.00
7/08	STARBUCKS CORP	You sold	-200.000	$54.00000	$7,463.98r	10,791.85
		Transaction cost: -$8.15				
		Long-term gain: $3,327.87				
7/16	STARBUCKS CORP	You sold	-200.000	55.00000	7,463.97r	10,991.84
		Transaction cost: -$8.16				
		Long-term gain: $3,527.87				

第 12 章

給國家的領導者

12-1

解決勞退困境的關鍵
——給現任總統的信

這封信不談勞退基金的「節流」，
談的是較少人論及的「開源」以及有效的實際做法。

﹀

蔡總統您好：

　　近日重溫電影《模仿遊戲》（*The Imitation Game*），故事描寫電腦之父艾倫・圖靈（Alan Turing）這位英國二戰英雄當年所受到的待遇。圖靈畢業於英國劍橋，在美國普林斯頓拿了數學博士，二戰期間德軍攻勢凌厲，幾乎席捲歐洲，英國也迫在危急，他的團隊負責破解德軍的密碼，圖靈手作的機器就是大家今天號稱的「電腦」。

　　因為破解德軍精心設計的恩尼格密碼機（Enigma），戰爭得以提前結束，估計減少 1 千 4 百萬人的傷亡。但是他因天生的同性戀傾向，法官判刑坐牢兩年或者接受荷爾蒙治療，他為了繼續未完的工作，接受了藥物性的去勢，但是也不堪其副作用，最終選擇在四十一歲自殺身亡。一位拯救上百萬人性命的國家英雄，卻因為當時的觀念，最終在絕望中撒手歸去。

錢越來越薄

　　錯誤的觀念和認知,會影響我們全民多大的福利?您時間寶貴,我謹以四張幻燈片,一圖表來說明,其他的佐證在給立法委員的信裡。

　　第一張圖「通貨膨脹侵蝕購買力」,選用美國 1982 年到 1990 年數據,每三年的購買力下降不引人注意,但九年後購買力下降約 30%。台灣物價膨脹相對溫和,但購買力下降是各國皆然,不可改變的趨勢。

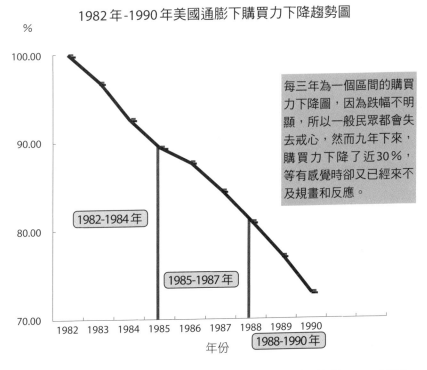

1982 年-1990 年美國通膨下購買力下降趨勢圖

每三年為一個區間的購買力下降圖,因為跌幅不明顯,所以一般民眾都會失去戒心,然而九年下來,購買力下降了近 30%,等有感覺時卻又已經來不及規畫和反應。

　　第二張圖「美國股市走勢」是美國道瓊工業指數從 1987 年到 2001 年的紀錄。1987 年 10 月 19 日,美國發生一天重挫 22.68% 的股市崩盤,看似重挫,不過十五年後回頭一看,它僅是股市長河中的小浪花。台灣股市 1990 年由高到低重挫 80%,今天回頭一看,也是如此的景象。

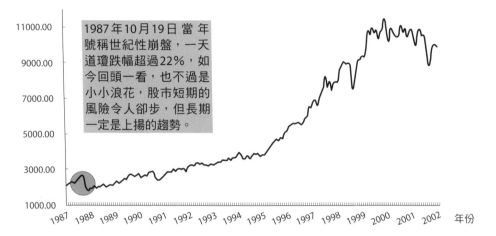

1987 年-2001 年美國道瓊工業指數走勢圖

1987 年 10 月 19 日 當 年號稱世紀性崩盤，一天道瓊跌幅超過 22%，如今回頭一看，也不過是小小浪花，股市短期的風險令人卻步，但長期一定是上揚的趨勢。

這兩張圖都在表達「**錢會變薄，購買力持續下降**」趨勢，但股市的**投資短期波動劇烈，但長期持續向上，五十年或一百年後依然是這個走勢**。也就是說，退休金如果無法連結股市，無法和台灣一流企業結合，參與國家或全球的經濟發展，只有和銀行定存一樣的勞退休金管理績效，將會為退休財源帶來極大的拖累，也無法為人民退休帶來舒適的生活。一旦人民憂慮退休金之不足，消費動能萎縮，經濟走向惡性循環，所有的社會問題也都延伸而出。

現今遇到的困境一是購買力持續下降，二是退休金卻未與股市資產同步持續的上漲；一想到全民的退休金和購買力是如此不成比例成長時，相信總統的您應該是憂心忡忡。

台灣目前退休金績效目標是兩年的定存，這個視野也就如同當年諾貝爾擔心基金投入股市會虧損，只允許選擇投資定存和公債一樣，欠缺專業考量，是諾貝爾基金幾乎破產的原因。

第三個數據，根據 Ibbotson 資料，美國 1926 年至 2017 年長達九十二年，通貨膨脹成長 14 倍、定存成長 21 倍、美國公債成長到 143 倍、美國大型股標普 500 成長到 7,353 倍、小型股可以成長到 36,929 倍。

1926年-2017年美國各類型資產成長速度

資產類別	成長倍數
小型股	36,929倍
大型股	7,353倍
10年政府公債	143倍
定存	21倍
通貨膨脹	14倍

通貨膨脹和美國的定存相差不多，台灣發展走勢也如此，我們勞退基金的績效，比兩年定存略好一些，但很難提供人民舒適的退休生活。

上面圖表都只陳述現象和問題，重點是如何解決退休金成長的績效問題，為什麼趨勢這麼明顯，而我們對勞退基金的管理和法規卻反其道而行，無法正確應對和處理？

兩個關鍵：第一，如何控制股市的波動度？第二，如何讓投資可以成長？簡單的說，主事者知道退休金必須增長，但不知道如何面對股市的波動，因此選擇犧牲成長，獲得短期的穩定，也就是走入現在這個「溫水煮青蛙」的結局。

幸運的是，要兼顧這兩個關鍵其實有方法，只是我們沒有打開視窗，看一下歐美先進國家、美國長春藤大學的管理方式。

改進的解答方案

　　第四張表提供了勞退基金面臨的困境，以及改進的解答方案，是理論和實務的結合。

年度	兩年定存勞退保證收益率	勞退新制基金收益率	保守型年度報酬 (25%台股+75%美債)
2005	1.93%	1.53%	4.10%
2006	2.16%	1.62%	7.02%
2007	2.43%	0.42%	10.27%
2008	2.65%	-6.06%	2.87%
2009	0.92%	11.84%	13.70%
2010	1.05%	1.54%	10.17%
2011	1.31%	-3.95%	7.73%
2012	1.39%	5.02%	5.93%
2013	1.39%	5.68%	-1.71%
2014	1.39%	6.38%	10.77%
2015	1.37%	-0.09%	-0.36%
2016	1.13%	3.23%	5.62%
2017	1.05%	7.93%	6.22%
2018	1.05%	-2.07%	-0.52%
2019（6月）	1.05%	7.47%	8.09%
累計總報酬	24.73%	46.85%	136.39%
年均報酬	1.54%	2.69%	6.11%

過去十四年半，政府勞退收益為47%，但若使用保守型組合為136%，且2008年金融海嘯時，不但未虧損，還獲利。資料來源：勞動部勞動基金運用局、作者整理

保守型投資組合的優點

就「**績效**」而言，台灣新制勞退基金從 2005 年到 2019 年 6 月底的績效淨成長 47％，兩年期定存的保證收益率是 24.73％，勞退基金績效略高於定存保證績效，而表中的「保守型投資組合」，過去十四年半的淨成長是 136.39％，這個就解決了績效不足的問題。但更重要的是，就波動度而言，這十四年半當中，主事者、投資大眾最擔心的波動，也就是俗稱的「虧損風險」比目前的勞退基金的波動還要小。

勞退新制最大的波動是在 2008 年，金融海嘯時跌幅 6％，但「保守型投資組合」在 2008 年金融海嘯不但沒有虧損，還獲利 2.87％，更難得的是這過去十四年最大的跌幅只在 2013 年的 -1.7％，

這「保守型投資組合」不但在安全度和績效上，都優於目前的勞退新制的操作方式。這個難以想像的完美投資組合，它的背景和理論基礎是什麼？

就「**理論基礎**」而言，資產配置這項投資策略是幾位諾貝爾經濟學者的研究，全美常春藤盟校的校務基金都使用這策略。就以康乃爾大學為例，截至 6 月 30 日的會計年度，2017 年的投資報酬 12.5％，2018 年是 10.6％。哈佛和耶魯大學每年超過 35％的開支都需要靠校務基金的獲利支撐，若是沒有成長，分配就變得極度困難。這是目前台灣勞退基金的窘境。

就「**風險程度**」設計比重，目前採用的是「保守型投資組合」，也是巴菲特老師葛拉漢建議的，一生中最保守的股票配置 25％。一旦少於這個底線，資產將缺乏成長，退休金將成為一項嚴重問題。這個保守型投資組合的設計，幾乎是一個七十五歲的人的投資組合。

就「**工具**」而言，這是全球著名投資傳奇人物巴菲特所認為對投資者最有力的工具──指數型基金，這裡選用代表台灣 50 大企業的 0050。

就「**測試時間的長度**」而言，以上十四年半的測試，純粹配合新制

勞退基金的成立那一年。時間延長，從台股 1987 年至 2019 年長達三十二年半中，不論績效和波動度都不錯，基金成長了 10 倍，對比定存的 1 倍左右，人民退休的舒適生活程度大不相同，保守型的投資組合能夠做到「簡單、安全又有績效」。

解決勞退基金歷年困境：無法兼具成長與低風險

目前的制度對年輕人和全民最不公平的是，二十五歲年輕人竟然和六十五歲退休的人投資組合相同。一個需要成長，一個需要穩定，勞退基金不能自選的管理設計，剝奪了全民，特別是年輕人讓資產大幅成長的機會。

開源與節流，是年金改革可以成功的主因。但單靠「節流」無法解決這個問題，諾貝爾基金當年犯下這錯誤，經過五十四年才發現。管理者勇於改正，挽救了瀕臨破產的諾貝爾基金，我們的年金犯錯之處大致相同，是開源的觀念出了問題。

改正之道就是仿效諾貝爾基金會做出改變，讓全民可以將雇主 6％ 提撥和員工自行提撥部分，讓民眾有自選的投資權利，讓個人資產和國家經濟共同成長。

至於國會議員和勞動部擔心的「保證盈虧」，資料非常清楚顯示出，使用保守型的投資策略可以解決績效不足，又沒有虧損之虞。最壞的紀錄是一年低於 2％ 的波動，遠比目前的勞退管理更穩健。

舊的法案不必廢除，但多一個選項，讓全民既可以選擇政府操盤，也讓適合的民眾擁有增長退休金的機會。

為什麼要信寫給您？全民和雇主提撥的退休金無法自選，這項討論已經十幾年。資料顯示，十五歲到三十九歲的民眾有 7 成贊成勞退金自選，但參與率只有 1 成，而美國高達 8 成的人參與提撥。關鍵在於政府

的勞退基金管理績效不彰，自己的勞退提撥無法自選。要突破這其中環節，不在行政枝節，而在於說服立法委員。如何讓自選者負責盈虧的問題，已不是單一部長所能為力。我也寫了信給勞動部長和立法委員，如果您還有時間的話，請閱讀〈12-2 讓人們看見自己的財富──給立法委員的信〉和〈12-3 政府偷走了勞工每人 383 萬元？──給勞動部長的信〉。

時代巨輪之下，觀念已改變

2013 年英國女王赦免 1952 年因同性戀行為被定罪的艾倫‧圖靈，2015 年圖靈的家人向英國首相發出一份超過 50 萬人簽名的請願書，2017 年艾倫‧圖靈法案生效，赦免約 4 萬 9 千名因同性戀定罪的人。再看 2019 年台灣通過同婚法案，這項受爭議的法案往前推進，最終到達陣是件不易的事。相同的，勞退金自選擁有高達 7 成勞工支持，僅缺少一個法案上的連結。

諾貝爾基金會瀕臨破產的劣勢，之所以可以被扭轉，在於觀念改變和主事者的勇於任事和承擔。民之所欲，若不能化作政府的施政行動，而且只是增加一個自選的機會，既不影響舊有者的權利，但卻可以給年輕人和適合的族群退休金增長的機會。一個對全民、對國家都有利的法案，如果不能落實，讓民眾的視野和觀念遠遠領先政府的話，這將是一個勇於改革，而且有行動力的政府的遺珠之憾。

12-2

讓人們看見自己的財富
——給立法委員們的信

如果有一項退休金自選法案，只要有兩到三年投資時間，
幾乎保證不虧損，而且有七成民眾希望立法，
又可讓民眾擁有無憂的退休生活，還能把台灣一流的企業留在手上，
這樣的法案，各位立委們覺得該立法嗎？

∨

親愛的立法委員：

　　想和您分享一句話：「你對別人最大的幫助，不是和別人分享你的財富，而是讓人看見他們自己的財富。」（The greatest good you can do for another is not just share your riches but to reveal him his own.）以上是英國前首相班傑明‧迪斯瑞（Benjamin Disraeli）的看法，那麼一國的立法委員對人民最大的幫助又是什麼呢？

　　美國許多重大法案集眾人之智，立下典範，美國許多總統都不見得能讓人們想起什麼，但有些法案幾十年後持續影響人們的生活，這個典章制度才是維持美國強而有力持續運轉的關鍵，美國國會議員之所以能享有崇高的尊敬，是有它道理的。

　　看來，立法委員對人民最大的貢獻，就是制定全民皆有利的好法案。這並不容易，畢竟有些法案奠基在利益分配之上，符合了甲的願望，可能就違背了乙的利益，所以必須尋求一個平衡點。

如果有一項法案……

　　但是如果有一項法案，超過七成的民眾認為都對他們有利，應該立法（重要的是，這項法案對另外三成民眾並無不利影響，只是因為他們尚未充分了解這項法案的實質內涵）。這樣一項全民所欲也對全民有利，卻被立法委員擋在於門外的法案，在全世界都極為罕見，這到底是立委專業還是擔當出了問題？或是民眾表達意願不夠強烈，以至於立法委員沒有接受到這樣的訊息？

　　到底是什麼法案呢？答案是──退休金自選！根據《工商時報》2018年12月20日報導，標題是〈自選退休金操作「難在說服立委」〉。新聞內容指出金管會主委顧立雄表示，推出退休金自選平台、選擇基金，這兩項工作都不難，最艱難的是在說服勞工和立委。因為自選基金沒有最低兩年定存利率的保障，也不保證一定不虧損。顧立雄補充說，但一般來說，如果定期定額二十年至三十年，理論上可以打敗經濟循環，真正賺到錢。

　　不知道顧立雄主委這番話能不能說服立委？二十年才能打敗經濟循環，而且又是加上一句「理論上」，看來顧主委不想誤導民眾，所以持極端保留的態度。這未免是把一塊上等牛排說成了兩粒肉丁，太不能說服人了。勞退自選可以做到「安全、簡單、有績效」，這件事的理論和數據馬上可接受檢驗。

　　如果有一個法案「事實上」可以打敗經濟循環，在三年的時間之內，幾乎保證民眾不虧損，只著眼在「不虧損」這視野也未免太小了。勞退自選讓民眾「可能」擁有一個無憂的退休生活，而且可以把台灣一流的企業留在手上，讓全民分享經濟成長的果實。這樣的法案，各位立委覺得該立法嗎？

　　空口無憑，而且實驗是檢驗真理的唯一標準。我們先看結果，再來談為什麼可以成功的理論。

以「保守型投資組合」試算

　　就以巴菲特老師葛拉漢提出的「保守型投資組合」，來做任何時段的測試，我寫給蔡英文總統的一封信裡，提到的比較區間是從 2005 年開辦勞退基金以來到 2019 年過去十四年半的績效。將是以 136％淨成長，對比政府勞退績效的 46.85％，這可解決目前勞退的困境。立委們應該也會關心 2000 年高科技泡沫、2008 年金融海嘯所帶來的重創，我們就以 2000 年這百年罕見的股災來做為測試的時間點。

年度	勞退保證收益率	勞退新制基金收益率	保守型年度報酬（25% 台股 +75% 美）	台股加（不含股利）+0050（含股利）	美債7-10年期（IEF）年度報酬
2000	3%	3%	1.51%	-43.91%	16.66%
2001	3%	3%	8.46%	17.14%	5.57%
2002	3%	3%	6.39%	-19.79%	15.12%
2003	3%	3%	8.82%	32.20%	1.02%
2004	3%	3%	4.73%	5.62%	4.43%
2005	1.93%	1.53%	4.10%	9.58%	2.27%
2006	2.16%	1.62%	7.02%	20.13%	2.65%
2007	2.43%	0.42%	10.27%	10.44%	10.21%
2008	2.65%	-6.06%	2.87%	-42.60%	18.03%
2009	0.92%	11.84%	13.70%	73.91%	-6.37%
2010	1.05%	1.54%	10.17%	12.79%	9.29%
2011	1.31%	-3.95%	7.73%	-15.45%	15.46%
2012	1.39%	5.02%	5.93%	11.55%	4.06%
2013	1.39%	5.68%	-1.71%	11.51%	-6.12%
2014	1.39%	6.38%	10.77%	16.33%	8.92%

年度	勞退保證收益率	勞退新制基金收益率	保守型年度報酬（25% 台股+75% 美）	台股加（不含股利）+0050（含股利）	美債7-10年期（IEF）年度報酬
2015	1.37%	-0.09%	-0.36%	-6.11%	1.55%
2016	1.13%	3.23%	5.62%	19.48%	1.00%
2017	1.05%	7.93%	6.22%	17.45%	2.47%
2018	1.05%	-2.07%	-0.52%	-4.54%	0.82%
2019	1.05%	7.47%	8.09%	10.07%	7.43%
累積總報酬	43%	70%	216%	104%	192%
年均複利	1.85%	2.76%	6.07%	3.72%	5.65%

2000 年至 2004 年勞退新制尚未啟動，理論上高科技泡沫期間（2000 年 -2002 年）操作績效極可能為負，但「假設」勞退績效突出，這五年均報酬為 3%。資料來源：Goodinfo!、作者

　　2000 年高科技泡沫，台股跌幅近 44％；2002 年高科技泡沫結束前，又下跌了近 20％；2008 年的金融海嘯，台股下跌了 42.6％，比美國的震央災情還重，如果這個新的投資組合設計，能夠做得比現在勞退基金還好，在百年罕見的連續兩次股災衝擊之下，都不會虧損。

　　各位立法委員們，請問是否可以解除虧損的疑慮？

　　事實上，在這三年時間保守型投資組合，不但沒有虧損，而且獲利還分別是 1.51％、6.39％、2.87％，很難想像，對嗎？

　　從 2000 年到 2019 年的上半年，這十九年半所產生的總累積報酬是 216％。台灣數兆的勞退基金如果能夠有兩倍以上的成長幅度，您覺得我們還有勞退基金破產的問題嗎？

　　過去十九年半 3％的投資報酬，大約是 77％。給您一個全民都不想

知道的事實，目前勞退績效從 2005 年到 2019 年中，過去十四年半年均複利 2.69％。如果以 2000 年起算，十九年半的總累積報酬，也大概只有 70％，勉強比通貨膨脹好一點，但有很多人認為過去二十年來的物價上漲不只 70％，但保守型組合的淨成長是 216％，這 2 倍的成長如何達成？這個新的投資組合為什麼可以保證不虧損？

一、75％ 購買美國十年期政府公債，是全世界目前最牢靠的公債之一，殖利率比台灣兩年定存多近 1 倍。重要的是，定存並不會隨著股災來臨時而增值，而公債卻有此功能。所以這 75％ 的資產配置既有防守性，也有些許的成長性功能，光這個就已經讓這個新的投資組合立於不敗之地[1]。

二、將 25％ 的資金參與台灣前 50 大企業，代碼 0050，台灣公司有相當高的股利率，平均約在 3％ 以上，再加上企業的成長，大約維持在 7％ 的年均報酬率[2]。

最重要的是這個做法並不需要操盤手，純粹是系統性的參與，沒有舞弊的機會，它的理論基礎來自於諾貝爾經濟得獎的見解，請參閱我寫給蔡總統的信。如果台股這麼完整的歷史都還無法消除疑慮，可以測試台股自 1987 年近三十三年的歷史數據。

勞退自選進一步做法

這保守型投資組合相比於目前勞退基金，不論管理績效、穩定度、

1　會採用美國十年期政府公債，是因為美國有成熟的公債市場，而且年代久遠，有足夠數據做測試。如果台灣也能有相同品質的公債，當然優先採用。

2　台股自 2000 年至 2019 年中，因受 1990 年重挫及 2000 年股災，年均報酬只有 3.72％，低於保守型組合的 6.07％。

波動度（風險虧損）不只達標還遠遠超過，因此可考慮以下做法：

一、保有舊的選項：政府依然保證兩年定存的績效，減少有些人的疑慮。如果行政作業並不困難，就算一直保有也無所謂，因為目前政府的操作都有超過定存的水準。

二、增加新選項「退休金自選」：新舊兼容，沒有影響舊有者的權益，但卻給年輕的工作族群或適合的工作者，多一個機會，何況這些自行提撥的資金，都是民眾自己的財產。

三、退休金自選建議分成三階段：管制、半開放、全開放。第一個管制階段只有四檔基金，分別是上述的「保守型」，另加上「穩健型、積極型、生命週期型」。

第一階段的管制期，只有政府操作和保守型保證兩年定存績效（「保守型投資組合」既然績效遠超過政府操作，納入政府保證也無不可）。第一階段的五年「保守型投資組合」有日落條款，五年適應期一過，退休金自選將自負盈虧，而事實上看到成果後，民眾了解這才是正確的退休金操作，這個漸進制度的設計，如果有興趣，請參考我在勞退基金管理信的內容。

退休金自選可為中華民國帶進來的利益不是百億元，不是千億元，是上兆元的福利。有些家庭可能因為這個法案而脫離貧窮，擁有一個安適的退休生活。它的影響遠遠超過十年、二十年，甚至可能超過一位部長、總統的政績。在我認為，這將是立法委員一生中難得一遇的立法機會。一旦這個法案通過的這天出現，將會是所有參與簽署的立委一生中最值得驕傲的一役！

政府偷走了勞工每人 383 萬元？
——給勞動部長的信

由於政府不讓退休金自選，
錯誤的決策相當於偷了人民每人 383 萬元？
真的有這麼多錢嗎？

∨

部長您好：

「政府偷走了每人 383 萬元？」這樣的用語和暗示出現在《Money 錢》雜誌封面，這和勞動部向來不遺餘力地捍衛勞工福利，產生了極大的落差。

施政的決策背後一定有專業的考量輔助，在提供數據分析給您做參考之前，說個簡單的故事；很多人可能不知道汽車 GPS 導航系統全球最大生產商總部就設在台灣，Garmin 由台灣旅美的工程師高民環和他當年聯合訊號（Allied Signal；現已併入 Honeywell）公司的同事蓋瑞·貝瑞爾（Gary Burrell）共同創辦。他們得知美國軍方將釋放出商業的導航系統之後，掌握先機成立了這家公司，所以今天就算是路癡，都可以透過衛星導航系統解決開車的問題。

三十年前能使用衛星導航是天方夜譚，因為牽涉到軍事上的機密考量，但卻是今天許多開車人簡便的使用工具。同樣的，三十年來台股經過幾次重挫，如果有人告訴我們投資可以穩健獲利，會有人覺得是天方夜譚。然而事實卻不然，**參與股市其實就是參與經濟發展**，它是歐美各

大學、各種基金會、慈善團體，為組織、也為員工退休金創造穩健獲利的投資方式。**使用和股市緊密連結的指數型基金沒有破產之虞，投資策略則採用「防守」與「攻擊」兼具的資產配置。**

如果勞動部不知道這種資產配置，不曉得它投資穩健的程度，就如同民眾不知道現在開車、找路已經有 GPS 可以使用一樣。所以有人說，錯誤的政策不會亞於貪污帶來的傷害！

勞退金自選談了十幾年，到底是卡在哪個政府決策單位？卡關的理由是什麼？顧慮的原因在哪？必須先釐清才知道該單位是缺乏專業？還是缺乏擔當？為個人利益犧牲全民的福祉？還是純屬決策者個人偏好？

根據新聞媒體報導，2014 年 12 月勞動部將退休金自選法案送進行政院審議，但基於兩個原因退回：自選平台細節、自選自負盈虧的考量（取消兩年虧損保證），看來當時是勞動部贊成，但行政院有疑慮。

新聞指出，金管會主委顧立雄為勞退金自選加把勁，要協助勞動部消除疑慮以及說服立委。如果新聞屬實，看起來目前卡關的兩個單位是勞動部和立法院，我也寫了一封信給立法委員，希望能解開他們的疑慮。信中提到了應該至少增加一項新選項「保守型投資組合」給民眾自選。它的安全度、波動度和績效都優於目前勞退基金的表現，這並非我個人的創見，我只是把一些大師們的構想、見解，做出一個可以測試的分析報告。我給現任總統的信中提到，它的理論基礎和工具使用來自諾貝爾經濟獎的論點，也是巴菲特老師葛拉漢一生中投資管理生涯的智慧的建議。

在給蔡總統的信中，投資組合呈現的是**和勞退基金自 2005 年以來的成績比較**。給立法委員的信中，投資組合呈現的是**將時間拉長，涵蓋了 2000 年的高科技泡沫**，讓立委們看看歷經兩次百年罕見的股災這個投資組合是否禁得起考驗。

一、對比 2005 年勞退基金成立以來，勞退基金在 2008 年虧損最大，

約 6%，保守型投資組合僅虧損 1.7%，發生在 2013 年，如果考慮股利則跌幅縮小約 3%

二、2000 年高科技泡沫、2008 年金融海嘯勞退基金有虧損，保守型投資組合不但沒有虧損，還分別獲利。

三、保守型投資組合的最大跌幅出現在 1990 年，跌幅 8.56%。如果考慮股利，跌幅將會縮小約 7.8%，原因我曾向立委們提到，主要是證所稅事件由 12,682 高點跌到收盤的 4,530 點，當時沒有健全的法人機構，現在要發生的機率其實很小，

四、最重要的是，就算再發生股災，第二年的獲利即可補回，過去三十二年沒有一次例外。

五、保守型投資組合的設計，不論風險虧損和績效都優於勞退基金，過去三十二年來產生了 1016% 的淨成長。對比 3% 的績效成長只有 157%，保守型投資組合遠遠高於 3% 的績效。3% 目前還高於勞退基金的平均成績，但就算如此，也只能勉強高於通貨膨脹，無法提供民眾舒適的退休生活。

　　沒有成長的勞退基金將是政府龐大財源的負擔，是民眾心中沉重的憂慮，是消費動能緊縮惡性循環的開始，也是社會問題的紛擾來源。這些問題的解決之道其實很簡單，就是放寬勞退自選，讓屬於民眾的退休金跟台灣以及全球一流的企業結合。學者指出，勞動部把人民的錢摟緊緊，卻無法創造成長，其實「愛之適足以害之」了！因為在資產配置的策略操作下，風險波動已可大幅下降且有成長績效，這才是關鍵。

　　至於一開始所提到，由於政府不讓退休金自選，錯誤的決策相當於偷了人民 383 萬元？真的有這麼多錢嗎？這要看計算的假設條件如何設定？多長的扣繳時間、多高的薪資提撥、多大的投資自選績效？以下是我整理的圖表：

年齡	月薪	年薪	雇主6%+自提6%	雇主6%+自提6%的績效比較		
				勞退3%	台灣0050-7%	SPY-10%
25	25,000	300,000	36,000	37,080	38,520	39,600
26	26,000	312,000	37,440	76,755	81,277	84,744
27	27,000	324,000	38,880	119,104	128,568	135,986
28	28,000	336,000	40,320	164,207	180,710	193,937
29	29,000	348,000	41,760	212,146	238,043	259,266
30	30,000	360,000	43,200	263,006	300,930	332,713
31	31,000	372,000	44,640	316,876	369,760	415,088
32	32,000	384,000	46,080	373,844	444,949	507,285
33	33,000	396,000	47,520	434,005	526,941	610,286
34	34,000	408,000	48,960	497,454	616,215	725,170
35	35,000	420,000	50,400	564,290	713,278	853,127
36	36,000	432,000	51,840	634,614	818,676	995,464
37	37,000	444,000	53,280	708,531	932,993	1,153,619
38	38,000	456,000	54,720	786,148	1,056,853	1,329,173
39	39,000	468,000	56,160	867,578	1,190,924	1,523,866
40	40,000	480,000	57,600	952,933	1,335,920	1,739,613
41	40,000	480,000	57,600	1,040,849	1,491,067	1,976,934
42	40,000	480,000	57,600	1,131,402	1,657,074	2,237,987
43	40,000	480,000	57,600	1,224,672	1,834,701	2,525,146
44	40,000	480,000	57,600	1,320,741	2,024,762	2,841,021
45	40,000	480,000	57,600	1,419,691	2,228,127	3,188,483
46	40,000	480,000	57,600	1,521,610	2,445,728	3,570,691
47	40,000	480,000	57,600	1,626,586	2,678,561	3,991,120
48	40,000	480,000	57,600	1,734,712	2,927,692	4,453,592
49	40,000	480,000	57,600	1,846,081	3,194,263	4,962,312
50	40,000	480,000	57,600	1,960,791	3,479,493	5,521,903
51	40,000	480,000	57,600	2,078,943	3,784,690	6,137,453
52	40,000	480,000	57,600	2,200,639	4,111,250	6,814,559
53	40,000	480,000	57,600	2,325,987	4,460,670	7,559,375
54	40,000	480,000	57,600	2,455,094	4,834,549	8,378,672
55	40,000	480,000	57,600	2,588,075	5,234,599	9,279,899
56	40,000	480,000	57,600	2,725,045	5,662,653	10,271,249
57	40,000	480,000	57,600	2,866,125	6,120,671	11,361,734
58	40,000	480,000	57,600	3,011,436	6,610,750	12,561,268
59	40,000	480,000	57,600	3,161,108	7,135,134	13,880,755
60	40,000	480,000	57,600	3,315,269	7,696,226	15,332,190
61	40,000	480,000	57,600	3,474,055	8,296,594	16,928,769
62	40,000	480,000	57,600.00	3,637,604	8,938,987	18,685,006
63	40,000	480,000	57,600.00	3,806,061.13	9,626,348	20,616,867
64	40,000	480,000	57,600.00	3,979,570	10,361,825	22,741,913
65	40,000	480,000	57,600.00	4,158,286	11,148,785	25,079,465
			2,188,800.00			

分析如下：

一、財經媒體使用的是勞動部的平均月薪 40,612 元，將雇主 6% 的 2,437 元薪資提撥，和勞退年均 2.9% 的績效，及台灣 0050 的 7.1% 的績效相比，四十年下來自選比勞退基金「多出」383 萬元，萬能政府做出了一個不萬能的決策。

二、不是每個年輕人一畢業月薪都能有 4 萬元，我的假設條件適用於多數年輕人：如果二十五歲年輕人從月薪 25K 開始，每年月薪增加 1 千元，一直到月薪 4 萬元的四十歲時，薪水停止不再增加。在這樣情況下，「只使用」雇主 6% 提撥投資，以 0050 的年均 7% 績效對比勞退的 3% 績效，同樣四十年下來，將會相差 350 萬元，看來財經媒體的批評也好，善意建言也罷，都還是有合理數據。如果民眾也自提 6%，那差額就如圖表所示，相差約 7 百萬元，實在難以置信。

三、您知道，為什麼自行提撥 6% 可以抵稅，但是全民的提撥率連一成都不到，而美國民眾的提撥率卻高達 8 成？簡單的說，核心的關鍵就是勞退金不能自選，而勞退基金又無法交出民眾可以接受的績效，以至於財政部可抵稅的美意、金管會的「再努力」，都無法解決台灣勞退的困境，勞動部的決策何其重要，但為什麼會離專業和民意這麼遠呢？

四、更令人傷感的是，如果勞退可以自選，民眾除了自提 6% 薪資再加上雇主的 6%，以 0050 的 7% 績效對比勞退 3% 績效，四十年後這個差距將達到 7 百萬元。這還只是一個人的數字，如果夫妻兩個人加起來，差距將會是 1 千 4 百萬元。若還能參與國際股市，如美股的 SPY 過去九十二年的年均 10%，那差距更是驚人。擴大到「每人 1 千萬元」，可以說，若開放民眾勞退自選，將可確實扭轉台灣經濟消費動能及維持民眾退休生活的穩定。

五、退休時才可以取用雇主 6% 的提撥，一般而言都有二到三十年以上的投資期，是最適合參與股市，和台灣或全球一流企業掛勾的最好時期。

　　勞動部需要再三思考的是，台灣面臨國際 e 世代的競爭，短期間恐怕難以扭轉低薪。許多弱勢族群的退休金遙遙無望，雇主 6% 的提撥是唯一讓他們翻身的機會，許多人因為暫時拿不到這個 6% 所以也不在乎，更有條件參於短期會波動的股市。

　　如果勞動部不知道今天已經是 GPS 年代，還要緊抓住這些屬於人民的資金，卻又交不出像樣的績效時，我認為勞動部要概括承受：台灣經濟繼續向下沉淪，以及掐斷了弱勢族群唯一翻身希望的罪人。

　　因為光靠雇主 6% 的提撥、台灣 0050 的績效，一個人就可以產生 557 萬元（1,114 ／ 2 ＝ 557，見第 371 頁圖）的退休金，如果以目前勞退 3% 的績效，只能有 208 萬元，差距就如前面第二點所述，亦即圖表所示，勞退與台灣 0050 的 7% 投報自選相差 350 萬元，兩人組成的家庭將可產生 1 千 1 百萬元，這 1 千 1 百萬元對這個家庭將會是何等的重要！

　　專業的問題我們已經花了大篇幅討論，應該被釐清了，勞退基金的設計，我也有三階段的建議，讓它簡單、安全、有績效，而且沒有舞弊的機會（請您有機會看一下我寫給現任總統和立法委員的信）。

　　但如果您想仔細了解資產配置的投資策略運作方式，把保守型投資組合每年的績效做個比對，並環顧一下全世界各個國家操作退休金的方式，建議您參考國發會人力行政局賴宜櫻小姐的分析報告，她結合國內許多專家以及勞動部資深委員的意見，相當具有參考性。

　　退休金自選不完全是一個專業的問題，在我看來，它是一個政治擔當的問題。政黨輪替了三次，這個問題卻依舊沒解決，這是看起來最棘

手的問題，但事實上卻是一個最安全，也可以為政黨建立他人無法超越的典範。一念之間，人民可以為蒼生之上，也可以為刀俎之下。

12-4

跳脫框架思考
——給金管會主委的信

「退休金自選實驗平台」展現了金管會跳脫框架的思維。

∨

主委您好：

　　律師背景的顧立委接任金管會主委，當時社會看法不一，有人認為沒有相關專業，而我認為說不定是一手好棋，英文有句話「Think out of the box.」（跳脫框架思考）跟我底下要說的有趣故事有關。總是有人闖入一位英國球星的美麗私人花園，又是摘花，又是摘果的，弄得凌亂不堪，管家立了招牌「私人林園，禁止入內」，但是無效。主人請管家做了個大的公告，寫著「如果在園中被毒蛇咬傷，距最近的醫院有 50 多公里，駕車要半小時」，從此再也沒人闖入，這是反向思維的妙用，它能解決社會許多慣性思考無法解決的問題。

　　而「退休金自選實驗平台」就有金管會跳脫框架的思維，值得鼓掌喝采。據《工商時報》2018 年 12 月 20 日報導，有關金管會推動勞退自選，協助勞動部解除疑慮及說服立委們，勞退金自選沒有兩年定存保證績效的顧慮。您的幾個論點如下：

一、您強調，退休金自選平台的商品必須「單純」，太複雜，太多商
　　品，易生消費爭端。

二、未來參考實驗平台的組合式基金、私校單檔基金操作模式、勞退基金委外投信代操，從這三者中選出最好的操作模式。

三、太多業者或商品競爭，就會有人兜售，鼓吹轉換，若年紀已大的人轉換不適合標的會產生虧損，因此暫時沒有考慮銀行、保險業加入這一平台。

四、目前實驗平台審查小組有勞動部代表，未來會分成雇主提撥、勞工自提但不自選、勞工自提且自選三大帳戶。

從這四大論點看來，自選實驗平台的團隊已開了無數的會，諸多的努力和研究，想必您也聽了不少的簡報，感覺您已經抓住重點方向，美中不足的是，您跳脫了多數的思考框架，但也進入了另外一個框架。

德國股神科斯托蘭尼提到央行或政府部門做決策時，如果旁邊有一個有投資實務經驗的人可能會更好，他引用匈牙利的俗語，「最好的警察，出生於賊」。我操過盤，也被盤操過；當過賊，也當過警察，我長時間觀察美國退休金理論和實務面運作，也了解其中優、缺點。或許也能夠跳出另外一個盒子看問題，我的看法如下：

第一點完全正確，而且是非常棒的核心，太多選擇，就是沒有效。而且混亂的選擇，美國退休金就有這缺點。私校退撫基金「保守、穩健、積極、生命週期」這四檔基金是很好的範例。

第二點「管理模式」的決定是關鍵，選擇不對，效果將大打折扣。

這個管理模式分成兩個部分：防守型政府公債，可以是台灣也可以是美國政府十年期公債；成長的部分可以選擇台灣指數基金，例如台灣50大的0050為主，未來可以搭配美國標普500為輔。

第三點「委外代操」需考量主動投資選股。它有幾個隱憂：績效太好原本不是壞事，但是投資者增多，轉單效應增強，而且基金經理人一旦被挖角，投資人將會買到過去的紀錄。同時要避免基金經理人哄抬自

己或親友的股票，這個法遵，內控外控都要做到非常好，滴水不漏，一個閃失和意外，都會對好不容易落實的退休金自選是一項打擊。

所以第一階段應做為適應階段的管制期，單純化的被動式管理和資產配置，這種既系統化又透明化，「簡單、安全、有績效」，超過多數需要主動判斷的模式，也才可以達到您第三個想法的落實。但為活絡金融產業，有主動投資成份的，可以在第二階段或第三階段再實施，並且所佔 20％ 的衛星持有，它的成敗對整個現有核心的運作影響有限。

簡單的說，第一階段最好使用公版四種基金，只是其中股和債的比例高低不同，例如保守型（75％公債、25％股票）、穩健型（股債各50％）、積極型（75％股票、25％的公債）、生命週期型（依年紀進行資產配置）。

一旦產品簡單化、投資模式系統化，接下來的所有推廣，就沒有銷售的副作用，而是退休金正確的投資和落實指導，因其績效不差成為全民的福祉。2000 年高科技泡沫、2008 年金融海嘯股災，保守型投資組合都還獲利。跟 2005 年勞退基金成立時的績效對比，過去十四年半勞退基金成長 47％，保守型投資組合成長 136％，領先很多，而且這十四年半勞退基金最壞的跌幅是 -6％，保守型投資組合僅虧損 -1.7％，這個系統方法不會輸給人為操作。

如果再透過兩個安全機制的確認，安全性更高（如果您有興趣請參閱〈8-1 退休金安全自選的策略〉一文）。公版的四種規格基金，簡單、安全、有績效，除了滿足不同退休族群的需求，也不會有太多業者、太多商品競爭，或是鼓吹轉換、年紀大買到不適合投資標的等弊端。也只有這種「產品簡單化」、「管理系統化」的公版才容易推廣。

國發會賴宜櫻分析：自行提撥的人數目前大約 6％，比預期低的原因可能包括，政府收益太差、薪資太低錢不夠用、不知道可以自行提撥、無法自己做投資理財、8 成不知道勞退新制有兩年定存保證收益、6

成不知道自行提撥可享稅賦優惠。

除了第一項目前政府收益太差的主觀因素以外，其他的項目有好處，但民眾為什麼不知道？勞動部難道沒做推廣嗎？應該有，但為何效果不彰？所以勞退自選就算成立，也可能面臨相同的問題，該怎麼突破這項挑戰？

如何推廣勞退自選？

觀察美國的做法，好政令不是公告就能自我推行，它必須仰賴和民眾第一線接觸的各種專業人士，美國退休金有重大福利，所以舉凡律師、會計師、財務規畫師、精算師、壽險經紀人和銀行理專，幾乎都扮演教育民眾的人員。

台灣有沒有這樣優質的專業人員可運用來推廣呢？當然有，只是金管會在這方面不但無法從箱子外來看問題，而且是蒙在箱子裡。

以美國為例，律師也可以擁有房地產執照，會計師也可以擁有基金或保險經紀人的執照，財務規畫師亦是。你有什麼樣的執照，受該行業職業倫理的規定，就可以從事什麼樣的服務，但要充分揭露利益衝突的事項，美國的壽險從業人員幾乎都同時具備共同基金執照，可以做這方面的銷售。

台灣有一群勤學的金融和財務業人員、近 30 萬名保險經紀人，這是第一線最好的教育人員，但金管會的思維只讓他停在保險業，十分可惜，財務規畫師也無法銷售或完成整體財務規畫所需的工具，有了外科醫師的訓練卻不許他碰刀，這種法令沒有全面跟上國際化的思維，很難想像。

如果要讓退休金自選可以全民普及，讓全民得到最大的福祉，產品簡單化是重要的第一步，如果上述的公版系統化產品可被接受而推出，

應同時考量壽險人員也可從事銷售，因為產品水準一致，所以重點在於整個退休金的理財教育，退休金的提撥具有節稅的效果，可考慮 1％到 2％的基金教育銷售費用。

美國早期退休金最高銷售費用 8.5％，競爭之後股票型基金降到 5.75％，這幾年持續下降，甚至指數型基金都已免交易費，但今天仍有收費基金維持 5％的銷售費用，而且生意不差，主要是扮演教育者的角色，也只有這樣法律宣導可以徹底，如果我們不懂得借重高度學習意願的從業人員，理財教育就會像現在極端不普及，龐大的資金放在定存、買錯保險，其實這些都可以透過法規跟理財教育民眾。防弊興利要並行，不然新台幣 40 兆元的資金白白放在銀行體系，這怎麼會是一個懂得運用自己優勢資源的國家呢？

您都可以參考其他國家仿效金融監理沙盒的構想，其實更可以藉這勞退自選的推廣議題一併探討整個法規面，目前極度落後先進國家的部分，也才可以讓台灣近 40 兆元銀行存款發揮最大的效益，如果您的一手好棋只限勞退自選，似乎是軍團司令卻只完成了一個營的作戰任務，雄才大略怎可畫地自限呢！

12-5

如何提升台灣金融產業競爭力？
——給行政院長的信

創造一流的國家，制度和方向才是關鍵。
一如家庭，資源的錯置、理財方向的錯誤，
加速只會離目標更遠！

∨

行政院長您好：

歷史上有戰役因軍力優勢布局錯誤而慘遭戰敗，甚至導致國家衰敗的例子，戰略的錯誤，再好的戰術都無法彌補。而制定國家戰略和方向的決策者，一位是總統，一位就是您，而且執行的關鍵在行政院。

台灣的競爭優勢在哪裡？每個人都說得出幾項，2018 年 6 月行政院第 3604 次會議後，行政院和金管會在記者會中提出，利用台灣現有的百兆資產打造金融競爭優勢，的確看到了台灣競爭優勢的底蘊和潛質，但尚未轉換成改善國民生活和國際競爭的優勢。

行政院金融發展行動方案架構的四十二張幻燈片[3]，這四個領域都有和國際接軌的意圖，每個產業都提出了四項的推動方向及具體策略，看得出來這企圖心都是參天大樹的種植，而不是小小樹苗的盆栽。

能看到潛質，進而擘劃宏偉大局，值得肯定，不過我們的土壤整理好了？有這條件讓樹苗長成大樹嗎？

3　資料來源：行政院 https://www.ey.gov.tw/File/4239DACEEA449638?A=C

台灣金融環境五大問題

　　應該如何布局台灣金融資產的戰略？您關心下列的事情嗎？（1）**務實的金融的改革，把台灣一流的企業留在國人手裡，（2）台灣有全球少見的高股利率，許多人卻無法共享，以至於國內消費動能減緩，（3）退休金不見成長，全民焦慮，內部對立，（4）不友善的投資環境形成年輕人不參與投資的斷層，（5）法規僵化，以至於無法人盡其才。**

　　要解決以上五個問題，最核心的做法是引水入渠，將投報值最低的銀行定存往證券業移動，但這要有理財觀念的教育、投資安全產品的設計、法規的調整鬆綁，工作橫跨各部會，非單一部長可完成，但是一旦建成，國家的資產策略分布將變得均衡而有成長性、而且效益驚人，不亞於創立第二家台積電，以下用數字證明：

　　資料顯示五個國家台灣、中國、日本、德國和美國分別在股票、現金、保險，房地產的資金分布，就可看出台灣資產分布的潛在問題，美國是全世界金融業最強的國家。她的資金在證券股票占比 32％ 是最高，台灣佔 18％。

　　因為美國這麼龐大的資金投資全球，以致台灣許多好企業中有五成以上為外資持股，稍微數一數就有大立光、東元、統一、寶成、聯發科、可成、台積電和日月光，甚至高達近八成，這說明了什麼？美國懂得利用資金讓全世界一流人才和企業為她打工，我們該如何改變、留住這些企業，特別是這其中驚人的獲利？

閒置的資金

　　第二，您知道嗎？台灣是資金比例在保險占第一名的國家，占42％，遙遙領先美國的 24％，台灣如果把這 18 個百分點的差距去買美國的蘋果、Google、好市多、台灣 0050，或全球一流企業的指數基金。那

麼台灣民眾的退休帳戶會因企業的獲利而大有進展，一如美國民眾因財富增長的有感而敢於消費，一邊是良性循環，一邊是惡性循環！哪一邊是台灣現在正走的路？

行政院金融行動方案資料顯示，台灣現有的金融資產分布，銀行業40兆元、證券業37兆元、保險業23兆元（2018年是26兆元），這個不理想的分布，可看出許多檯面上問題的潛因，未來退休金的疑慮，少子化的問題，國內消費動能不振，甚至拼了半天的經濟，變成別人經濟殖民的打工仔。

銀行業1%的定存無法擊敗通膨，它不能提供舒適的退休生活，但它有最大的部位新台幣40兆元。而每年提供3.5%到4%的股利，年均成長7%的台灣證券市場，卻只有37兆元，但它提供了2兆1千億元的獲利、1兆4千5百億元的股利發放。

簡單的說，證券業可以產生最大的投資報酬，和國家經濟一起成長，而銀行的定存已超過正常所需，所以我們有「定存」的水源，卻無法灌溉「證券的良田」。原因很多，也有許多跨部會的問題，這就是寫信給您的主因。

如果能夠將40兆元銀行資金其中的20兆元引水入渠到證券業，可產生8千億元的股利在民間，相當於四家台積電的效果。如何做到？我的觀察和建議分成以下幾項：

退休自選

這個金管會已在努力中，值得喝采，目前勞動部有疑慮，立委尚須說服，但都是觀念問題，請參見〈12-3 寫給勞動部長的信〉、〈12-2 給立法委員的信〉。這個部分只差臨門一腳，如果能夠立法，得到的效益不亞於創辦台積電，勞退破產的疑慮跟壓力將會逐漸下降。

主權基金

主權基金如果能成立，獲利可提供部分社會福利支出，例如新加坡政府的「淡馬錫基金」也是金融布局的戰略。但成立的財源從哪裡來？人民有錢，政府有優惠政策，兩相結合，並參考巴菲特浮存金的使用概念，細節在〈12-9 寫給郭台銘先生的信〉裡。

少子化

少子化是國安問題，〇到六歲國家能不能幫忙養？不加稅的話，財源從哪裡來？這有機會，甚至包含了勞退金政府該負擔的提撥，做法和內容在〈12-7 寫給國民黨候選人的信〉裡。

金融體制

改善一切可以改善的，讓人民對證券市場有意願和信心參與，這包含了理財教育、法規鬆綁、內線交易的取締和證券法規的嚴格執法。簡單描述他國是如何營造友善的投資環境，做為我國改進的借鏡。

歐洲的企業家說，他羨慕美國，打開車庫面對就是全球市場；歐洲打開車庫，面對的是外面的冰雪，而台灣允許打開車庫嗎？打開車庫意味著什麼？其實是開啟觀念，調整法規制度鬆緊，做到物盡其流，人盡其才。

人才能發揮，對社會都是相當大的助益，比爾·蓋茲、巴菲特都捐出近 9 成的財富，前紐約市長麥克·彭博（Michael Bloomberg）亦是，像這樣的社會菁英，名字可列一大串，臉書創辦人祖克柏 2015 年宣布，在他有生之年捐出 99％的資產，當時他身價 450 億美元，今天已達 670 億美元，也就是說這五年當中，他為社會又多奉獻了近 2 百億美元。當台

灣年輕人苦於低薪的年代，他今年才三十五歲，美國如果沒有他們，將是多麼可惜。

美國許多知名的企業都從車庫開始，例如惠普電腦、蘋果公司，但令人難過的是，他們如果生長在台灣，一生才華可能都沒這樣的發展機會了，為什麼呢？不知您有沒有去思考這個問題？這就是我提的沃土培育。

以下舉實例容易說明。巴菲特十幾歲就成立了自己的事業經營體，獨立報稅。他在二十五歲成立類似私募基金的有限合夥投資管理，美國的私募基金 1 億 5 千萬美元之內，只需向金管會報備，（當然私募基金有參與的資格和查帳的條件），美國的投顧事業沒有資本額的限制，在台灣要 2 千 5 百萬元的資本額，而且資金還被管制，幾乎無法進行投資，所以這些事業很多轉入了地下。成立共同基金投資信託則要上億資本，美國只要 10 萬美元，但是所有的安全檢查一樣不少。

美國不怕競爭，但怕大企業壟斷資源、產業不求進步。所以美國設立反托拉斯法防堵，怕大不怕小，能夠殺出重圍的都是有實力的企業。台灣的思維剛好相反，防弊防了半天，所以台灣都在車庫裡，根本出不了門，太多表面的功夫拖累了企業競爭實力。

淡江大學保險系副教授郝充仁指出[4]，台灣資產管理產業發展腳步跟不上社會需求，是保險業資產膨脹的主因。「跑到保險業的錢，大多是透過銀行財富管理部門引導民眾買保單轉進來的，這其中，有相當高程度是基於退休規畫的理財需求。先進國家比如美國，是透過 401k 退休帳戶把龐大資金引導到資產管理產業。他們的退休金資產管理發展蓬勃，是因為政府制定租稅優惠與閉鎖期的相關配套。我們政府心態過於保

4　資料來源：今周刊 https://www.businesstoday.com.tw/article/category/80393/post/201904020006/ 生意超好賺？解析保險業三大誤區

守，以及不作為，使得我們的退休金資產管理產業發展嚴重落後！」

如果這不改變，台灣的金融資產戰略大方向就會偏差，不信來看看，台積電78%為外資所有，大立光也接近50%，台灣要解決五缺「缺地、缺水、缺電、缺才、缺工」的頭痛問題，光是能源問題就已經讓內部四分五裂，結果美國僅僅是用美元，就把台灣最好的企業納入囊中，

10兆元的資金大約是25%銀行的定存，若能引導到證券市場，每年的股利約2家台積電的額度。這當中產品可以設計得簡單、安全、有績效，但誰來教育民眾呢？三十萬名壽險從業人員是最好的教育生力軍，每年他們幾乎為保險公司帶進上兆資金，所以金融資產的重新布局是可能的，而且應該借重這些壽險從業人員，但如何讓他們升級、取得執照，這些都需要法規鬆綁。但這個資金南水北調的巨大效益十分值得，因為它可以解決一開始向您提出的五個關心提問。

簡單的說，我們的資產配置的戰略方向是偏差的，龐大的40兆元銀行資金為什麼無法連結到跟經濟一起成長的股市，獲取較高的股利。這裡面有許多的因素和困難是跨部會的，與其要各部會拿出一個驚人的成績，不如讓各個部長說出困難點，在金融策略擬定的大方向下，需要哪個部會相互支援形成協同作戰團體，否則就會發生為了短期成績而殺雞取卵，例如為了活絡股市的現象，就讓年輕人參與太多以小博大的期權市場。這種槓桿操作傷害到許多沒有經驗的年輕人，未來他們可能更遠離股市。

首要之務，可能是重新檢討、跨部會整合國內法規。**套句全世界新首富亞馬遜創辦人貝佐斯的話：「解決問題，要靠最接近問題的人！」**誰可引資金到正確渠道？您就是最重要的決策者之一。

創造一流的國家，制度和方向才是關鍵。一如家庭，資源的錯置、理財方向的錯誤，加速只會離目標更遠！這封信談到如何提升金融產業競爭力，但相信其他產業也一定有許多法令制度需要全盤檢討的地方，

我認為這才是把體質改善，讓土地更有種植大樹的條件，培育蚯蚓昆蟲都喜歡來的沃土，就像那句俗諺「花若盛開，蝴蝶自來」。

12-6

日本明治維新為何能成功？
——給賴清德前院長的信

明治維新不是倉促短時間完成，而是耗時二十年逐步進展，
關鍵恐怕不只是到西方考察，是他們的「態度」。

$\vee$

賴前院長您好：

聽說黨內初選後，您人在海外沉潛，如果您在美國，八月底的美網公開賽，值得您到紐約現場看一回，競技球員的拼搏、上萬人的吶喊，淚水挫折、勝利歡呼全交織在一塊。失敗的一方找出問題，勤加練習，等待機會捲土重來。您是暫時停歇，而不是終止。球賽一如人生，也會出現令人驚豔的逆轉勝。

現在只是您政治生涯中一個短暫的休止符，最動人的樂章還沒有到來，此時的沉潛有「化作春泥更護花」的育土，也是蓄勢待發前的低徊吟唱，難受不宜過久，因為接下來的功課更重要，是什麼功課？

上醫醫國

為什麼寫這封信給您？我認為您還有再度發揮的時候，科斯托蘭尼非常自豪他是「成功的投機者」，這裡的「投機」沒有貶損之意，相反的，他需要具備許多優質的條件，例如有敏銳的洞察力、直覺和有創意

的怪念頭。敏銳的洞察力指的是了解事情的關聯，從不合邏輯的紛亂中區分出邏輯來，同時還要具備自我控制力和靈活性，又必須耐性十足，心臟很強。

有人問他，什麼行業的人最類似投機者，他認為是「醫生，因為投機者和醫生一樣，首要之務是診斷，從診斷中產生治療、癒後及所有的考量，進出市場的人和醫生一樣，一旦發現走錯方向，就必須修正行動，做出新的決定。」

我在 1985 年留學美國，常問自己「美國還美嗎？」您留學哈佛，您的觀察呢？我們當年留學時，自恃是四小龍之首，可沒有把韓國同學看在眼裡，但為什麼這二十年來卻被後面的競爭者一個個的超越了？這一定有我們犯錯，而別人做對的地方。

有人說，美國之所以偉大，不是不曾犯錯，而是屢屢修正犯錯，重新站起來。難得一個您可以不為案牘勞神的空檔時光，您會怎麼構思國家的富強之道？

當年雷根總統因槍傷送進急診室開刀，跟醫生們半開玩笑說，希望你們都是共和黨的。美國這兩黨競爭也夠激烈，為什麼這個國家不會像我們陷入泥沼，一陷就是二十年？

貴黨的競爭對手朱立倫先生此刻也在美東小遊，看來美國既是療傷止痛，也是奮勇再起的好地方，他說最專業的政治人物被邊緣化是民主政治的沉淪，您怎麼看這問題？

台灣的選民為什麼變了？我猜應該是全民們對這二十年來，兩黨都不能交出令人幸福（信服）的成績，而不願意再忍受了，是不是還有其他關鍵因素？期待您在沉潛中有所觀察和診斷。

日本的明治維新

　　2018 年看到你在任時的行政院和金管會推出的「百兆金融行動振興計畫」，我很仔細看了，想起了呂正理先生寫的《另眼看歷史：中日韓台三千年》，談到日本明治維新的成功讓日本脫胎換骨，而且一躍成為亞洲第一強國。我之前以為是日本西方考察之後完成明治維新。但再度讀史之後，才發現明治維新不是倉促短時間完成，而是耗時二十年逐步進展，關鍵恐怕不只是到西方考察，而是他們的「態度」。

　　首先多數日本人認為西方不只是船堅砲利，還有良好的政治、經濟、軍事、法律制度、科學，所以願意「全盤西化」。

　　再則，派出的使節團都是改變新政府的重量級人物，如岩倉具視、木戶孝允，伊藤博文等共一〇七人到美國、歐洲共十二國訪問，一共用了二十二個月的考察時間，陸軍學德國、海軍學英國，不是虛晃一招，而是一次就想徹底想要學到西方優點的態度和做法。

　　再說一個，多年來令我感觸的故事，中國為了進軍奧運拿下跳水的獎牌，也開始徹底的模仿。他們派攝影師躲在跳板附近，拍下歐美冠軍選手跳水的所有動作，然後再對比自己的選手。就像小時候臨摹書法一樣，跳出去的高度、旋轉的角度完全和對方一致，臨摹到一個程度就可以發揮創新。中國的跳水項目在奧運中拿下了難以撼動的地位。

　　我不是說我們要全盤西化，而是要說徹底學精、學好的態度。日本明治維新施政關鍵人物二十二個月的考察，不知道能不能給您帶來一點啟發。經過這一陣子休息和觀察，相信您的再出發，必然有更清晰的施政脈絡和優先次序，預祝您成功，更祝願國政走向康莊大道！

12-7

少子化的預算從哪來？
——給國民黨總統候選人的信

「〇到六歲國家幫忙養」的議題引人熱議，
我認為能在不加稅情況下找出 2 千億元，
它可行，也做得到。

$\vee$

韓市長您好：

　　國民黨的初選已過，其中「〇到六歲國家幫忙養」的議題，外溢到了其他政黨立委也熱議的情況，這確實是大家的關注，郭台銘和朱立倫先生有關這話題的論戰，您在旁邊四兩撥千斤，他們雙方互指對方之不足您都同意的幽默，也引大家一笑，少子化既然是國安問題，其實應該跨黨派，變成國家政策的討論，不過回到現實層面來談「錢從哪裡來」？

　　兩年前應朋友的要求，希望我能提供個人看法，談談有關國家發展及國家理財碰到難題的解決之道。我認為大有機會找到這筆國家幫忙養的預算來源。在不加稅情況下找出 2 千億元預算，我挑選三個優先項目：（1）改善少子化，「四到六歲國家幫忙養」（2）年金勞退，（3）青年就業議題或老年長照擇一，上述三項缺口分別是 8 百億元、7 百億元、5 百億元。

「〇到六歲國家養」的預算從哪來？

少子化的問題，我原本考慮的是四歲到六歲幫忙養的補助，預估需要 8 百億元。但郭董霸氣，從〇歲開始。它的效果也最好，郭董提出的補助款是 1 千 8 百億元，地方政府已有 6 百億元的零星補助，缺口是 1 千 2 百億元，和原先我的預估 8 百億元，相差 4 百億元。

不管怎麼說，2 千億元的預算從哪來？先講結果，再談背景。看過一篇報導後，我覺得有機會，但為了確定執行面的可行，不是我個人的空想，透過友人介紹，請教了一位退休財政部次長。我問，如果今天他是財政部長，總統和行政院長給他一個任務，在不加稅的情況下，能否多出 1 千億元的稅收，他一點都沒有猶豫地答覆，沒有問題，但要給足人力。

當時我只有二十分鐘的時間請教他，他問了我三次，為什麼要問這個問題？今天可以答覆他了，我在找國家的財政漏洞。

去年在某大學演講論及國家理財的困難，我認為有兩個，專業和擔當。有擔當若沒專業，看不到問題，或者不在那個位置上，有專業如果不想擔當也很難成事，畢竟現在太多事需要跨部會來協調。沒想到台下有位財政部的政務官，他建議我應該到某部會演講，餐敘時知道他的身份，我問了同樣的問題，但任務改為「增加 2 千億元稅收」，相同的反應，相同的答案，他說沒問題。

事後，我再問了幾位執業的會計師，也說沒問題。

了解一下他們認為沒有問題的背景。根據前財政部長何志欽和成大的研究報告，台灣的地下經濟約占 28%，有些不是故意造成，是整個制度的設計不良，所以前部長何志欽建議棍子與蘿蔔並行，多用誘因的方式來引導。

台灣 2018 年的國民所得額近 18 兆元，有 5 兆元資金沒有進入稅制系統，我們不要期望全改善，如果能夠減少一半，大約就是 2 兆 5 千億

元，如果 10%的稅賦就是 2 千 5 百億元。

　　請問這問題在哪裡？我不認為是財政部不盡責，而是總統跟行政院長有沒有一定要達成的施政戰略目標，這才是關鍵。半導體產業，就是當年沒錢、沒人、沒技術，在張忠謀、政府的策畫建立起來，靠的是遠見、生存發展的決心和一股勁。

　　許多問題也是如此，退休金問題亦是，提撥不足，績效不夠是兩大主因，如果要面對問題，政府補上以前該補的提撥，地下經濟的改善可以是預算來源其中之一。

設立專職投資機構

　　至於績效，別讓公務員負這麼大的專業壓力，設立專職投資機構，國內或國際都有人才，就算不委外，我建議的保守型投資組合的系統投資法，同樣的時間，比勞退基金多出一倍，安全度更高，績效在〈12-2給立法委員的信〉裡。

　　少子化若已是國安問題，國家幫忙養的預算也只是其中一個環節，還有其他的因素，也應一併考量。所以改善勞退金免於破產，扭轉少子化的，總統如果列為施政的戰略目標，就有機會做得到。

　　說一段國共內戰的歷史，某戰役中國軍有座重要的碉堡，共軍屢攻不下，20 名共軍戰士，各用一長竹桿綁上手榴彈，這 20 名戰士都知道有可能犧牲，但是共軍拿下國軍碉堡的決心是強烈的，如果這事真的屬實，那麼扭轉台灣少子化這場戰役，要比當年國共內戰有勝算多了，改善環境，讓出生率提高，讓有質感的移民加速。

主管機關的職責

二十年前李國鼎先生在《IC 教父：張忠謀的策略傳奇》書中序言提到，當時政府決定要製定「獎勵投資條例」之後，發現有八種財稅法令、四種土地管理法令都包含對出口不利的項目，如果由財政部和內政部開會修法，一定很浪費時間，所以在美援會下面成一個小組，把十二種法令挑出來統一處理，這樣產生的效果很大，所以他強調任何事情都需要環境配合。

當時陳誠院長指示他三點：（1）法律不合時宜的，修改法律，（2）行政命令不合時宜的，修改行政命令，（3）投資人有什麼困難，要幫忙解決。這三個方向依然適用於台灣面臨的困局。

地下經濟的徵收有困難，就是有些環境的改善配套措施沒有做到，以至於產生這漏洞，研究報告顯示，擴大電子支付的使用，可以縮小地下經濟的規模，目前中國大陸的電子支付都已超越台灣，所以這是「為與不為」的問題。

總統的承擔、部長的專業，總統也要協助改善部長的施政環境，特別是現在面臨的困境都需要跨部會的溝通。一如李國鼎先生當年的這句話，「改善環境，才能保持競爭力」，今天依然適用，但必須是總統下定的戰略執行目標。

12-8

「希望的臉龐」和「我們選擇登月」
——給朱立倫先生的信

美國人這麼喜歡甘迺迪是因他的悲劇性結局嗎？
我的看法是不盡然，更可能是因為他的登月計畫，為什麼？

∨

立倫兄您好：

故人可再訪，舊地可重遊，8 月下旬給您寫信的此刻，發現原來您正在一遊母校紐約大學，想必別來無恙。但 911 事件被炸毀的世貿大樓已是嶄新的面貌，您拍照的那一角，也常是我出入世貿地鐵的位置。

分享個小趣事，剛新建的世貿大樓有多高呢？許多國家一定想蓋成世界第一高，美國這次沒有，高度只有 1776 英呎（約 541 公尺），象徵美國通過獨立宣言的 1776 年，是否有莫忘建國初衷的提醒呢？

您說當年 911 誕生的孩子，許多人後來稱他們為「face of hope 希望的臉龐」，您也提到，如何讓「希望的臉龐」這一代能真正的 face hope，是這一代政治工作者共同的挑戰。

在台灣目前少子化的情況下看來，先要有小孩（希望）的誕生，第二個是讓他們能面對希望。國民黨初選中，您和郭董「○到六歲到底誰養？」的論戰很精彩，我也藉這封信談一下我的看法。

先談我近十幾年才解答出的困惑。三十年前初到美國留學，不管是在哪兒，許多城鎮裡最常看到的街名就是羅斯福大道（Roosevelt Ave）或

甘迺迪大道（Kennedy Blvd），紐約甘迺迪機場是一例，我當時想，美國人這麼喜歡甘迺迪，是因他的悲劇性結局嗎？我現在的看法是不盡然，更多可能是因為他的登月計畫，為什麼？

張忠謀在「企業最重要的三大根基」這一課裡提到願景、文化、策略。他說「自甘迺迪總統之後，美國每位總統都必須談願景，甘迺迪的就職宣言與獨立宣言，一樣都是談願景，而且文情並茂的好文章」。我個人對甘迺迪的登月演說更有感覺。

他在這篇演說提出願景，也向民眾坦承他的挑戰和可能的失敗，說服了全國民眾和他一起面對目標，他知道問題，而且面對問題。

甘迺迪的登月演說

1957 年初蘇俄的史普尼克 1 號衛星，成功載人進入太空，震驚全球，遙遙領先美國。最近有部電影《關鍵少數》（Hidden Figures），三位數學理工優異的黑人女性，上班時遇到車子拋錨，員警上前盤查，那時還有種族隔離，員警得知她們竟然是太空總署上班的工程人員之後，警車一路鳴笛開道護送，可了解當時全國渴望贏得勝利的高漲情緒。

您想必也熟悉甘迺迪的登月演說，他告訴全國民眾，美國處在一個變化與挑戰的時期，知識與無知並存的時代，而空間的探索是重大的冒險，沒有一個想成為世界領袖的國家會在這場空間競賽中停止下來。

美國不打算在太空時代來臨的浪潮中倒下，也發誓不會看到太空充滿了大規模的殺傷性武器，而是充滿獲取知識的工具，但美國必須領先才能保有這樣的承諾。空間科學也正如核科學和其他技術，本身沒有道德可言，它為善或為惡的力量取決於人類，也只有美國取得卓越領先的地位，才能決定這一片空間領域是和平還是成為戰爭的威脅？這是描述願景。

例如氣象衛星對颱風前的警告，也適用於森林火災和冰山的預警，說明美國為什麼需要取得領先！接著他坦承說，目前這項競賽美國落後了，在載人航空方面會持續落後一段時間，但是美國不打算落後，他預計怎麼做，接下來的五年航太中心的科學家和工程師數量加倍，航太預算驚人地上漲，比過去八年的總和還多。每年高達54億美元，接近美國人在香煙雪茄上的消費額，很快地預算從每人每週0.4美元上升25%到每人每週0.5美元，他說服民眾追加預算的必要之惡。

甘迺迪的坦誠讓民眾很有感覺，他說「因為我們賦予了這計畫很高的國家優先權，我了解這計畫需要相當程度的信念和憧憬，因為我們不知道會有什麼好處等著我們，但是同胞們，我們應該登上月球！」

登月不僅是甘迺迪看到了國家戰略的需要，也成了全民共同努力的目標，信念和憧憬都敢坦誠地與全民分享，願景竟然也可以感染。我們有多久，政治人物不敢帶領民眾一起做夢了？連少子化這樣的國安問題，也只能在嘴上喊，全國為這事付出一點代價都不敢。期待立倫兒，有一天也能帶領全國民眾踏實地築夢。

他也說，有人問，為什麼我們選擇登月？最讓我多年來，記憶猶深揮之不去的是甘迺迪這句話，「我們決定在十年間登月，並做其他的事，不是因為它們簡單，而是因為它們困難。(Not because they are easy, but because they are hard.)，」他的演講最後提到了偉大的英國探險家喬治・馬洛里（George Mallory）因攀登珠穆朗瑪峰而喪生。被人問到為什麼要攀登？他說：「因為它就在那裡。」而太空就在那兒，獲得知識和平的新希望也在那兒。

反觀台灣「〇到六歲國家養」議題

說完了他登月的演講故事，我們再回來看「〇到六歲國家養」的議

題。您提到台灣目前的稅率是 12％，不像北歐國家的 40％，因此沒這能力做到。而郭董說他可以找到財源，所以這是兩條不同平行線的思維看問題。

看似條平行線，但我看到的是您們的交集和您特殊的強項。郭董霸氣，○到六歲只做排富，您做了調整，例如「高所得自己養，中所得幫忙養，低所得國家養」。同樣的預算在這種調整下效果更高。同時您還延伸到「女性凍卵補助」，也是間接有助於提升未來的出生率。

也就是說，很多施政的構想您都有機會轉換成落實政策的討論，甚至擴大延伸出來的效益，何以見得？《經濟日報》曾有篇社論，標題是「皮凱提的主張，不如朱立倫的建議」，皮凱提的富人稅現實上效果不彰，不如修改公司法、給予加薪補助的建議，是不是您的主張一定正確，這見仁見智，但說明了您多年在政府部門工作的經驗，再加上對財經議題的觀察和思考，整個政策面的運作是您口中所說的，最正常也最穩健。

但可能是因為太熟悉，以致於落入慣性思考，難免有了框架。例如台灣的稅率已低，不加稅沒有預算，加稅人民不願意，這兩個問題來反向思考看看。難道不加稅就沒有別的方法了嗎？甘迺迪加稅發展太空計畫，為什麼人民願意？是因為他提出了願景和理由，說服了大家，就算說服不可行，別的方法思考過，嘗試過了嗎？

郭董提出的「○到六歲國家幫忙養」每年預算 1 千 8 百億元，扣掉已補助地方政府的 6 百億元，這缺口是 1 千 2 百億元。不加稅，沒有辦法嗎？許多非貴黨的立委也關心這個議題，頻問「預算從哪裡來？」

我認為預算根本不是問題，最少有三個解決方向。第一，少子化是不是國安問題？它的優先次序有多高？如果高，就該像甘迺迪一樣增加稅收，專款處理少子化的各項努力和補助，就像您在新北市改善各方面的托嬰環境等；第二，調整施政優先次序，預算挪出 1 千 2 百億元不該

是困難，退一萬步，真的挪不出來，而這事又重要，那就採取第三個方法，不加稅，但從管理績效下手。

以上三個方法，您覺得有機會嗎？如果您覺得還是沒有，那我只好亮出底牌了！兩年前應朋友的要求，希望我能夠提供個人看法，談談有關國家發展及國家理財所碰到難題的解決之道。我認為大有機會找到這筆國家幫忙養的預算來源，請詳見〈12-7 寫給國民黨候選人的信〉。

甘迺迪總統上任四個月後，1961 年 5 月在議會演講提出「十年內完成登月並安全返回」的目標，只花一年四個月便完成詳細規畫和實施的進度。他在 1962 年 9 月萊斯大學發表這個載入史冊的著名演講〈我們選擇登月〉。

1963 年 11 月甘迺迪遇刺身亡，六年半後 1969 年 7 月 20 日太陽神 11 號成功登陸月球，可惜甘迺迪沒有親眼目睹，但如果您看過《關鍵少數》這電影，就可以體會要執行這項任務有多困難，當時連高效能的電腦都沒有，只能透過人工計算，慢慢才加入電腦運算。在那個時候可以找到上千個不做的理由和困難。

請問您，是「〇到六歲國家幫忙養」1 千 2 百億元預算的計畫困難？還是甘迺迪的登月計畫困難？

要是當年美國的太空計畫持續落後蘇聯，美國就不是今天的美國了，恐怕今天的網路世界還未出現。甘迺迪的登月演說不只有文采的華麗，還有遠見、願景、面對問題、處理問題、懂得說服、凝聚全民的共識、坦誠地告訴民眾可能面臨失敗的風險。他不隱藏事實，選擇告訴全民現在已落後蘇聯，但美國政府有極大的企圖心要追趕、要超越。他們做到了，我們呢？甘迺迪捨易求難，選擇登月，不知道能不能給我們帶來一些啟示？

期待您未來施政的顛峰之作

您告訴郭董要務實一點，您們兩位對「務實」的思考不同。郭董若是務實的話，他當年從中國海專畢業，現在可能是在報關行退休。他的務實是挑戰不可能，然後在他成功之後繼續攀登下一個不可能。

您擔心郭董提出的「〇到六歲國家幫忙養」政策會散盡家財，在我看來，他不會感覺那是對他最好的關切之道，要像他邀請館長爬象山一樣，激發出彼此最大的能量，那才是英雄相惜之道。

所以應該是告訴他，郭董，這是個好主意，但是 18 萬名新生兒的出生率也只是勉強撐住不再下滑，目標應該是新增人口，出生加移民，每年在 35 萬人之間。您們兩位聯手，他找財源，您想辦法做調整，讓一倍資金發揮 1.5 倍以上的效力。

因為您的特質和歷練夠穩，就投資組合來講，像美國的政府公債穩得不得了；但是如果加了 25% 活蹦亂跳的股票進來（像郭董），這個投資組合產生了神奇的化學變化，夠穩也會成長，長期下來，領先全部 100% 穩健公債組合會超過倍數以上，兩位的強項如果不能聯手，我認為不僅是貴黨的損失，恐怕也是全民的損失。

您的黃金時期還未到來，「希望的臉龐」不會沒有付出就免費降臨。想要實現願景不會不需要付出代價，還需要加上甘迺迪「選擇登月」的氣魄，那麼您施政的巔峰之作，必定精彩可觀。

在給您寫信的此刻，我也面臨過去有史以來工作上的最大挫折和低潮，異國天空三十年打拼的努力，原以為奪標在望，沒想到榮耀就從手指尖滑落，關心我的朋友說感同身受，但畢竟還是隔了一層。只有同病相憐的人，光是眼神和投足就可以知道對方所受的痛苦。您失落的心情，我這過來人總感受多一點。

但最後藉著甘迺迪登月演說中的一段話共勉之，他引用了「五月花號」領導者，後來成為普利茅斯殖民地總督，提出美國第二重要節日

「感恩節」的威廉‧布萊德福（William Bradford）所說的話——「**所有偉大而光榮的舉動，都伴隨著巨大的困難，而兩者都應該被有責任感的勇氣所克服。**」

12-9

台灣可以從巴菲特的浮存金學到什麼？——給郭台銘先生的信

> 浮存金是巴菲特旗下的保險公司「現在」收取的保費，
> 但「未來」有理賠才需要支付。這筆錢在理賠之前用來做投資，
> 這當中產生的獲利歸屬於保險公司，而不是客戶。

∨

郭董您好：

2019 年您角逐初選，期間所提的政見有創新、想人所不敢想，這是亮點，至今依然值得進一步討論。

您在媒體採訪時，提到當年創業欠缺資金跑三點半周轉，您拿支票到迪化街向金主週轉資金，上了二樓的麻將館，金主剛贏了錢，您換票成功，拿了錢就跑，因為您怕金主下一把輸了錢就不借了。那個金主一定很難想像，當年跑三點半的小夥子後來成了台灣首富。英雄不怕出身低，就像您說的，不怕沒有錢，就怕沒有志氣！

為什麼要寫信給您？因為您發現了問題，而且企圖心不小，所提的幾個政見，雖然許多人懷疑，但我覺得可行，一起幫您找找財源，第二個理由是，您提到的美國國會的遊說立法制度，這可是影響國家重大的典章制度。加上您提到了智庫這事，國內不缺看問題的人才，但欠缺把它落實和立下制度，打通這個聯結環節的人，所以不管您是角逐大位，還是退居第二線從事重要典章制度建立，大破大立的話，還需要帶一點創意，您是檯面上少數具備的人之一。對不起，我不能說您是唯一，您

幾個月初選下來，已經不是政治素人，應該懂得有時候，模糊和彈性有其必要。

第三個理由是，大破大立必然要有一點創意，最起碼要敢於逆向思考，這一點您從沒有資源中殺出重圍，是最能感受的人。而我今天要談的做法，如果聽者沒有這樣的相關背景，很有可能會被嚇到。

贊同您，仿造新加坡淡馬錫基金成立主權基金，找到生蛋的金雞母、資金大水庫，供給社會福利方面的支出。

您是台灣的首富，今天我們要請教對象的人，不是美國的首富，但資產也不少，比您多出 12 倍，他從 1 百美元開始有限投資合夥，用最少的資源，但以投資管理才華做槓桿，目前的身價是 795 億美元。他就是您有點誤會的巴菲特。您氣巴菲特投資比亞迪，不過這是他的夥伴查理‧蒙格的主張，巴菲特尊重他的決定，我相信一旦您們相識，會惺惺相惜的。

無中生有，時間就是金錢是您當年創業的本事。您當年存貨要用到最後一天，才開始購買新原料，把資金運轉得虎虎生風。無獨有偶，無中生有也是巴菲特的強項，巴菲特運用浮存金的手法非常經典。浮存金雖然是保險公司的操作方式，但是它的概念連個人及國家理財都適用。

巴菲特如何使用浮存金？

浮存金（float）是什麼樣的一個概念？又如何能和國家理財做結合呢？

巴菲特在他寫給股東的年報提到，浮存金是他旗下的保險公司「現在」收取的保費，但「未來」有理賠才需要支付。這筆錢在理賠之前，它可以用來做投資，這當中產生的獲利歸屬於保險公司，而不是客戶。巴菲特稱這筆錢像是免費的資金，能讓他購買優質的企業，而企業產生

的獲利，又能利滾利。

　　當然巴菲特對投資標的慎選能力超強，他找到經營保險公司的長才，承保獲勝的概率非常得精準，過去十六年只有一次稅前損失 32 億美元，但是因承保精算賺了 270 億美元，這讓巴菲特在浮存金運用上超越了其他保險公司，

　　巴菲特這些年來估算精準、理賠少，浮存金從 1970 年 3 千 9 百萬美元，每十年都有驚人的成長。到 2018 年為止，這個免費讓巴菲特使用的浮存金，已高達 1,227 億美元，相當於新台幣 3 兆 6 千億元，幾乎可以買下 50％ 股權的台積電。

國家浮存金

　　至於國家浮存金的資金從哪裡來呢？

　　經營事業通常都是如您所說，成功的人找方法，我們可以先進行創意的思考，可能有以下幾個做法：

一、除了各個國營事業單位的小金庫資金，目前這些小金庫的投資績效可能都在定存狀態，但如果統一運用，獲利可以跟這些小金庫對分，小金庫沒有失去所有權，國家又有一筆可以累積退休金水庫資金。

二、40 兆元在銀行體系定存的利率 1% 如此低，為什麼民眾還願意把錢放在那裡？一方面怕賠錢，二方面夠穩定，三方面沒有投資去處，不知怎麼運用。這是尋求小確幸的存款戶的錢，國家有什麼機會動用呢？有沒有可能透過立法，給行政部門做類似巴菲特的操作？

　　簡單的說，巴菲特的致富分成兩個階段，就連一般個人家庭理財都

可以從中得到啟發。

第一階段：自己沒有資金，有功夫，幫客戶做資產管理，抽取獲利的 20％，網路上有不同報導，像是所謂的 0/5/25，也就是說不收管理費，超過 5％ 才抽成 25％。巴菲特有限合夥公司從 1956 年到 1969 年這十四年分紅之前的年均報酬高達 32％。

第二階段：巴菲特持續投入分紅，也累積了他成立波克夏公司的資本，以控股公司之名買下了保險公司，這段期間運用浮存金就非常具有威力。

巴菲特的浮存金 = 國家的預繳稅

如何運用在政府的無中生有之上？我們都知道時間就是金錢，年初就收 1 萬元的稅款，跟年尾才收意義不同，因為年初的 1 萬元可應用，美國有所謂的預繳稅。美國人說，死亡跟繳稅，是人一生中無法避免的兩件事。

我們政府沒有錢，但如果有個機制和誘因，讓民眾可以預繳三年的稅，利率比銀行三年的定存高 50％ 或 100％，應該一些民眾會感興趣。

A 方案：我國政府一年的稅收約 2 兆 3 千億元，如果 30％ 的人參與這計畫，一年收入近 6 千 6 百億元，三年大約有 2 兆元的資金「提前入庫」，這筆錢可以做巴菲特浮存金概念式的管理。

請再參考「保守型投資組合」的績效對比，如果是從 2005 年勞退基金成立開始到 2018 年，這十四年半間的勞退總累積績效 47％，超過兩年定存的 25％，但保守型投資組合總累積績效是 136％。

這 136％ 績效說明了什麼？做一個容易了解，但不夠精準的試算，這 2 兆元預交稅款如果經過十四年半的投資，36％ 用來支付利息（約 2 年定存累積總報酬的 1.5 倍），剩下的 100％ 也就是 2 兆元資金，就「無

中生有」地進入這個主權基金，巴菲特購買波克夏公司，他個人資金的累積也是花費了十四年之久。

方案 B：台灣的銀行有 40 兆元資金，十四年半下來主權基金累積才 2 兆元，有點急人。台灣的好公司可能到那時都被買光了，如果可以加大力度，可借用巴菲特有限合夥的分紅設計，也就是主權基金這個帳戶，除了三年的利率高於銀行 50％到 100％之外，如果再把主權基金當年的績效超過指標的部分，將 20％分紅給個人，那民眾參與的誘因就更大了。這個吸引進來的資金，目標就可以拉到 5 兆元到 10 兆元之間，那麼台灣的主權基金規模就更可像個樣子了。

這種讓民眾穩賺不賠的投資操作看起來好像很危險，事實上並不然。銀行的爛頭寸太多，以至於利率成本遠低於國際很多，成本的基礎點非常低；再則，使用的是「保守型投資組合」，若干年有穩定的獲利，遠超過可支付的利息成本時，投資組合部分就可以調整為「穩健型投資組合」來拉大差距。甚至有一部分，可以到機構法人使用「絕對投資報酬」和避險基金。

談到基金管理，我會建議國內人才優先培養和運用。許多金控公司管自己的錢很多都管理得挺好的，台灣擁有這些人才，最起碼不要全部委外。

主權基金的來源當然不只我提的這一項，您的許多政見有些人覺得不可行，這讓我想起了張忠謀先生曾說過，台積電前期人事也常有進出，有一部分原因是他這個代工的餿主意。事情沒有成功前，不見得每人都有相同的遠見，餿主意也不差我今天這一個，不過這裡所提的（1）巴菲特有限合夥的分紅制度，（2）波克夏公司的「浮存金」運用。這個「浮存金」造就了全世界巨富的巴菲特，但我國政治的運作不像公司經營般得有效率，但不管您在什麼位置，如果能夠催生這基金，讓台灣許多福利支出有金源，那麼絕對是功在國家。

聽說您政見之一的「百億身障醫療保險基金」已經在籌畫，那麼巴菲特旗下保險公司浮存金的操作，絕對值得您取經。經營得當，您個人再進軍保險業，多做一些社會福利更是美事，對了，「〇到六歲國家幫忙養」的預算應該有機會，請參考〈12-8「希望的臉龐」和「我們選擇登月」——給朱立倫先生的信〉和〈12-7 少子化的預算從哪來？——給國民黨候選人的信〉。

有人說，您是用極右的資本主義創造財富，再用來做極左的社會福利分配。您說，兩相加總剛好在平衡點。想做的社會福利這麼多，相信您也有開源的構思和管道，如果您有一天能把創意的政策構想，透過國會遊說予以立法實踐，變成常態性創造財富的運作機制，那麼可以做的福利事業會更多。但不管您最後是否參選，不在大位，也做大事，請揮灑您的才情，發揮您獨特的影響力。預祝您的人生，越晚越精彩。

12-10

台灣版老張老王的故事
——給柯文哲市長的信

台灣的經濟動能衰退，內需動能減緩，這和勞退金無法自選有關。
而全民有龐大的 40 兆元資金在 1% 定存，
坐看龐大的股利，落入外資，這和全民理財教育有關。

⌄

柯市長你好：

　　這封信寫於 2019 年 9 月下旬。前兩天腦海裡正想跟您寫封信。那天晚上走進出版社，一樓的書房擠滿了人，正巧是您的新書《生死之間》發表會，海報的文宣引我多看了兩眼，「成就你的，也可能毀掉你，挫敗你的，轉念即是重生，世俗的成敗，在死亡面前，不過放下而已」。

　　死亡之間也是人生哲學的探討。所謂的「轉念即是重生」，生命可以如此，國家的興亡也是如此。

　　那天看了你創立的台灣民眾黨的創黨發言，我想起了中國大陸農民和經濟在轉念中重生的故事。當年我們看待中國大陸的經濟思維如此落後，不可思議。如今我們回過頭看自己，才發現我們現在的思維是如此落後，孰令致之，何以致之？

安徽省小崗村的農民

　　先從 1978 年中國安徽省小崗村的故事說起，以前我們都譏笑共產主

義「幹不幹兩塊半，人民公社吃大鍋飯」，勤奮和偷懶拿的竟是一樣的工資酬勞，當年我們看在眼裡實在很難想像。

也就是如此不符合人性的制度，讓中國農村的生產效率無法解決吃飯問題。當年的小崗村被飢餓逼出了生死抉擇，18戶村民立下了生死狀，開始了所謂的「包產到戶」，將土地集中起來先滿足共產黨的上繳額度，私人得以擁有多出來的農場作物。家庭聯產承包責任制的出現，接近了資本主義，專業分工有效率地運作。

這個在資本主義社會裡看起來理所當然的效率經營，放在當時不允許私有制的社會主義之下，卻被視為犯罪，被抓到是要坐牢的。所以村民之間立下契約，誰被抓，其他人就幫忙把他家的孩子養到十八歲。

小崗村突圍人民公社，所創造出來的私有生產力的革命，釋放了中國農民被束縛的生產能量，讓生產力大增。村民的收入是上一年的18倍，其他的生產大隊看到之後也紛紛效法，逐漸星火燎原，形成了中國的農業生產力革命。中國農民回顧看這一段歷史時，一定覺得好笑。全中國農民幾乎差點餓死，竟然是因為當年不准擁有私人生產力。

為什麼要和你談這段歷史，因為我們現在經濟的發展思維，就像當年中國社會主義下的封閉式思想一樣，而且意識形態凌駕在「專業」之上。我書架上有一本《鄧小平傳》，裡面一段我做了眉批和註記。鄧小平在文革復出之後，檢討以往的中國共產社會是「紅大於專」，也就是共產主義標榜的紅色社會主義大於專業，意識形態超越一切。他決定再度掌權之後，強調一切將回歸「專大於紅」，專業大於意識形態，所以有了「不管黑貓、白貓，會抓老鼠的就是好貓」之論。

意識形態凌駕專業

相反的，我們這些年來做得如何呢？回顧一下，是不是很像當年中

國大陸的小崗村？你要不信，看一下我們在勞退基金的改革之道，您不妨調閱所有主事者的改革討論，都是勇於討論分配，怯於研討勞退基金的成長，原因何在？因為沒有投資專業人才的介入，而且意識形態凌駕了專業。

諾貝爾基金會曾經頻臨破產，主要是當年諾貝爾本人是化學家，雖然懂得研發炸藥，但不懂理財。他曾經規定諾貝爾基金會為了永續經營，只能投資在保守的銀行定存和公債。結果歷經四十五年之後，資產減損近 70%。新的管理者勇於任事做了調整，修改章程，開始走向專業投資管理，從搖搖欲墜的 3 百萬美元，成長到今天堅若磐石的 4 億美元。這一切的一切，都是觀念思維的轉念，猶如你今天晚上的講題「成就你的，也可能毀掉你，挫敗你的，轉念即是重生」。

台灣版的老張老王故事

一開始，我說了美國版的老張老王的退休金故事。錯誤觀念的投資，以致於兩人退休金相差 1 倍以上，現在我想告訴您，台灣版的老張老王故事。

台灣版的老張將資金投入在台灣前 50 大企業，股票代號 0050，我們也幫老王找到了 6% 的公債利率（對比 1% 的定存利率，很明顯的這是好到不能再好的投資）。但相對於老張，老王為了安全只關注短期波動的安全，卻忽略了長期的成長才是真正的安全。從 1987 到 2018 年長達三十二年的投資紀錄可以發現，包含台股在 1990 年爆發成長，從 12,682 歷史高點跌到谷底的紀錄。

這三十二年下來全部投入台股的老張，他的資產淨成長是 815%，再加上股利大約 3%，相當於 157%，淨成長是 972%；對比 6% 投資公債的老王，他的資產淨成長是 545%，相差果然近一倍。但這是高估公債績

效，因為目前找不到有 6% 利率的政府公債。

而更令人驚訝的是，如果依目前勞退基金 3% 的績效，這三十二年下來只有 157% 的淨成長，勉強克服通貨膨脹，但無法讓全民勞工有個舒適的退休金。

如果用專業的資產配置概念，使用最保守的投資策略（也就是 25% 的股票加 75% 的政府公債）。股票使用台灣 0050 參與台灣的經濟成長，公債使用美股的十年期公債，這三十二年來最壞的投資發生在 1990 年，當台股重挫 52%，保守型投資組合才虧損 8%，而且第二年就立即復原，是簡單、安全、有績效的投資組合在這三十二年期間，報酬超過 10 倍。

執政者的專業和擔當

為什麼報酬率有這麼大的落差，而我們主管退休金的主事者，卻無法做出正確的應變？

台灣的經濟動能衰退，內需動能減緩，這和勞退金無法自選有關。而全民有龐大的 40 兆元資金放在 1% 定存，坐看龐大的股利落入外資，這和全民理財教育有關。但勞退金無法自選、全民理財教育這兩項都和執政者的專業和擔當有關，看到您成立台灣民眾黨的發言有這麼一段，「很可惜，現在的台灣，是個人利益大於派系利益，派系利益大於政黨利益，政黨利益又大於國家利益。而現有的小黨，又受限於意識形態，變成主流政黨的側翼。」您這段談話，真讓人難過，希望不是事實。

為什麼要寫信給您，因為你的一段談話讓我看到一點曙光，也讓我想起德國股神科斯托蘭尼所說的，醫生最大的優點就是懂得分析和診斷。你看到了台灣的一些問題，您說，「決策決定只有三原則：民意、專業、價值。政策失去人民的支持，因為它沒有專業。沒有專業，是因為沒有價值的支撐。」

民眾自己的勞退金不管是雇主給的提撥或自己從口袋拿出來的，都還不能自選，無法和台灣經濟共成長，也無法和世界一流的獲利企業掛勾。取而代之的，卻是由政府決定什麼是最有生產效率的方法，這像不像當年大陸人民公社的概念？當民眾退休金的成長動能，因著錯誤的政策被掐死了，而改革的重心竟然還是在分配？

　　說實在話，台灣民眾在退休金上的處境，比當年大陸小崗村的村民還不如。因為小崗村的村民已知道生死的方向，而台灣在勞退金的成長管理上，權力的決策者還看不清問題，民眾如果又沒有正確管道上為自己權利發聲，那麼這個事件的發展實在令人憂心。解決台灣退休金不足的關鍵，在專業、在勞退金的成長管理。

　　當中國大陸現在以每五年為一個計畫，好幾個五年計畫連在一起，擁抱未來的時候，台灣的勞退基金竟然回到了三、四十年前的時光隧道，在一個社會主義的圈子裡走不出來。沒有創造、沒有成長的退休金，怎麼會有未來？我們主事者的視野，竟然是如此的短淺，是你口中所說的沒有專業？還是個人明哲保身的利益超越了全民之上？

　　勞退自選有民意，但是主事決策者沒有專業，這個問題竟然延宕十幾年還未立法。全民該期待台灣民眾黨的這個中道力量的崛起？還是該感慨毛澤東所說的那句話，「問蒼茫大地，誰主浮沉？」

　　您說呢？！

試算台灣版老張老王績效

年份	台股	美國10年債券	保守型投資組合	平均3%報酬率	平均6%報酬率
1987	120.09%	-4.96%	26.30%	3.00%	6.00%
1988	118.78%	8.22%	35.86%	3.00%	6.00%
1989	88.01%	17.69%	35.27%	3.00%	6.00%
1990	-52.93%	6.24%	-8.56%	3.00%	6.00%
1991	1.56%	15.00%	11.64%	3.00%	6.00%
1992	-26.60%	9.36%	0.37%	3.00%	6.00%
1993	79.76%	14.21%	30.60%	3.00%	6.00%
1994	17.36%	-8.04%	-1.69%	3.00%	6.00%
1995	-27.38%	23.48%	10.77%	3.00%	6.00%
1996	34.02%	1.43%	9.58%	3.00%	6.00%
1997	18.08%	9.94%	11.97%	3.00%	6.00%
1998	-21.60%	14.92%	5.79%	3.00%	6.00%
1999	31.63%	-8.25%	1.72%	3.00%	6.00%
2000	-43.91%	16.66%	1.51%	3.00%	6.00%
2001	17.14%	5.57%	8.46%	3.00%	6.00%
2002	-19.79%	15.12%	6.39%	3.00%	6.00%
2003	32.30%	0.38%	8.36%	3.00%	6.00%
2004	4.23%	4.49%	4.43%	3.00%	6.00%
2005	6.66%	2.87%	3.82%	3.00%	6.00%
2006	19.48%	1.96%	6.34%	3.00%	6.00%
2007	8.72%	10.21%	9.84%	3.00%	6.00%
2008	-46.03%	20.10%	3.57%	3.00%	6.00%
2009	78.34%	-11.12%	11.25%	3.00%	6.00%
2010	9.58%	8.46%	8.74%	3.00%	6.00%
2011	-21.18%	16.04%	6.73%	3.00%	6.00%
2012	8.87%	2.97%	4.45%	3.00%	6.00%
2013	11.85%	-9.10%	-3.87%	3.00%	6.00%
2014	8.08%	10.75%	10.08%	3.00%	6.00%
2015	-10.41%	1.28%	-1.64%	3.00%	6.00%
2016	10.98%	0.69%	3.26%	3.00%	6.00%
2017	15.01%	2.80%	5.85%	3.00%	6.00%
2018	-8.60%	-0.02%	-2.16%	3.00%	6.00%
累積總報酬（不含股利）	815.08%	518.82%	1016.08%	157.51%	545.34%

12-11

貧富不均如何解？
——給張忠謀先生的信

如果不懂得投資，不懂理財教育，這個貧富差距會越來越大；
而決定縮小貧富差距的關鍵因素，我認為是——「教育」。

$$\vee$$

張董事長您好：

　　您的第一本自傳在我書架上，等第二本續集也有二十年了，不過此刻回顧可能更精彩，作者和讀者未必要碰面，但也可以有一定程度的共鳴，這是有趣奇妙的事。

　　因您的第一本書，幾年前第一次到重慶，有大半天的時間可閒逛，朋友建議我搭 2 號線，因為可以穿越幾個不同的景點，我漫無目的逛著，百聞不如一見，總算領略到重慶為什麼叫山城了，城市蓋在山上，回程時突然看到停靠的車站是沙坪壩，猶豫了五秒，記得您唸的南開中學就在沙坪壩，瞬間跳下火車，開始了南開中學之旅。印象中，在小時候閱讀的書裡，得知沙坪壩也是抗戰時期文人像是謝冰心聚集的地方。

　　南開中學感覺就像在市區裡，學校附近的街道整理得蠻好的，不仔細看還以為是在新加坡某個角落。校區大門深鎖，裡頭綠樹扶疏，我只能探頭假想，張董事長幾十年前是從哪一條步道進校區，印象中您是住校，或許根本不需出校門。一訪南開中學的經歷，說是找抗戰時期的謝冰心，不如說是說找尋當年青青子衿的張忠謀。

我有一年在故鄉台東的小店裡，有一對穿情侶裝的年輕朋友，在我店外探頭張望，猶豫一下走了進來，原來是讀者。女孩的故鄉是台東，和男朋友看了我的書後，一訪台東，而且把我書上講的幾條街都走過了，原來作者和讀者見面和不見面，心裡都有某種程度的熟悉感啊！

從新聞報導，知道您曾參與法國經濟學家，《21 世紀資本論》（Capital in the Twenty-First Century）作者湯瑪斯·皮凱提（Thomas Piketty）到台灣的座談，也曾在 2015 年和前央行主席班·柏南奇（Ben Bernanke）談「如何解決貧富差距」。我想這緣自您對社會階層流動議題的關注，以及對年輕人發展機會的重視與懇切。

這麼多年來我也好奇和關注怎麼縮短社會的貧富差距？我是財務規畫師，算是家庭理財的醫生，多年來參與不少客戶的個案，和您分享一下我的觀察與解決方法。

先從令尊大人張蔚觀老先生在您大學時送的幾張 IBM 股票說起，它其實已經間接透露出答案了。您說自從有了那幾張股票，您會開始關注股價、商業動態，您一輩子都感謝父親的用心，還半開玩笑地說，以前有位部長說：「手中有股票，心中無股價」，您說他應該一定沒有真正買過股票。

開玩笑地說，和您對談的前央行總裁柏南奇也可能沒有買過股票，您們懷疑富人稅的有效性，這點我也同意。您們的訪談在 2015 年也證明了，因為皮凱提的建議，法國總統歐蘭德（Francois Hollande）實施 75％ 富人稅之後，效果不彰差點還讓法國經濟倒退。

皮凱提的論點不會完全沒道理，但延伸出來的結果，真的像當年國父孫中山先生所說的，馬克思是病理學家，只看到問題，但不知如何解決。您推斷富人稅不可行，這是實務經驗的可貴之處。但是有一點，柏南奇並不認同資本報酬率大於經濟成長率，至於您是什麼看法，報章媒體沒提，我想從這個地方再來談貧富差距的潛因。

貧富差距是如何產生的？

有次我在花蓮應文化局演講，問聽眾為什麼皮凱提認為投資報酬率大於經濟成長率？可有實務上的根據？一位文化工作者提到她同意，我問她何以觀察，她說以前在經濟部服務時，發現台灣國民生產毛額GDP的成長也不過是2%到3%，但長期以來股市投資報酬率大約都有5%到7%。

美國的情況更明顯，從1926年到2017年，長達九十二年的年均報酬大約10%，但是她的GDP成長一般平均也不過在3%左右。**很明顯地，投資報酬率大於經濟成長率，而經濟成長率來自兩個元素：「資本」和「勞工」，所以資本報酬率一定大於其中之一的勞工薪資所得成長率。**

2003年11月我管理的基金第一次買入台積電，經過這十五年來成長約5倍，可是多數人的薪資這十五年來並沒有如此大的成長幅度。就算是台股也有1倍以上的成長，美股就更高了。所以可以很清楚地下個結論，**如果不懂得投資，不懂理財教育，這個貧富差距會越來越大；而決定縮小貧富差距的關鍵因素，我認為是——「教育」。**

而台灣在家庭、學校、社會一直沒有完整的理財教育。這幾年年金改革，政府官員要求許多人要學習理財，一般民眾又把股市的操盤誤認為是理財。政府官員本身的理財知識就不完整，以至於許多年金改革的方向，多在談分配，卻怯於談創造和投資。事實上，沒有增長，哪來的分配？

我可以舉出很多例子證明，**收入高有助於財富的累積，但不是決定因素，重點在於是否擁有完整正確的理財教育。**民眾不投資台積電，就無法分享世界級優質公司及您一生精彩的成果，台積電現在78%是為外資所有，而我們卻有龐大的資金放在銀行定存，遠超過安全所需的資金躲在定存之中，這不只是個人理財思維上的錯誤，更是因為政府官員不

懂得理財，以至於許多政策的制定，都未能將台灣最好的資源有效充分的運用，實在可惜！所以我認為縮短財富貧富差距在於「教育」，在於「正確的認知」。

企業最重要的三大根基

就像您在交大上課的第一講談到，**願景、文化與策略是企業最重要的三大根基**。中國人說「如望北辰」，**願景它就是一個指南**，累積財富的前面必然有所犧牲，如果沒有願景和目標通常很難堅持，也如同您所說的，執行者很賣力，願景才會變得重要，能夠發揮力量。若是能在個人理財中設定願景，例如被動收入，讓資產創造出收入，進而取代自己的主動收入。一旦人有了明確目標，所有的行動也會依著這個方向進行，當看到逐步接近目標時，動力又會更強，形成良性循環。

第二，您強調**企業文化（公司的價值觀）是公司最重要的基礎**，您形容「如果一家公司有很好、很健康的企業文化，即使遭遇挫折，也會很快地站起來，如果沒有很穩固的企業文化，一旦遇到同樣的挫折，便不再起來。」企業經營和個人理財非常相像，多數理財成功的人不是因為收入高，而是有沒有正確「花錢的金錢觀」跟「存錢的金錢觀」。有的話他在進行投資時，無論好時光或壞時機都依然能夠發揮戰鬥力。一旦碰到股災，別人都已經撤退時，他還可以在困難的情況下節衣縮食，將資源投入股市。當股市一個反彈，又拉開和別人的距離，金融海嘯之後您再度回到台積電，在別人不看好時擴大投資，就在於您有一個清楚的經營管理價值觀和策略。

個人理財中，收入高有優勢，但可恃又不可恃，這就是理財世界中所謂的金錢愚弄了人。財經作家班・史坦說得很妙，「窮，是因為人總在生涯最高薪時沒了工作」，柏南奇和您對話中談到了美國許多職業運

動選手的高薪，那是個優勢，但不是最可靠。有次我在機場路上聽到某個廣播節目，有位專門幫助職業選手理財的專家談到，他發現這個職業選手群組錢來得快去得快，最主要就是他們沒有正確花錢的金錢觀。

第三，您談到的「策略」，許多理財書談到很多超額報酬的做法，如果願意充分了解，**投資的本質就是長期參與股市和經濟的成長**。其實就是最牢靠的方式之一，所以我認為若要縮短貧富的差距，一方面必須提高自己專業的含金量，也就是柏南奇強調的「機會」。另一方面越早開始理財教育越好，這兩者不應該偏廢。甚至對有些人來講，縮短貧富的差距不在於專業，而在於理財教育。一個菜販很難再提高生意量，許多升斗小民也很難再提升「專業」，但若他懂得投資台積電，瞬間所有台積電的工程師包含了您，都在背後為他辛勤地工作，您說是不是？

柏南奇認為「機會」是重點，應該更努力地改善機會，我認為改善機會是政治工作者應該要做的，個人先從改善「教育」開始，只有理財教育做好了，才可能改善機會。縮短貧富的差距，我認為就是從令尊張老先生給您的 IBM 股票那一瞬間開始。

12-12

台灣未來的轉折點
——給未來總統的信

現在是國家面臨運用資金策略的轉折點。
做，會比 4 倍台積電的獲利還多；
不做，會有懂得運用資金的國家來承接。未來總統的態度是關鍵！

總統您好：

　　張忠謀先生算是成功的策略家，台積電自上市以來，至今近 90 倍的成長是史詩般的驚人紀錄。張忠謀曾說，董事長要花 75％的時間想未來規畫，那麼貴為總統的您呢？台灣的未來要怎麼走？國防外交您已有論述，民生都喊拼經濟，但要怎麼個拼法呢？如何讓人民未來有可以期盼的退休金，而且國富民也富呢？如果從張忠謀當年的策略找尋，或許可提供借鏡。

當年張忠謀的戰略思考

　　張忠謀為什麼敢大膽進入晶圓代工？這可是當時政府有史以來最大的投資案，他這戰略思考的觀察從哪裡來？

　　他開玩笑的說，一方面是他爭取客戶失敗得到的靈感（客戶本來要蓋晶圓廠的，找到別人代工就取消了），二方面他在數字中看到趨勢，他研究世界前二十家大型半導體公司的財報，只有第一大廠英特爾有現

金蓋晶圓廠，當時約 20 億美元，其他大廠的現金很少超過 10 億美元，因此委託專業代工生產將是未來的趨勢，第一波是無力設晶圓的設計公司，第二波是即使有了晶圓廠，但未來技術日益複雜精密，投資過於龐大，也將委外製造。這兩個預判都成了事實，這是他什麼時候的判斷呢？1998 年前在《IC 教父：張忠謀的策略傳奇》一書就曾被提及。

張忠謀在現金流數據中，不只找到了金礦，也幫政府落實了半導體產業，影響台灣至今。我也提供幾組數字，請您看看，可有機會再創一個台積電的獲利？

2018 年台積電的稅後淨利是新台幣 3,511 億元，保留未來發展的現金外，股利超過 2 千億元。把視野拉大，台股整體獲利是 2 兆 1 千億元，股利發放約 1 兆 5 千億元。

如果能從現有的股利 1 兆 5 千億元中，想辦法多留下 14%，就相當於多創造一家台積電的獲利並且留在台灣。問題是怎麼做？股利來自於股市，只能在股海撈，但政府沒有資金怎麼撈？所以若換個模式，不用撈的，用圈養的。但要雙方合作，人民有錢，但政府有工具，包括可以讓資金移動的優惠政策，讓肥鵝圈養長大之後，可以拔幾根毛，肥鵝舒服但又不至於難受的稅率政策等等。

哪裡可以讓資金移動，又如何移動？

再看另一組數據，台灣的股市近 37 兆元，產生 2 兆 1 千元的獲利、約 1 兆 5 千億元的股利，而銀行有近 40 兆元，以上所有數字任何人都可提供，一如張忠謀所看的財報、任何會計師的分析，都可以比他更細，所以請您發揮他所說的「逆向思考，風險計算」思維。

台灣的銀行定存超過安全存量的需要，也超過了發達國家如美國的水準，可以說一堆龐大的瘦鵝們躲在營養不良的定存裡，尋求百分之一

的小確幸，而台灣股市提供將近 3% 至 4% 的股利，卻不敢進入，任由外資笑納。

所以第一個目標是增加誘因，改善法規，改善一切必須改善的，將 20 兆元的定存誘引進入股市。如果目標成功，相當於 8 千億元的股利、約四個台積電的股利會從外資流回國人手中。安全的做法，就是買不會破產、一定可以獲利，代表整個台灣 50 大企業的指數型基金，代碼 0050 或 0056 的混搭。最好是中型股和中小型股指數，也有些比例可參與，甚至包含如 3% 至 5% 的創投板塊，可達到雨露均霑，各類型產業都有發展的機會。

這個誘導要分幾個階段，第一個階段最能立竿見影的，就是民眾的勞退金自選。目前由國家管理，無投資績效，雖然提撥有稅賦優惠，但民眾的參與度低，連 1 成都不到，對比美國的 8 成參與度，顯見有嚴重的問題。如何做到簡單、安全、有績效？我寫在〈12-3 政府偷走了勞工每人 383 萬元？——給勞動部長的信〉和〈12-4 跳脫框架思考——給金管會主委的信〉裡。

第一個階段的誘導，如果參照先進國家退休金制度的設計，民眾現在的提撥可抵稅，未來退休金帳戶的成長則必須繳稅，相當於政府延緩現在的稅收，等待三、四十年後帳戶成長了數倍，但未來獲得更大的稅收利益。這做法已可解決許多問題。退休金有成長民眾就敢消費，帶動百工百業，可緩解少子化、退休金的不安，也可以減緩社會的拉扯。

可惜國家的稅收依然以代工方式在徵收，資金是民眾的，政府只是抽取稅收。

如果想要自給自足經營，就要有第二階段的誘導設計。因為退休金的轉移短期不至於到 20 兆元，第二階段針對民間的游資可以是巴菲特管理資金和利用「浮存金」的策略，詳情在〈12-9 台灣可以從巴菲特的浮存金學到什麼？——給郭台銘先生的信〉裡。

改善台灣股市環境

首先要思考為什麼 1% 的定存這麼低，可能連通貨膨脹都無法應付，而股市可以提供近 3% 至 4% 的股利，民眾卻不願意移動呢？

這就是今天寫信給您的主因，有許多跨部會的環節需要被克服，單單一個部長可能都無力完全改善，例如民眾覺得股市是吃人的市場，那麼需要改善到讓民眾感覺它不再會吃人。這個內線交易可能就不只是金管會，可能還需要法務部、司法單位的連線。

若民眾覺得理財教育不足，那麼請加強教育，讓簡單的理財教育也可以從小開始。那麼教育部以及金管會如何聯手？政府其他部門如何協調和協助？包含三十萬名保險界行銷大軍如何升等成優質的財務顧問？或是國家考試可否把財務規畫師納入，這規範可能又需要考試院的參與。

從定存誘導移轉 20 兆元的資金到股市，可創造出 8 千億元的股利，相當四個台積電的股利，這工作可行也做得到。但在我看來，只有兩個人可完成，一位是行政院長，一位就是您，如果您們兩位只是交辦部長，這種大環境改造、跨部會的問題將不了了之。

總統或主帥若沒有求勝和一定達標的決心，將是春夢一場。台積電剛成立的前三年有訂單，但不知下個訂單在哪？張忠謀和幾位核心幹部很清楚方向在哪兒，所以今天才有台積電的傳奇。更何況這個資金遷移的方向正確而且是全民有利，別的國家沒有這優勢和條件，這是台灣長達六十年來所有人的累積成果。

複製台積電的時代已過去，買台積電的時代已開始

雖然有一點晚，目前這 40 兆元還相當值錢，但如果以銀行 1% 定存的成長速度來看，未來將越來越不值錢。這就是當年國家領導人積極發展半導體的迫切心情，就如同張忠謀當年說的再不做就遲了，台灣很幸

運當時做了正確的決定。

　　台灣以前的優勢是勤奮的人民和願意學習的精神，今天可以繼續保有。但是要發揮已累積的優勢，就是讓資金到該去的位置。如果我們不做，許多國家的主權基金會將台灣的優良企業一家一家的買下，統一企業跟民眾生活息息相關，最近它50％的股權也已落入外資手裡。

羅斯福總統的意志力

　　現在是國家面臨運用資金策略的轉折點。做，會比4倍台積電的獲利還多；不做，會有懂得運用資金的國家來承接。您的態度是關鍵，我想起了當年羅斯福總統展現了美軍難題的意志。當時航空母艦的跑道短，裝載原子彈的飛機沒有足夠的空間起飛，他在辦公室不用拐杖，吃力地站立起來，他說，沒有什麼做不到，飛機無法起飛要想辦法改善。連我這小兒麻痺的人，有決心就可以站起來，這一幕讓所有在場的將領動容，將士用命突破困難，研發兩個原子彈讓日本投降，第二次世界大戰才得以落幕。

　　這20兆元的資金可以買下三家台積電，不管是國內的龍頭企業，或者是海外任何一個國家的台積電，不管是民間擁有或國家擁有，都是一個資金大戰略的思考。台灣有拼經濟的條件，但就看有沒有這個戰略思維，而這個按下啟動鈕的人，就是您！

尾語

重要的三件事
——給所有讀者的信

看完了這本書，
你能夠抓到最核心、最關鍵的一件事嗎？
如果是，那是什麼？

∨

看完了這本書我建議你做三件事情，（1）找出本書對你最有用的觀念、扭轉你人生理財最重要的一件事，並且落實執行，（2）擁抱均衡人生的 5 個球，（3）轉發一封幫助你、也幫助別人的一封信。

寫了那麼多給不同朋友的信，分享了國家理財和個人理財應該注意的觀念和做法。第一件事希望你能夠抓到最核心、最關鍵的一件事。如果你不確定，可以再次閱讀，溫故可以知新。每個作者完稿前都閱讀了好幾遍，若讀者想要抓到精髓，那就不只需要看一遍。

如果你是以下族群

不管你是主動投資或被動投資者，前三章都是重點，有了扎實的觀念和信念，你才有基礎建構自己的投資哲學、策略和工具。這時候所學的技巧操作才是適合你的，也容易水到渠成。

給從來沒有參與股市投資的人

一旦了解了投資本質和金錢運作的法則，就會發現銀行定存短期很安全，長期很危險。最簡單、有效的做法就是巴菲特老師的建議，75%的「防守型資產」如美債，25%的台灣0050或者標普500（SPY）、VT等，這個調整對你的退休金至關重要。

如果你還沒有第一桶金

也就是10萬美元，新台幣3百萬元，請堅持追求，這是一個無可妥協的重要目標。第一桶金可以讓你的人生在財務上由黑白轉彩色，如何達成、如何運用，讓第一桶金變成左右護法，第10章〈年輕人的致富之道〉多看幾遍，然後確切落實，這份重要性不亞於追求高薪。

如果你是主動投資者

巴菲特所謂的學好投資兩門課的第一堂課「評估一家公司的價值」，本書著墨不多，主要是全球大師級的論述和台灣投資達人的著作已足夠。但第二堂課「如何看待市場價格」，那麼你可以參考本書第2、3章的論述，當然追求超額報酬的那一章，也應有可取之處。

如果可以，建議至少有20%的資產採用被動投資，搭配ETF和資產配置，先學好操作被動投資，有一天你會發現大有受益。

給被動投資者

不是每項ETF都能為你的被動投資產生效益，未來的ETF也會多到讓你無所適從。所以還是要以簡馭繁，股債共舞，原則上已可處理75%以上的股災。拿捏符合你投資哲學的股債比例度很重要，以及危機尾聲時由守轉攻的神龍擺尾，簡易主動投資者應該關注這兩項。

如果還想更上層樓，（1）更多資產的混搭，（2）資產負相關的組

合，（3）轉換各項資產合理價位，例如 2019 年被動投資和 ETF 泡沫的呼聲，其實就是成長型資產價值遠高於價值型資產，大型股指數基金價值高於中小型股，這種流行性所產生的變化，如果你有細心觀察，依然可以使用被動性的 ETF 工具，在哪個機會點逢高賣出，逢低補進的做些調解，這就是巴菲特的第一門課「投資標的估值」的判斷。

簡單的說，使用被動投資也有機會超越大盤，運用的得當，還可以比個股投資有更高的穩定度、更低的波動度，這樣的功夫當然應該優先學習！

校務基金和公益團體

國內的法人機構在這方面的經驗不如國外，例如耶魯大學的資產配置。國內的法人機構投資都過於保守，因為法規的限制，所以要找到恰當的管理者來操作有一定的困難。最簡單的方式就是，書上所提的保守型投資組合 75% 的防守性美債、25% 的台股 0050 就可以看到績效。慈善團體每增加 1 千萬元，就可以拿來做更有意義的事，所以千萬不要因為理財觀念的貧乏，而將銀元埋在土裡。諾貝爾基金會管理者的勇於改變，這些公益基金管理者應該學習借鏡。這個也適用於我們國家退休基金的運作。

健康是買不到的財富

第二件事情是找數本養生書籍，徹底了解身體的使用和保養的運作。生病找醫師，健康靠自己。如果你把次序弄反了，將要付出很昂貴的代價。財富不是只有銀行帳戶尾巴的數字，過個「不生病的生活」才是。我的臉書粉絲團取名為「均衡的財富人生」，想擁有人生均衡的 5 個球，不是因為簡單，而是因為不容易。我也沒有完全做到，所以列為

我的人生目標，像座右銘般左右提醒，什麼是均衡人生 5 個球？我寫在底下的隨頁註 [1]。

你可以改變歷史的一封信

第三件事情是轉傳一封信給立法委員，幫助你自己，也幫助別人。

民主制度最可貴的是什麼？人民作主？「勞退金自選」這個議題無法立法已長達十幾年，原因就是主事者沒有專業的視野或怯於擔當，那麼全民應該告訴政治人物，這是我們需要的法規制度，請予於立法。

朋友傳給我一封美國小朋友寫給國會議員要求學校交通車安全立法的信，引發我深深的感觸。我幫各位依照美國民眾寫給國會議員的格式，草擬了一封信，告訴他們你的聲音，因為這個錯誤的政策「最少」剝奪了退休金 350 萬元的成長機會，更高的甚至一個人多達 7 百萬元。請願書再加上書中寫給立法委員的信，可以讓你寄給選區的立法委員，也可以告知你的親朋好友發揮選票的力量。主事者如果怯於承擔，那麼我們就換一個有專業和擔當的人來做做看。

各國都是採取較安全的投資操作「勞保」，這可以理解，但雇主 6% 提撥的「勞退」金是屬於全民的，我們自己的退休金到目前為止都還不能跟國內或全球一流的企業掛勾，也無法與經濟共同成長，這在全球各國退休金制度都至為罕見。

這件事不只是為你的利益發聲，更重要的是，增加勞退自選並不會妨礙其他人的權益，甚至許多升斗小民沒有機會閱讀本書，終其一生為生計奔波，其實他們非常依靠雇主 6% 提撥退休金投資的成長機會。但

1　均衡人生的五個球：出自可口可樂某子公司前總裁布萊恩・戴森（Brian Dyson），1996 年於喬治亞理工學院畢業典禮上的致詞。這五個球意指工作、健康、家庭、朋友以及心靈，詳見《每年 10 分鐘，讓你的薪水變活錢》一書的〈人生的五個球，整體均衡的人生財富〉一文。

由於我們主事者沒有擔當、錯誤的政策，以至於國內企業龐大的股利為外資所擁有。這個錯誤的政策到了需要被扭轉、改變的時刻。你發出和轉傳這一封信，將是這一生能夠幫助別人爭取權益的機會，你正在一起寫歷史！這將是你這一生中，最有意義的活動。

附錄【範本】給立法委員的請願書

親愛的立法委員、立法委員候選人您好：

良好制度的立法是全民之福，影響所及超越一個世代，想必這也是您投身政壇的主因之一。

我是您選區的民眾，非常關心退休金自選這個立法已經延宕了十幾年。我了解退休金自選可能因此喪失兩年定存的保證收益，但同時也可能因此獲得未來更大成長空間。

開放退休金自選只是多增加一個選項，給我們這些對理財教育有了解，也覺得適用的族群。至於尚未準備好的民眾也可以繼續使用現有的機制。「開放退休金自選」可以說不侵犯舊有者權益，但增加了一個人民未來退休金成長的機會。

我附上的是《為什麼你的退休金是別人一半？》作者闕又上先生書中〈12-2 讓人們看見自己的財富——給立法委員們的信〉和〈12-3 政府偷走了勞工每人 383 萬元？——給勞動部長的信〉，信中提到歷年來立法委員最關切的保證收益的事項，並且做了充分的專業說明。

一旦您了解，新的退休金自選方案使用的是代表整個國家經濟成長的指數基金，以及風險度極低的資產配置策略，它的安全度與以往的股市投資將會完全不一樣。希望已經是或即將成為立法委員的您，也能與時俱進，了解現行新法案的進步設計和民之所欲。

請問您，支持勞退金自選嗎？如果是，我們也願意號召有相同共識的民眾一起支持您進入國會。如果您不支持，能否告訴我們原因何在？以便我們能夠提供相關的資料讓您了解這項新方案。

　　我的姓名、聯絡電話、通訊地址如下，期盼您的回覆，也更期盼您能順應世界的潮流，支持行政院各部會的相關提案，讓屬於民眾自己的退休金可以在相關部會的設計下，達到簡單、安全、有績效的勞退自選。這個法案的立法日後將會證明，這將是您一生中影響全民經濟發展甚鉅的睿智決定。

　　祝願您高票當選，更期盼您展現落實民意的意志，謝謝您！

請願人：
聯絡電話：
地址：
電子信箱：

網路下載請願書

12-2給立法委員的信

12-3給勞動部長的信

國家圖書館出版品預行編目（CIP）資料

為什麼你的退休金只有別人的一半?/ 闕又上著 -- 初版. -- 臺北市：城邦
商業周刊, 2019.10
　　面；　公分

ISBN 978-986-7778-80-2（平裝）

1.理財　2.投資

563　　　　　　　　　　　　　　　　　　108012641

為什麼你的退休金只有別人的一半？

作者	闕又上
商周集團執行長	郭奕伶
視覺顧問	陳栩椿
商業周刊出版部	
總編輯	余幸娟
責任編輯	盧珮如
封面設計	Javick
版型設計／排版	邱介惠、魯帆育
出版發行	城邦文化事業股份有限公司-商業周刊
地址	115020 台北市南港區昆陽街16號6樓
	電話：（02）2505-6789 傳真：（02）2503-6399
讀者服務專線	（02）2510-8888
商周集團網站服務信箱	mailbox@bwnet.com.tw
劃撥帳號	50003033
戶名	英屬蓋曼群島商家庭傳媒股份有限公司城邦分公司
網站	www.businessweekly.com.tw
製版印刷	中原造像股份有限公司
總經銷	聯合發行股份有限公司 電話：（02）2917-8022
初版1刷	2019年10月
初版32.5刷	2024年7月
定價	480元
ISBN	978-986-7778-80-2（平裝）

金商道

The positive thinker sees the invisible, feels the intangible, and achieves the impossible.

惟正向思考者，能察於未見，感於無形，達於人所不能。 —— 佚名